姜正成◎著

历史人物传奇系列

幕僚故事

DAQING

MULIAO GUSHI

中国文史出版社
CHINA CULTURAL AND HISTORICAL PRESS

图书在版编目（CIP）数据

大清幕僚故事 / 姜正成著 . -- 北京：中国文史出版社，
2020.2
ISBN 978-7-5205-1969-4

Ⅰ . ①大… Ⅱ . ①姜… Ⅲ . ①政治人物—生平事迹—
中国—清代 Ⅳ . ① K827=49

中国版本图书馆 CIP 数据核字（2020）第 010985 号

责任编辑：殷旭

出版发行：中国文史出版社
网　　址：www.wenshipress.com
社　　址：北京市海淀区西八里庄路 69 号　邮编：100142
电　　话：010-81136606　81136602（发行部）
传　　真：010-81136666
录　　排：智子文化
印　　装：廊坊市海涛印刷有限公司
经　　销：全国新华书店
印　　张：17　字数：218 千字
版　　次：2020 年 8 月北京第 1 版
印　　次：2020 年 8 月第 1 次印刷
定　　价：52.00

前　言

　　中国的幕府制度，起源于春秋战国时期的养士之风。在当时，一些王公贵族或豪富之家蓄养着大批有才学的食客。到了汉代，军队将帅和文职官员大量罗致文人谋士以辅佐自己的事业，标志着中国幕府制度开始形成。宋代，由于封建中央集权的加强和科举取士制的定型，幕府制度也就衰落下去了。明末清初，幕府制度一度复兴，地方政府官员从中下层人士聘请有才能的人入府署担任参谋、秘书等行政助手，受聘入幕的人被称为"幕宾""幕僚""幕友"或"师爷"。

　　1840年鸦片战争之后，一些封疆大吏都有自己阵容庞大的幕府，比如曾国藩幕府、李鸿章幕府、张之洞幕府、袁世凯幕府等。幕府罗致了天下英才，在处理地方民政事务方面发挥了很大的社会作用。

　　幕府是人才成长的渊薮，很多杰出政治家、著名学者都是从幕府走出来的。比如，启蒙思想家魏源、中国首位驻外大使郭嵩焘、中国首位官费留学生容闳。

　　魏源（1794—1857年）是近代中国"睁眼看世界"的先行者之一。道光九年（1829年）应礼部会试，与龚自珍双双落第，从此龚魏齐名。后来，他先后做过两江总督陶澍的幕宾，帮陶澍筹办盐务，改革盐政，治理水患，发挥了很大作用。当然，他最大的成就是编成《海国图志》50卷。此书囊括了世界地理、历史、政治、经济、宗教、历法、文化、物产。对强国御侮、匡正时弊、振兴国脉之路作了探索。提出"师夷长技以制夷"的观点，影响极为深远。

郭嵩焘（1818—1891年）出生于一个农商世家，五次应考方得题名。他生于乱世，性情耿介，不合流俗，有经世之才却得不到施展。曾国藩对他帮助很大，让其在幕府效力。他经办洋务较早，思想开明，却为保守派忌恨，为世人唾骂。

郭嵩焘身上有浓重的书生气，和当时的官场格格不入，好像是一个异类，但他目光如炬，对当时政治现实的批判尖锐而深刻。这些充满了文人、理想主义的批判，不仅让其很难在官场立足，更会受到中国官场文化的反噬、鄙视甚至陷害、打击。

冯桂芬（1809—1874年），晚清思想家、散文家，字林一，号景亭，吴县（今江苏苏州）人，曾师从林则徐。道光二十年（1840年）进士，授编修。咸丰初，在籍办团练；同治初，入李鸿章幕府。他注重经世致用之学，在上海设广方言馆，培养西学人才。先后主讲于金陵、上海、苏州诸书院。冯桂芬为改良主义之先驱人物，最早表达了洋务运动"中体西用"的指导思想。著有《校邠庐抗议》等。

杨度（1874—1931年）是一个传奇人物，他的思想不停转变，真是越老越新潮。他早年拿过秀才，参与过"公车上书"，也曾官至四品。和康有为、梁启超、黄兴是好友，跟汪精卫、蔡锷、齐白石是同学；怂恿袁世凯称帝，赞同孙中山共和；营救过李大钊，是杜月笙的师爷；入过佛门和国民党，晚年又向往共产党，经潘汉年介绍秘密入党。他是一个经历复杂、思想不断转变的人物。

本书中的人物，都与中国近代史有着千丝万缕的联系。通过本书，读者可以了解太平天国运动、洋务运动、辛亥革命等重大历史事件，了解知识分子在近代转型时期的心路历程，了解近代中国的苦难和求索之路。

目 录

师夷长技以制夷——魏源

读书勤奋，少时聪颖 …………………………… 2

为政务实，兴利除弊 …………………………… 8

长期担任幕僚，为改革献策 …………………… 14

经历鸦片战争，深为国运担忧 ………………… 17

《圣武记》与《海国图志》 …………………… 22

一生怀抱几曾开——郭嵩焘

协助曾国藩办湘军 ……………………………… 36

与僧格林沁不合 ………………………………… 39

反腐失败，黯然返乡 …………………………… 42

出使外国，被骂汉奸 …………………………… 44

霄汉常悬捧日心——薛福成

出身官宦，遭遇乱世 …………………………… 50

入曾国藩幕，献计献策 ………………………… 53

应诏陈言，惊动中枢 …………………………… 57

中法战起，浙东筹防 ·························· 67

出使欧洲，大开眼界 ·························· 77

议设领事，保护侨民 ·························· 79

世变关心意不平——沈葆桢

深受林则徐赏识的青年 ·························· 88

进士及第，踌躇满志 ·························· 92

九江知府，参与戡乱 ·························· 97

出任道台，声名远播 ·························· 102

仕途顺畅，执掌江西 ·························· 104

经办外交，有理有节 ·························· 115

重视海防，巩固闽台 ·························· 121

曾公帐下一卧龙——刘蓉

生性自负不随俗 ·························· 132

被曾挟持再出山 ·························· 133

非同寻常情义深 ·························· 139

军中机宜亲指画 ·························· 140

优于谋略，短于专将 ·························· 143

探索富国强兵路——冯桂芬

出身名门望族，家学渊源 ·················· 150

入李鸿章幕，襄办军务 ·················· 151

著书立说，修成《校邠庐抗议》 ·················· 153

聪明才子蹩脚官——李元度

罗江布衣 ·················· 158

患难真情 ·················· 159

书生用兵 ·················· 164

赦免回籍 ·················· 169

钟情著述 ·················· 172

何人赤手掣蛟虬——丁日昌

入曾国藩幕 ·················· 176

主政江苏 ·················· 178

关心海防 ·················· 182

中国第一条电报专线 ·················· 186

经营台湾 ·················· 189

操劳过度 ·················· 191

目
录

中国留学第一人——容闳

漂洋过海，发奋苦读 ………………………… 194

入曾国藩幕府，兴办洋务 …………………… 197

幼童留美，无奈保守派作梗 ………………… 203

制度腐败，让他屡屡受挫 …………………… 207

变法无门，走上反清道路 …………………… 209

近代杰出外交家——伍廷芳

精通洋务，入李鸿章幕 ……………………… 212

与日交涉，捍卫民族利益 …………………… 214

出任公使，维护华人尊严 …………………… 217

清廷衰朽，改良愿望破灭 …………………… 223

代表革命党人，主持南北议和 ……………… 225

南京临时政府成立，出任司法总长 ………… 230

"头可断，法不可违" ………………………… 233

伍廷芳逸事 …………………………………… 235

书生襟抱本无垠——杨度

湘绮门下悟帝道 ……………………………… 244

倡言宪政第一人 ……………………………… 248

在皇族内阁做局长 …………………………… 250

复辟失败遭通缉 ……………………………… 252

人生又开新境界 ……………………………… 258

师夷长技以制夷

——魏源

　　魏源（1794—1857年）清代启蒙思想家、政治家、文学家，近代中国"睁眼看世界"的先行者之一。道光九年（1829年）应礼部会试，与龚自珍双双落第，从此龚魏齐名。

　　道光二十一年（1841年），魏源入两江总督裕谦幕府，直接参与抗英战争，并在前线亲自审讯俘虏。后见清政府和战不定，投降派昏庸误国，愤而辞归，立志著述。

　　道光二十四年（1844年），魏源再次参加礼部会试，中进士，以知州用，分发江苏，任东台、兴化知县。期间改革盐政、筑堤治水。他依据林则徐所辑的西方史地资料《四洲志》，参以其他资料编成《海国图志》50卷。此书囊括了世界地理、历史、政治、经济、宗教、历法、文化、物产，对强国御侮、匡正时弊、振兴国脉之路作了探索，提出"师夷长技以制夷"的观点，影响极为深远。

读书勤奋，少时聪颖

魏源，原名远达，字默深，号良图，1794年出生于湖南邵阳金潭乡（今属隆回县）一个士绅家庭。祖父魏志顺"隐居不仕"。1803年邵阳大水，官吏不顾人民生死，催赋甚急，"合县惊骚，几致变"。魏志顺"慨然赴县，毁产代输，邑众以安，家道中落"。父亲魏邦鲁，历任江苏嘉定、吴江等地巡检，宝山水利主簿等职。

魏源的出生地山清水秀、风景秀丽。那里有龙山、狮山、白马山和望云山等。龙山秀峰林立，狮山和象山横贯金潭乡，把魏家塅分成为上下两个村落，北曰上魏家塅，南曰下魏家塅。魏源的家就在上魏家塅金水河的沙洲上。龙山顶上有一个龙池，从池中不断冒出清澈的泉水。泉水流下山来后汇成两条河：涟水和邵水。邵水和另一条小河资水则在邵阳县北汇合。就在这两水汇合处，有一双清亭，魏源小时候常到那里游玩。他在46岁曾重游此地，并写了引《旧至资江重游双清亭》诗二首，一句"屿扼双流合，江涵一敦烟"，把邵阳的秀丽景色淋漓尽致地描绘了出来。村中还有许多古迹名胜，诸如文昌阁、荷叶塘等。

魏源就是在这种秀丽的环境中长大的，美丽的大自然，使他自幼养成了宁静深邃的性格。

魏源的先祖魏万一和其弟魏万二两人原本是江西太和县人。为躲避元末的兵乱，迁居到湖南善代，明朝永乐年间又迁至邵阳金潭村，并定居于此，从魏万一到魏源的曾祖父魏大公就是十二世了。

魏大公字席儒，家中富有，以孝顺母亲和好周济贫困著称。有一年，邵阳闹灾歉收，他于是慷慨解囊，为本乡农民交纳了全部钱粮，县令为此给他赠了一块"邵邑醇良"的匾。魏源的祖父魏志顺继承了其父亲的遗风。他有十个儿子，第二个儿子叫魏邦鲁，就是魏源的父亲。由于魏家人口众多，支出渐大，从魏邦鲁这一代起，魏家的家境开始衰落。魏邦鲁为生活所迫，到江苏嘉定、吴江等地做官。这时他的收入虽不多，但仍然好周济困难的人，深受人民的爱戴。

魏邦鲁官俸微薄，不能经常回家，家中只有其妻陈氏独立支撑。她不但要维持家庭生计，还要服侍老母，教育孩子。家中生活虽苦，但仍过得恬静和谐，常常是母织子读，欣然忘忿。魏源就是在这样的环境中，养成了勤奋读书、自强不息的精神。

魏邦鲁工作不忘读书，而且喜好游览，并好结交豪杰贤士。他在任期间，政绩显著，后来海州闹灾时，曾开办粥厂救济贫民，并和饥民共同生活了几个月之久。这以后，他便到苏州钱局任管事。这本是个肥缺，但他在任期间毫无所染，因此连任五年，因工作出色而被升迁。

魏邦鲁还擅长医术，他除了办案，还"审理"病情，所到之处都为上司所赏识。道光十一年（1831年）他客死在外，但因家贫而不能归葬湖南。后来当地人民因敬其业绩，自愿捐出大贤山的一块土地为他做墓地。后来他的事迹被载入《荆溪县志》。

魏源族中的兄弟很多，是一"众多才俊，居家旧典型"的家族。他们从小都在魏氏族塾中读书，成绩都很优秀。

魏源从小喜欢读书，因家庭困难及父母的殷切希望，很想通过个人的努力，求得一官半职，使生活好起来。更重要的是，他个人有着报效国

师夷长技以制夷
——魏源

3

家、兼济天下的愿望。他从小就有"读古人书，求修身道；友天下士，谋救时方"的抱负。他在自己书斋门旁写道："功名待寄凌烟阁，忧乐常存报国心。"而且从他留下来的对联中也可以看出，他从小刻苦读书，有志于做一番有益国民事业的理想。"学以救国""谋救时方"的经世致用思想，在这时已奠定了一定的基础。

魏氏家族的孩子有很好的学习条件，魏源的二伯父魏辅邦管理着族塾。他自己就是一个学习成绩优秀的人，在岳麓书院读书时，深受院长罗典的器重。他聘请了当地许多有名望的人为侄子们授课，培养出了许多优秀子弟，魏源就是其中之一。

魏源喜欢读书，且比一般弟子刻苦。他不仅白天读，晚上还常读到深夜。后来母亲劝他不要这样苦干。为了不惊动母亲，他就把油灯藏在被子中看，直到母亲哭着劝阻，他才暂时早睡，但不久又开始熬夜。由于没有钟表，有时他能一直读到第二天黎明。到老年时他曾写道："少闻鸡声眠，老听鸡声起。千古万代人，消磨数声里。"也就是说，在青少年时代，为了读书，常彻夜不眠；到老年则又早睡早起。

早年，他在族塾中读书时，在八位老师的指导下，熟读"四书五经"。他的作文赋诗都得到了老师的褒奖。他的老师欧阳炯明、刘之钢、刘若二等人都是些熟读经书、博闻强记、名望颇高的饱学之士。在他们的指导下，魏源的学识大有长进，真可谓名师出高徒。

九岁时，魏源参加了邵阳县的县学考试。考官知县大人见他年幼，便漫不经心地指着茶碗中的太极图说："杯中含太极。"他于是脱口道："腹内孕乾坤。"原来，他的怀中揣着两个麦饼，准备做午饭，这时竟成为对联的材料。一语双关，抱负远大，对仗也很工整，县令大为惊异，再也不敢轻视他了，但因其年龄太小，没有准许他进县学读书。五年后，14

岁的魏源开始到邵阳县爱莲书院读书。次年，因成绩优秀被录取为县学生员，享受食饩的待遇，并得到湖南学政李宗瀚的赏识。又过了五年，他便到了湖南长沙岳麓书院读书。岳麓书院是中国四大书院之一，是一个为国家培养人才的重要基地。当时书院院长袁名曜不但重视读书，还重视实践。他的这种实学精神，对魏源有很大影响。也是在这里，他开始对理学发生了兴趣。

理学分宋朝的程朱理学和明朝的王阳明理学。程朱理学是由程颐和朱熹开创。他们认为"理"在"气"先，"理"是离开事物而独立存在的客观实体，又主张用穷究事物的原理去获取知识，用反问自咎的办法达到实践的目的。这些都是唯心主义的哲学理论和学习方法。他们的理学从元明以来，就受到统治阶级的重视，明代还确定《四书集注》为科场考试的规定范围。明代出现了许多理学家，并有许多人研究朱熹学说，魏源也深受他们的影响。明代理学主要是王守仁开创的阳明学派。他主张"心外无理"，认为人的内心先天地具有一切道德原则，能圆满自足。他强调以"致良知"为宗旨。他还主张通过"存天理，去人欲"，达到"万物一体"的境界。这同样是主观唯心主义的哲学论点。

这时在湖南做学政的汤金钊就是一位理学家。他认为选取贡生要先了解考生平日的行为，然后在口试时看他的仪表、听他的议论，最后加上文字的成绩。总之，他要求学生要品德与业务并重。而魏源又是一个对理学极感兴趣的人，故他在所选的贡生中，对魏源的印象极为深刻。与魏源同时入选的还有李克钿、何庆元等人，他们三人对宋朝的理学最感兴趣。

1814年，20岁的魏源被选为贡生后，便到北京读书，但不久后又回到湖南。第二年，他又随父亲到北京继续深造。

魏源在家中一直刻苦学习，很少接触社会，与父北上求师，沿途的

师夷长技以制夷
——魏源

见闻使他大开眼界，增长了许多见识。在北上途中，他曾游览各地名胜古迹，对英雄岳飞抗金时"怒发冲冠"、"还我河山"的激情壮志，表现出深切的敬慕之情。他在诗中说："恭惟忠孝人，英气寂不回。"当渡过黄河以后，看到一片荒凉，于是游兴大减，转而深入探讨四处野草丛生、兵荒马乱的原因。贫苦农民受害的惨状，在其思想上打下了深深的印记。另外，他在路上还看到了北方"一旱坐待槁，一雨成泥浆"的情况，深切地感到水利问题的迫切性。因此，他想写一部专讲水利的书，使北方农作物增产，人民免受饥寒之苦。

到了北京后，魏源一方面准备参加下一科的考试，以求功名，另一方面则寻师访友，进一步深造。他首先找到了同乡、翰林院的编修陶澍。陶澍为人正直、勇于任事，因成绩卓著，又和魏源是世交，因此，到北京后，他曾全力照顾魏源。

为了解决学习问题，魏源通过陶澍的介绍，与经学家胡承珙相识，从其学习经学。后又从学刘逢禄，广泛研读经学著作。他还曾向姚学塽请教《大学古本》，并受到姚学塽关于高尚品德的教育。他还向董桂敷请教古文辞。这些人，当时都是学术上的泰斗，对魏源有很大的影响。

另外，还有一些和魏源的年龄相仿的人常与之切磋学业。如龚自珍，他和魏源齐名，被世人并称为"龚魏"。陈沆，他们经常互评诗作，互相提高。同时魏源还和老师汤金钊有来往。他的苦干精神曾吓了汤金钊一跳，真可谓"长安车马地，花落不知春"。

他要想在北京生活，还得找个有收入的工作，于是他便求助于曾在湖南任学政的李宗瀚。李宗瀚邀他在家中教其子弟。在李家，他一面教孩子读书，一面自己读书。孤苦的生活，使他回想起"母织子读"的生活。恰在这时，他收到父亲勉励自己的来信。这些事都引起了魏源的思索。

嘉庆二十一年（1817年）冬，他从北京回到湖南。第二年冬天，他和严翊義的女儿结婚。一年后，他又到湖南辰州，主修《屯防志》和《凤凰丁志》。不久，他又回到家乡。

1819年，他三进北京，参加顺天府乡试，被录为副贡，但因不能参加会试，他便住在北京等待下一科乡试。

道光三年（1823年），顺天府举行正科乡试，魏源考中第二名，俗称"南元"。由于得到了道光帝对试卷的好评，他的名气因此比之前更大了。第二年的会试中，他又没中，只好又在北京住下来，从事经学研究。他继承了常州学派的理论，探讨了理学家研究学术的方法，开始从理学家的虔诚信徒，逐步进入汉学家的行列。这时，他完成了《公羊古微》《诗古微》和《书古微》等书的写作。前一本在辛亥革命的兵乱中丢失，后两本有刻本传世。他在《诗古微·序》中叙述了自己研究《诗经》的经过。经过几年的研究，他体会到：学问之道浅尝是不可求得较正确的结论的，必须下功夫深入研究才可以达到目的。

《诗古微》在道光年初完成两卷，刻印成书，后来又增补修订，于道光二十年（1840年）完成20卷，重新刻印。《书古微》成书较晚，共12卷，序作于咸丰五年（1855年），实际上，它的初稿大约也是在这时完成的，以后继续修补，至咸丰初年才完成定本。

在这段时期，魏源除了著书外，还常和汉学家们在一起进行学术交流、对先辈汉学家进行纪念活动，实际上魏源已步入汉学家的行列。

师夷长技以制夷
——魏源

为政务实，兴利除弊

魏源在鸦片战争中，思想发生了巨大的变化，对清朝统治者已彻底丧失信心，对大清帝国的前途产生了怀疑。

1844年，魏源又到北京参加科举考试。本来他在做陶澍的幕僚时，收入颇丰，家庭生活水平也因此大为改观，但他和其先辈一样乐于助人，再加上当扬州遭到战乱的破坏，其财产受到损失，因而生活发生困难，这使他不得不再次出山，希望考取一官半职，以求养家糊口。但他因试卷草稿字迹模糊被停殿试一年，在第二年的补考中才中进士，从此走上做官的道路。

魏源中进士后，拒绝了老官僚穆彰阿的拉拢，毅然到江苏做州县官。他的友人都替他感到惋惜，但他却不以为然。他认为与其在京中虚度时日，不如到地方上为人民做点实际工作。

1845年秋，52岁的魏源从北京来到江苏，任东台县知县。这个县比较贫瘠，有盐场7个，农业经常歉收，田赋不能足额，因而办理钱漕日益困难。他到任后，首先拜访了当地有名望的乡绅，惩办了一些奸猾恶棍，大受民众欢迎。但该县的钱漕仍难足额，加上前任县令的欠款毫无着落，魏源只好拿自己的4000两银子做赔垫，他家的生活因此进一步恶化——全家数十口，空无所有。这时他又做起教书先生，以解决生计问题。

在东台县任职期间，魏源认真研究了江苏钱漕的问题。江苏钱漕之所以发生问题，原因很复杂，主要在征收漕员有"明加"、"暗加"，"横加"等问题存在。魏源认为解决的唯一办法，就是用海运代替漕运。他说："江苏漕弊，非海运不能除，京仓缺额，非海运不能补。"但是，海运受到各种保守势力的阻挠，不能实行，钱漕的问题也因此悬而难决。

1846年夏，魏源的母亲去世，他因丁忧守制，不能做官，便离开江苏东台县，得以摆脱繁忙的公务，到南方畅游一番。这次南游，使他游历了祖国的许多名胜古迹、名山大川。他欣赏了气势磅礴的山水，参观了过去学者讲学的书院，拜访了许多以前的友人，与他们交流了学术上的研究心得，后来又到香港、澳门，接触了一些外国侨民，思想更为开阔。他希望通过各国人民的友好往来，盼望着实现中外一家的美好前景。他还在这两地买了许多地图和资料作为《海国图志》的补充。他在"半年往返八千里"的旅程后，于1848年回到扬州家中。

1849年，魏源又到江苏兴化任县令，上任后遇到的首要问题是治水抗洪。他对防治河患、兴修水利一向很注意，所到之处，往往先探察水势，研究河道的变迁，以便找出最好的治理办法。

未到任之前，他就曾到各处视察。扬州府的几个州县，地势都较低，兴化尤其厉害，外加兴化河湖甚多，最易受水涝灾害。他到任后，还未来得及修治河道，便遇上连续的大雨。高邮、洪泽二湖水位上升，运河的河堤常年失修，兴化的农田常被淹没，当地人民屡遭涝灾，生活十分困苦。今年又遇到这种情况，人民惶惧不安。魏源了解到这些情况以后，一面派人日夜维修堤岸，一面求得两江总督同意，下令河官不许任意放水。辞别两江总督后，他又急忙赶回兴化，冒雨到堤岸督促修坝，他先后几次差点被大水卷走。在他的感召下，兴化十几万人自动到堤上帮忙，从而使兴化化险为夷。但他也因此累垮了身体，得了黄胆性肝炎。这一年，兴化的水稻由于魏源和河官的力争，并率民奋力抢护而喜获丰收，因此得到了"魏公稻"的誉称。后来他也作诗表达了他做县官时的心情，其中有一首是这样的：

> 何事终年最系情，晴多望雨雨祈晴。
> 湖云以堰当楼黑，春水浮天上树明。
> 谁道登临宜作赋，难忘忧乐是专城。
> 农桑未暇还诗礼，空对前贤百感生。

这里，他表达了要和古圣先贤一样"先天下之忧而忧，后天下之乐而乐"的思想，要以古圣先贤为自己行为的楷模。

这一次兴化的洪灾虽被制服，但这里的水患并未彻底解除。魏源于是沿河访问探察，终于找到旧基，并上书两江总督，请求治河。在两江总督陆建瀛的支持下，运河西堤得以修复，东堤也得到加固，从而彻底免除长期以来的人为水灾。兴化人民为了感谢他，于是打算在兴化为其修建长生祠，但遭到他的拒绝。直到他死后，人民才把他附祀于范仲淹的祠堂里。

在兴化，魏源除了治河患外，还在地方修建学馆，扩大书院，修育婴堂，纂修县志，开放尊经阁，为知识分子提供聚会的场所。因此，在他离任时，兴化的乡绅和百姓争着为其送行。他在一首诗中描绘了当时人们为其送行的情景，诗是这样的：

倾城竞赠送行文，不饯朝阳饯夕曛。

空海见闻惟白浪，下河忧乐在黄云。

去年争坝如争命，此日调夫如调军。

不是皇仁兼宪德，那看台笠遍蓄耘。

　　1851年，魏源因政绩卓著，被委派到高邮州做知州。这时，他已58岁，而且身体也大不如前了，特别是兴化抗洪过于劳累而致身体十分虚弱。到高邮后，他继续修治运河堤岸，他甚至还帮邻县完成了河工，并受到友人的称赞。在咸丰年间，像他这样实心任事的地方官已经很少了。另外，他还修建了高邮湖中的湖心岛，在岛上种植榆柳树木，又疏浚了许多港口，以便船只遇难时能就近躲入港内。

　　除了修治河道外，在高邮期间，他还对前任留下的积压案件加以整顿。1853年，他将高邮文游台扩建为文台书院，购置图书，以培养人才，又设义地、义学等，做了许多有益于地方文教事业的实事。恰在这时，发生了太平天国起义，他为了维持地方治安，采取了一些应急措施。但不久他便采取观望态度，并不为政府传递军情。所以在不久以后，他被革去高邮知州的职务。于是他回到兴化的一个小庙中，过起了隐居生活。

　　中国历史上发生过无数次农民起义，从秦朝的陈胜、吴广起义到清末的太平天国运动，仅大的起义就有几百次，它们大都为农民的反抗运动和革命战争。一般的知识分子将视农民起义的为盗匪，并对农民起义大加污蔑，而魏源对农民起义的看法和态度有一个发展的过程。

　　魏源从小受的是儒家传统教育，读的是"四书五经"，写的是八股文，思想上循规蹈矩，不敢越雷池一步。但当他步入社会后，开始对社会上的种种现象加以分析研究，对于统治者开始有了更为客观的看法。

师夷长技以制夷
——魏源

11

他说："天地之性人为贵，天子者，众从所积而成……故天子自视为众人中之一人，斯视天下为天下之天下。"这里，他指出皇帝也只不过是众人中的一员，他并不是什么神圣不可侵犯的；反之，农民也不是天生的贼匪。后来，他对农民起义又有了进一步的认识。在《圣武记》中，他对镇压农民起义的武功，采取的是歌颂的态度。书中虽将农民起义者仍称"贼匪"，但他在研究白莲教起义的原因中用了"官逼民反"一词，可见他对农民起义者有了一丝怜悯。

鸦片战争以后，由于银价上涨，农民负担日益加重，人民生活日益困苦。在曾国藩的奏章中，有许多地方虽有心为官吏开脱，但吏役四出、血肉横飞的惨状，仍是历历在目。魏源因此说："银价岁高费增丰，民除抗租抗赋无饱炎。"这里，他在为农民抗租、抗赋、抗清的斗争寻找理论根据。

就在魏源步入社会不久，1842年，爆发了钟人杰起义、欧阳大鹏领导的农民起义。此时，在浙江、江苏等地也多次发生闹漕事件。对这一系列官逼民反事件，魏源经过冷静的思考后认为，它既是官府的残酷剥削，也是钱漕制度的不合理造成的。他在为崇阳县知县师长治撰写的《墓志铭》中论述了这件事。首先，他肯定了闹漕斗争的群众是因"帮费日重，银价日昂，本色折色日浮以困"所造成的；其次，他肯定了农民并没有枉杀无辜；最后，他在祭文中论述了发生闹漕事件的原因，重申了改革弊政的观点。他认为人民除了抗租抗赋以外，没有别的办法吃饱，这就是农民起义或抗漕的原因，也是军队不该镇压起义的原因。在这种思想的支配下，他对太平天国起义有了新的认识。

太平天国运动是魏源看到的最大的一次农民起义。魏源当时正在素有"东南咽喉"之称的高邮任知州。他本该随时将太平军的情况报告给清政府，以便政府调军镇压。而他不但没有这样做，还多次将急递退回，使南北音信隔绝。他也没有像他的许多友人一样投身清朝军队，或组织地方武装与太平军对抗。凭借他过去对兵法的研究和两次从军的经验，他应该马上行动起来，投身到镇压太平军的行列中。而且这时的清军统领曾国藩等人还是他的同乡、友人，只要他到军营去，他绝对会是军队统领的左右手或高级官员。但是，他并没有这样做，即使是过去的好朋友的信函也不能使他动摇，可见当时他的态度是十分明朗的。他更没有像他的一些友人，如汤贻汾等人因太平军攻下自己所在城市而自杀，以示抗议。

相反，他在自己的诗作中表达了对农民起义的同情心。后来，英国趁机占领江海关，并迫使清政府与英、法、美三国签订了《江海关协定》，从而使海关成为外国侵略中国的工具。其实，魏源不仅有同情农民起义军的思想，他还有同情农民起义军的行动。他在高邮任知州时，并不为清政府传递情报，以致南北信息不通。原任南河总督杨以增上奏弹劾他，说他"玩视军务"，咸丰帝便下谕免去他的职务。接到圣旨后，他便回兴化去了。咸丰帝的这封"实属玩视军务"的圣谕惩罚令，现在看来恰似一张奖状。

清初，经学家顾炎武以"经学即理学"为号召，重视民生利病，提出"政用"、"救世"思想，开始了清代的朴实学风。魏源在经过了对宋学、汉学的研究后，对它们有了较为深刻的认识。

魏源早年热衷于宋代理学，特别是朱熹学派的钻研，甚至在行动上都试图按照理学家的说教去做。到北京以后，他的眼界得以开阔，接受了各派学者的熏陶和影响，又从事汉学研究，故他同一般儒生不一样——接受过理学教育，却不为理学所局限；受汉学家影响，又不拘泥于汉学门户之见。他对清代汉、宋两派学者之事不以为然，还指出两派的缺点："饾饤为汉、空腐为宋。"并针对当时社会的陋习提出了"通经致用"的思想，要求人们不能只是空谈性理，或只注重琐细事物，而应关心民生疾苦，探求民富国强的政策，振兴中国，救民于水火之中。对两派的分歧，他要求用两派共同的宗师孔子和孟子来解决分歧，用儒家经典来解决所遇到的问题。他甚至举出许多古代用经书于政治的先例，如用《礼》《乐》来教育人民，用《春秋》的原则判断是非，用《诗经》作对时事提出批评的谏书和用以对答的资料等，从而达到以经术为治术，达到通经致用的目的。虽然他的这种解释有些牵强，但在当时是有积极意义的。

这次到北京，魏源还结交了一些关心时务的朋友，诸如姚莹、张际亮、龚自珍等，他们都是些爱国爱民的人士。他们经常在一起评论朝政。因为在这时，清朝的康乾盛世已基本结束，社会开始出现衰败的迹象。一方面，上层官吏贪污腐朽的风气已经弥漫全国；另一方面，人民生活水平日益下降，普遍产生不满情绪，开始起义。一些有远见卓识的爱国知识分子们便常聚在一起，探求改革的道路，以振兴民族并抗击外来侵略。

长期担任幕僚，为改革献策

清朝的一些较高级官员多聘请幕僚帮忙处理文学和日常行政工作，以减少自己的麻烦，增加若干政绩。在北京时，魏源曾为汤金钊的幕僚，那时他仍想从科举上步入仕途，而1825年下江南，是想另谋出路。在陶澍和贺长龄官署任幕僚后，由于江南辖地广阔、情况复杂，幕僚的任务比较繁重，又赶上江苏漕运发生问题，再加上两淮盐务由于官盐滞销，盐课减少，清政府十分担心。于是到任后，他便开始参加两项重要的改革：一是漕粮试行海运，二是引盐制改为票盐制。

道光四年（1824年），江南御黄坝由于年久失修，洪泽湖决口，湖水泛滥，运河水位下降，难于行船，漕粮无法运输。有人建议引黄河水入运河，但黄河水中泥沙太多，会使河床更为淤浅；又有人建议盘坝接运，但仍不见效果，针对这种情况，陶澍、贺长龄开始建议改漕运为海运，并被户部尚书英和采纳。但由于漕运是多年的例行公事，是"天庾正供"，不能停止，更何况与此事有关的贪官污吏都希望借此中饱私囊，因而尽管漕运中有许多问题，却一直难以改革。

魏源是积极主张实行海运的。他在代贺长龄写的《复魏制府询海运书》中认为，海运于国于民于商都有利。他指出，实行海运的困难可以克服：由于清朝开放海禁已有130多年，海商对上海到辽东的海道十分熟悉，海上航行没有问题；另外，海商拥有大量船只，可以节省许多造船的费用；海商会对运粮尽心竭力；海运还可以节省用于漕运的开支。他还建议运输多在春夏季，以避飓风等自然灾害。通过他对海运的缜密分析，江苏官员更有信心实行海运了。于是，清政府在英和的支持下，同意江苏实行海运。1825年，魏源随贺长龄前往上海办理海运事物，1826年2月1日，第一批海船从上海吴淞口出发，月底到达天津，共运米12.2万石，占全部漕运的2/3，至6月初全部运完。

这次海运，不仅未遭风险，而且米质洁白，比往年漕运更好，所用时间短，经费还节省了许多。接着，魏源总结了这次海运成功的经验，写

师夷长技以制夷
——魏源

成《道光丙戌海运记》一文。由于海运的成功，使国家、人民、承办商人和官员都得到了好处。可是后来，由于失去朝廷的支持，海运被迫停止办理。魏源虽然坚持，但由于个人力量微薄也无济于事。

接着，魏源又参加了对盐法的改革。两淮地区是当时全国最大的产盐区，盐课收入也最多。但长期以来，由于盐务办理不善，出现了不少问题。1830年，行销引数从160多万引减至50多万引，共亏课银100多万两。而且，食盐价格上涨，影响了人民的生活。政府、盐商和人民都意识到淮盐问题的严重性。盐务问题，表面上似乎主要是私盐问题，但魏源经过仔细研究后发现，盐务中的问题，要想从根本上解决，就要改革。1830年10月，升任两江总督的陶澍拟定改革盐法15条。1832年5月，他又亲自到海洲地区了解情况，与魏源等人商定票盐章程10条。这样既改变了引商垄断盐利的弊病，又清除了盐务中的许多陋习。实行票盐制后，盐票畅销，盐贩获利，盐价下跌，盐课增加。实行票盐制虽然取得很大成绩，但那些从前靠非法收入发财的官吏却对此十分痛恨，因此，即使在已经收到改革效果的情况下，票盐制仍然被迫停止实行。对此，魏源在《江南吟》中感慨地说："君不见，温州郡守师票盐，商民歌咏官府嫌。弹章早上秋霜严，利民利国徒鸡廉。奈何尽夺中饱餍。"

可以说魏源是富有改革精神的，他对当时的许多弊政感到不满，对漕运和盐务尤其主张实行改革，而且改革也很成功。这主要是得力于他对改革的深刻认识：

其一，他认为"法久弊生"。有弊病并不可怕，只要勇于改革，就可以变弊为利。

其二，他认为"弊乎利乎？相倚伏乎？私乎官乎，如转圜乎"，利和弊可以相互转换，改革就是要善于将弊化为利。

其三，他主张"弊不极不便，时不至不乘"。即改革要依"时"靠"势"，这样才能使改革顺利进行。

其四，他要求改革的办法要简单易行。他说："弊必出于繁难，而防弊必出于简易。"也就是说改革只有简单易行，人民才易于遵守。

其五，他认为改革的关键是改变人的思想。他说："非海难人，而人难海，非漕难人，而人难漕，本是推之，万物可知也。不难于去百载之积患，而难于去人心之积利。反是正之，百废可举也。"魏源的这些改革主张有他的理论根据。其中有的来源于儒家经典，有的来源于诸子百家。他从《孟子》中归结出"时势"观点；从《易经》中总结出"简易"思想。虽然他的这些思想距今已有一百多年，但这些思想即使在今天仍然有一定的借鉴意义，对当前的改革和建设有着指导性作用。

经历鸦片战争，深为国运担忧

1830年8月，新疆又发生了叛乱。这次战乱是由张格尔的余党博巴克等发动的，帮办大臣塔斯哈战死。清政府为了防止事态扩大，迅速派杨芳、杨遇春、贺长龄前往协剿。魏源这时正在北京等待考试，听说西北发生战乱，于是自愿前往。当他风尘仆仆、不远万里到达甘肃时，清朝的各路大军已先后抵达新疆，已不要增援，他只好在甘肃待命。1830年10月，博巴克败走。魏源这次从军，原想西出阳关，效命西域，但只是半途而废。对此，他深以为憾，他作诗说："我生第一伤心事，未作天山万里行。"

师夷长技以制夷

——魏源

他在西北虽没有参加激烈的战斗，却体验到了军中生活的艰苦。对这段见闻，他作了些诗，有的分析、记叙了边疆地区发生战乱的原因，以及北部地区的军营生活，有的则强调西北边防的重要，不一而足。这些诗都表达了他对国家领土完整，不得以尺寸之地让人的急切心情，洋溢着一个中年知识分子对祖国的热爱感情。1831年春，魏源在甘肃得知父亲病重，遂请假去江苏宝山探亲。这年7月，魏邦鲁去世，魏源便在江苏定居下来。

魏源第一次从军没有参加战斗，但已体验到军中生活。1840年，中英爆发了鸦片战争，魏源出于爱国主义激情，毅然参加了浙江沿海的抗英斗争。在这次战争中，他目睹了外国侵略军的凶恶狡猾，也看到了清政府的腐败无能。他空有一腔爱国之情，却难以实现保卫疆土的壮志。

自从嘉庆末年以来，鸦片的输入不断增加，国内白银大量外流，人民生活日见困苦，并引发了许多社会问题，爱国知识分子对此已有觉察，纷纷呼吁早日禁烟。魏源说："鸦片耗中国之精华，岁千亿计，此漏不塞，虽万物为金，阴阳为炭，不能供尾闾之壑。"他指出长此以往，中国将更为贫弱。其他一些有远见的朝臣也请奏禁烟。据他们粗略估计，从1833—1838年，清政府总共流失白银4亿余两，这样惊人的数字震惊朝野。当时的湖广总督林则徐见此也极力要求禁烟，他请奏说："游毒于天下，则为害甚巨，法当为严。若犹泄泄视之，是使数十年后，中原几无可以御敌之兵，且无可以志饷之银。"其实，这并非危言耸听。道光帝看到这些奏章后，开始感到鸦片泛滥的危害，于1838年11月任林则徐为钦差大臣前往广东查办鸦片事件。

林则徐是清代杰出的爱国知识分子之一，他才识过人、政绩卓著，是清代维新运动的先驱。魏源等人听到这样一个有才干的人前往广东禁烟，都为之雀跃。他们劝勉林则徐要坚持禁绝鸦片，绝不要被黠猾游说之人所蛊惑，一定要使禁烟成功。林则徐到广东以后，力行禁烟，因此得到广大文武官员和百姓的支持。他强迫英国领事义律交出鸦片，驱逐经营鸦片的外国商人，查办吸食鸦片的中国犯人。到1839年，他已收缴鸦片118万余千克，并将之焚毁，受到中外人士的颂赞。

1839年9月，英国开始向中国增派军队，妄图以武力阻挠中国的禁烟运动。但他们在广东受到林则徐的坚决抵抗，在福建又受到邓廷桢的反击，沿海地区的人民也展开了英勇的反侵略活动。英军不能取胜，便一路北上，试图用武力、战争、谈判等各种手段胁迫清政府投降，以维持其鸦片贸易。

1840年，林则徐受投降派代表人物琦善的诬陷，受到革职处分。道光帝后任琦善为两广总督。琦善到广东后，一反林则徐所为，撤去防务，解散民兵。后因擅自允许赔偿烟价、割让香港、开放广州等事，被清政府撤职拿问，但林则徐的禁烟成果被他毁于一旦。后清政府又派奕山前往广东。奕山也是一个酒色之徒，到广东后只顾饮酒作乐，不关心政事，还骂人民是汉奸，放纵部下扰民，于是大失民心。

1842年，清政府因伊里布"迁延不进，下部严议"，调回本任，改派裕谦为钦差大臣，办理浙江事务。裕谦是满族人中坚决主张抵抗并以身殉国的唯一人物。他到浙江后，魏源便开始在军营中生活。

本来魏源是由友人推荐到伊里布营中工作的。在此期间，他曾审问过英军俘虏安突德。根据其口供及一些其他资料，魏源写了一篇《英吉利小记》，记载了英国和其所占殖民地的一些情况，并详细介绍了英国国内的政治、经济、军事、文化、宗教、风俗等，从而为闭关锁国的清政府提供了一份难得的敌军材料，为其做到知己知彼提供了可能。

师夷长技以制夷
——魏源

当裕谦前往浙江后，魏源又到裕谦营中工作。这时，英军已侵入浙江附近海域，定海的防守问题已成为防卫研究工作中的重点。在讨论中，有人坚决主张固守定海。魏源则认为，定海孤悬海中，以前已遭受英军破坏，故英军这次来犯，没有必要固守，而应将兵力部署在浙海沿岸城市，如加强镇海、宁波等地的防务，但这个意见未被采纳。既然要固守，就应重修城墙，在修城问题上又有人主张依山修城，只修一面城墙足矣。魏源认为，固守已为下策，如果依山为城，敌人如从山下翻过来则无从抵抗：如果山上设防，用于防守的兵士则需增加，必然造成兵力分散。而且山势险峻，兵士上下奔波，则会劳累过度，不利战争。由此看来，若要固守，则只环绕现有的内城，修建新的外城，这样既能"城足卫兵"，又能"只足守城"。裕谦虽然主张坚决抵抗，但他并未到定海视察，只是根据地图来指挥，所以，他最后采用了坚守定海和依山修城的意见。

1841年，英军攻入定海，果不出魏源所料，由于清军兵力分散，无法应战，总兵葛云飞等人血战六昼夜而死。定海再次失陷，清军只好退守镇海。镇海提督余步云毫无战意，他所据守的招宝山虽是要害，且是易守难攻，但英军一到，他便率先逃走。总兵谢朝恩率兵英勇抵抗，但终因寡不敌众而战死，镇海也告失守。这样，英军直下宁波。余步云被逮入京处死。

在镇海失守以后，裕谦也投水而死。

这年九月，皇帝又遣奕经率军前往浙江。当他前进到苏州后，因留恋于城市的繁华，便借口筹备军务而驻军不前。他在此赌博酗酒，作威作福，到1842年正月，才驻进绍兴，在此，他们是大饮绍兴酒，终日醉醺醺，而进城的士兵则让老百姓用门板抬着，极尽荒淫。奕经驻军绍兴后，便兵分三路，企图全面收复失地，但除水勇郑鼎臣在定海获胜外，其余诸路都为英军所败，奕经等人逃回杭州。他们不但不对军事失利进行认真总结，还谎称是有汉奸勾结乡勇倒戈造成的，同时还虚张敌人之声势，以减轻自己的罪责。至此，道光帝也无意再遣新援，准备投降了。

如果说，魏源在第一次从军时失望的是未能亲历战争，那么第二次从军所失望的则是统治阶级的荒淫无道。经历这次事件后，魏源也从满怀激情到大失所望，心情也变得十分沉重，对自己的去留问题也开始加以考虑了。魏源十分爱国，但他害怕失败，害怕看到统治阶级的无能。

魏源经过再三考虑后，已感到浙江的事务和战争的前途渺茫：一方面道光帝已由主战转向妥协退让，主战的官员遭到排斥，而主降的则日渐得势；另一方面浙江军营中缺少得力人才，那些能征善战之士已经相继阵亡。同时领导浙江防务的更是一群贪污腐化的贵族，只知吃喝玩乐、贪赃枉法，毫无战斗力可言。

对于这样的局势，魏源已感到悲观失望，自己原来抱有的为国效命，抵御外来侵略者的雄心壮志，到现在也已无可奈何花落去，他的一点锐气也被消磨殆尽。他不得不辞去军中职务，回到了扬州家中。他在回家的途中，心情怎么也平静不下来，回想自己几年来的经历，在船上，他愤然写了这样一首五律：

师夷长技以制夷
——魏源

> 到此便筹归，应知与愿违。
> 狼烟横岛峤，鬼火接旌旗。
> 猾虏云翻覆，骄兵气指挥。
> 战和谁定算，回首钓鱼矶。

在这首诗中，他表达了当时的心情：对战争已无所能力，同时也表达了抱负不能实现的无奈。

他的友人姚燮到浙江军营去看他，但这时魏源已离开镇海回扬州去了。他便写了一首诗表达当时自己的心情。他在诗中说：

忆昔红夷寇东浙，吾乡六县多亡迪。

万营压江守鸡隘，大树尽与兵者芜。

城头旗帜动落日，君来立马千踌躇。

早知狼藉不可整，纷纷肉辈难为徒。

掷其腰剑向沟渎，飘缨振策还长途。

拟留三日作痛饮，片鸿已渺风难呼。

这里讲到了魏源离开浙江是迫不得已，是被迫掷其腰剑而去的。

《圣武记》与《海国图志》

鸦片战争爆发后，魏源弃笔从戎，想凭借自己过去对《孙子兵法》的研究和参加新疆战事的经验，在反侵略战争中为祖国作出一些贡献。但事与愿违，个人抱负不能实现。战败后，清政府签订了丧权辱国的《南京条约》。面对严酷的现实，一些知识分子开始考虑国家的前途和命运。当然，魏源也不例外。

魏源回到扬州以后，开始思考为什么会发生这次战争？为什么一个天朝大国会败给一个小国？这样的战争如何才能取胜？怎样为国雪耻、富国

大清幕僚故事

强兵？这一系列问题一直萦回于他的脑际。经过长时期的思考，最后，他用一年的时间完成了《圣武记》和《海国图志》两部著作。

《圣武记》共14卷，卷1记开国，包括开国龙兴记4篇；卷2记藩镇，包括康熙戡定三藩记2篇；卷3到卷6记外蕃；卷7记土司苗瑶回民；卷8记海寇民变兵变；卷9至卷10记教匪；卷11到卷14为武事余记。《圣武记》刻印后，又作过两次修订。

《圣武记》主要记叙了清朝从开国到道光年间清政府进行的军事活动。在其序中有"告成于海夷就款江宁之月"的话，表明这本书与鸦片战争的关系，强调《南京条约》的签订与鸦片战争的关系，强调《南京条约》的签订日是国耻日，中国人民不应忘记这个日子。

《圣武记》的资料是他在北京任内阁中书时（1828—1830年）搜集的。这部书叙述了开国初年至道光年间清政府为了建立统一多民族国家进行的一系列战争。对于魏源第一次从军时的战争，他在《圣武记》中说："有人认为乾隆时在新疆驻扎军队，增加兵饷，使得国家财政支出增加，因而驻军新疆是不必要的。"魏源在书中坚决驳斥了这种谬论。他承认，在新疆，清政府曾经用了很大的力量去经营。但有人认为取之虽不劳，但守之倒太费。他认为，南北两路兵士1.9万余人，军官1.4万余人。其中有驻防兵和换防兵，每年支出银饷67.89万余两。而他们在内地时，也是这么多，并没有增加，更何况，驻军屯田所得的粮食收入，每年有14.3万余担。新疆物产丰富，赋税较轻，汉族与少数民族和睦往来，不见兵战之事，政治安定，经济繁荣，更是好事，因此若把财政见绌归罪于新疆驻军是一种不智的说法。他说："目睹一支，念全体；观一隅，麾中国。"强调了中国统一的必要性和重要性。其中还有统治者为维护宗主权对邻国的战争；有统治者为维护其统治对少数民族和劳动人民进行的战争。当然，

师夷长技以制夷
——魏源

中间还有一些关于清朝民力、物力的盛衰，人才风俗进退、增减的情况。

根据书的重要内容，可以从中概括出以下几个论点：

其一，分析了鸦片战争发生的原因。魏源认为战争发生的根源不在林则徐的禁烟，书中驳斥了那些顽固派的观点——林则徐的禁烟是导致战争的根源。他认为英国侵略者发动侵略战争，并不单纯是由于停止鸦片贸易。禁烟活动只是战争的导火线，那只是英国侵略中国的借口。在今天，我们已明了，英国之所以发动侵略战争，是由其帝国主义的本质决定的，正如恩格斯所说的，资本主义的发家史，就是掠杀、侵略。发动侵略是为了扩大市场，寻求原始资本——金银的积累。

其二，他认为要克敌制胜、富国强兵，就应该向外国学习，而不是闭关自守，老是摆出一副天朝帝国的脸孔，拉不下面子。他说："夫不借外洋之战舰可也，不师外洋之长技，使兵威远见轻岛夷，近见轻属国不可也。""以彼长技，御彼长技，比自古以夷攻夷之上策。盖夷炮夷船求精良，皆不惜工本。中国之官炮之战船，其工匠与滥造之员，惟知畏累而省费，炮则并渣滓废铁入炉，安得不震烈？船则脆薄窳朽不中程，不是遇风涛，安能遇敌寇。"他强调了引进外国先进技术和管理办法的重要性。在改革开放的今天，这些观点当然易于被人接受，但在当时，恐怕是连想也没有人曾这样想。

其三，要想百战不殆，必须做到知己知彼。他在书中强调了知彼的重要性——只有对外国的情况了如指掌，才能攻其弱点，战胜敌人。他要求政府不能再闭关自守、闭目塞听、盲目虚骄，贻误时机。他说："夫制驭外夷者，必先洞夷情。今粤东番船购求中国书籍，转泽夷学，放能尽识中华之情势。若内地亦设馆于粤东，专译夷书夷史，则殊俗敌情，虚实强弱，恩怨攻取，了悉曲折，于以中其所忌，投其所慕，于驾驭岂小补哉？"这是他对《孙子兵法》的应用和推广，对清政府是有着相当意义的，但在当时却很少被采纳的。

其四，他归结出鸦片战争之所以失败，主要是朝廷指挥失误，而并非侵略者的武器精良、军队强悍，或是士兵不动，或是因"汉奸""莠民"所致。他认为："奈何动曰无兵可用？又奈何动曰莠民可虞？诚能招募骁悍之民为兵，则北五省之回匪、红胡匪，……练中原亡命为陆营，陆营无敌于西北，而土盗不生于西北矣。收两利，去两害，是在神明代裁之大人哉。"他要求统治阶级用国内的敌人去攻打国外的敌人，然后坐收渔利。

其五，他认为鸦片战争前，导致国贫民困的根源在于鸦片的输入和政府官吏的贪污腐化。鸦片的流毒，不仅使财富外流，而且使政治腐败、人才销铄，故他认为清政府应严厉禁烟。他说："诚能以剃发之制禁烟，以清野之法断接济，以坚壁之法御火攻，烟可不遏自绝，寇可不战自困。"

其六，他认为在整肃内政方面应该采取除弊、节用、塞患、开源等措施，努力提高国家的国力。

魏源坚信，如果清政府真按他的意见去办，综合国力可以进一步增强，国耻可雪，外敌可御，清朝仍可回复到"康乾盛世"的局面。"后圣师前圣，后王师前王"，这就是魏源编撰《圣武记》的目的。

完成《圣武记》之后，魏源又开始继续林则徐的嘱托，致力于《海国图志》的编写工作。

魏源在江苏苏州守制，时值林则徐调任江苏布政使，两人常相往来，这给魏源以极大安慰。1832年，魏源应两江总督陶澍之邀，赴南京筹办两淮盐务。魏源提出一套行之有效的办法，将食盐包商制改为盐票制，裁浮费，减盐价，结果不仅使国家税收每年超额几十万两，商人、百姓也都得到了好处。后来两江要员如林则徐、李星沅、陆建瀛等，凡是有关漕河、

师夷长技以制夷
——魏源

25

盐兵等事，总要请魏源参与。他写的《淮北票盐志》《淮南盐法轻本敌私议》等，都是当时改革盐政的重要文献。

1835年，魏源由南京迁居扬州，因经营票盐获利，构"园"于扬州新城，内有古微堂、秋实轩、古藤书屋，兼有"竹林亭池之胜"，作为他读书治学场所，同时接母亲来此奉养。1838年，魏源应甘肃古浪知县陈世镕之约游西北各地名胜，写有多组山水诗，有些诗序写得清彻冷隽，是很好的山水小品。

鸦片战争爆发时，魏源对英国的侵略行径极为愤怒，主张坚决抵抗。他曾应邀赴浙江宁波前线参加抗英斗争，并亲自参与审讯英俘安突德（P. AMmther），根据其口供，"旁采他闻"，作成《英吉利小记》。1841年5月底，广州三元里村民以三元古庙的三星旗为令旗，联络附近103乡民众在牛栏冈丘陵地带痛击来犯英军，伤毙敌人约50名。消息传来，魏源满怀激情援笔成诗，为三元里人民抗英斗争的光辉史实，留下了珍贵的记载：

> 同仇敌忾士心齐，呼市俄闻十万师。
> 几获雄狐来庆郑，谁开柙兕祸周遗？
> 前时但说民通寇，此日翻看吏纵夷。
> 早用秦风修甲戟，条支海上哭鲸鲕。

1841年6月，林则徐被罢职，发配新疆伊犁效力赎罪，途经江苏江口（今镇江），与魏源相会。老友见面，百感交集，先是相对无言，继之通宵对榻，痛论民族忧患，国家兴亡。愤懑、忧戚、商略、砥砺，两颗赤诚的爱国之心完全融为一体。魏源后曾赋诗《江口晤林少穆制府》，生动、逼真地记述了当时的情景：

> 万感苍茫日，相逢一语无。
>
> 风雷憎蠖屈，岁月笑龙屠。
>
> 方术三年艾，河山两戒图。
>
> 乘槎天上事，商略到鸥凫。

　　林则徐临行，把自己所辑《四洲志》及在广东收集的外国情况资料全部送给了魏源，请他在此基础上写作《海国图志》，并荐魏源去两江总督裕谦处参与戎机。魏源欣然接受，在送别林则徐后即再赴浙江前线，入裕谦幕，积极筹划抗敌之策。当年秋初，龚自珍至扬州与魏源叙晤，这也是他们二人的最后一次聚会。在这一年里，魏源作《寰海十章》《秋兴十章》《寰海后十章》《秋兴后十章》。魏源受阮嵇《咏怀》和左思《咏史》的影响，在诗中抒发了自己炽烈的爱国热情和不满黑暗现实、要求变革的抱负。

　　1842年8月，《南京条约》签订，鸦片战争以中国惨败而结束。在此前后，魏源闭门不出，埋头著述《圣武记》。该书成书于1842年9月，此后又两次修订、增订。全书共14卷，40万字，前十卷叙事，讲述自清朝开国以来至道光历史，后四卷是议论，讨论兵制、练兵、筹饷及攻守策略等问题。这是他推求盛衰之理、筹划海防之策的精心之作。

　　鸦片战争失败，"凡有血气者所宜愤悱，凡有耳目心知者所宜讲画也"。《圣武记》完成后不久，魏源以惊人的毅力，用短短几个月的时间完成了《海国图志》50卷本的撰写。魏源在这部书中第一次系统地介绍了世界主要资本主义国家的政治、经济概况，向人们宣告，闭关自守的时代

师夷长技以制夷
——魏源

27

已经终结，世界已经进入了海国时代。他形容自己的工作是"创榛辟莽，前驱先路"，宣称写作此书目的在于"为以夷攻夷而作，为以夷款夷而作，为师夷长技以制夷而作"。

魏源认为鸦片战争的失败是清政府腐败统治的必然结果——"养痈于数十年之前，溃痈于设巡船之后"，希望统治者能"过时而悔，悔而能改，亦可补过于来时"。他在书中大声呼吁"以实事程实功，以实功程实事"，认为夷之长技有三："战舰，火器，养兵练兵之法。"主张在中国建立造船厂、火器局，学习西方练兵之法，建设一支强大的军队。他进一步主张清政府应该自己设厂制造工业品，"量天尺、千里镜、龙尾车、风锯、水锯、火轮机、火轮舟、自来火、自转碓，千斤秤之属，凡有益于民用者，皆可以于此造之"。他甚至提出凡"沿海居民，有愿仿设厂局以造船械，或自用或出售者听之"。他满怀信心地相信，只要下决心向西方学习，就能够"风气日开，智慧日出，方见东海之民优西海之民"。

《海国图志》是中国第一部启蒙著作，其"师夷长技以制夷"的思想给后世以重大启迪。然而令人遗憾又发人深思的是，这部书竟最先在日本产生实际影响。日本维新运动先驱如佐久间象山、吉田松阴、桥本左内等无不竞相阅读此书，并从中汲取思想营养。但在中国，直到1860年还没有多少人重视此书。随着帝国主义侵略的进一步加深，人们才逐渐认识到它的价值，并成为资产阶级维新派思想的先驱之作。正如王韬所说：魏源"师长一说，实倡先声"。

1844年，魏源又一次参加礼部会试，中第十九名贡生。但因试卷字迹不工整，罚停殿试一年。次年，补殿试，赐同进士出身。8月，任扬州府东台县知县。年过半百才典个县令，这对胸怀大志的魏源的确是一个极大的嘲讽。"中年老女，重作新妇，世事逼人至此，奈何！"1851年，魏源任高邮知州。1853年4月，太平军北伐过此地，清廷以"迟误驿报"罪名革其职。

其间，魏源曾因母丧守制，在扬州致力著述，三订《圣武记》，于1847年将《海国图志》增订为67卷，1852年扩展为100卷。在书中，魏源除突出重商思想外，还表现出对西方资产阶级民主制度的赞赏。同年，魏源的另一部主要著作《道光洋艘征抚记》亦定稿。

1854年，经袁甲三保奏，魏源得以官复原职，但他以"世乱多故，无心任官"为由力辞不就。1855年，魏源居苏州参禅。1856年寄寓杭州东园僧舍，"终日默坐参禅，耳听微聋，默而不语"。1857年3月31日，魏源因病逝世，终年63岁。亲友以其生平热爱祖国山水之胜（800多首诗歌绝大部分为模山范水之作），将其葬于杭州西湖南屏山的方家峪。

魏源对后世文化思潮影响最为深远的还是他学习西方、"师夷长技以制夷"的思想。而龚自珍因为早逝，远未涉足这一领域。

在中国近代文化史上，魏源是"开眼看世界"的先驱者之一。他的名著《海国图志》冲破"中国中心"的本位文化观念，向眼界闭塞的中国人展示了一个广阔的、生气勃勃的世界。在《海国图志》中，魏源仔细分析、研究了世界各国特别是西方国家的情况，找出了中国在军事、制造工业等方面的差距，响亮地提出了"师夷长技以制夷"的口号。

魏源"师夷"的思想，包含有广阔的内容，其核心部分是学习外国的先进军事技术，建立中国自己的国防工业；学习外国的养兵、练兵之法，加速中国军队的近代化；学习和引进外国先进的科学技术，发展中国近代民族民用工业。与此同时，魏源"师夷"的思想中还不无向往西方资产阶级民主制度的成分。他在《海国图志》中对美国、瑞士民主政治的艳羡，便隐隐约约透出了这样一种意旨。

师夷长技以制夷
——魏源

向西方学习，这就是魏源"师夷"口号的精魂，在蒙昧自大的帝国文化氛围中，这一口号无异于石破天惊！

魏源"师夷长技以制夷"的思想，是近世洋务运动的思想渊源。洋务派的中坚曾国藩、李鸿章等人无不积极主张引进西方先进技术，增强国力，以便清政府能从容"制驭"西方国家与国内民众。左宗棠筹办福州船政局、西安机器局、兰州制造局、兰州织呢局，是洋务运动中的一员干将，但是，他并不把这些洋务事业看作自己的独创，而是将其视为继承魏源的遗愿。张之洞对龚自珍嬉笑怒骂抨击时政至为愤慨，但对魏源十分钦佩。他称《海国图志》的问世，"是为中国知西政之始"，而追随魏源的思想轨迹的"洵皆所谓豪杰之士"。中国第一任驻外公使郭嵩焘总结说，魏源当初提出发展对外通商与学习西方长技，朝野上下"无不笑且骇者"，以为是天方夜谭、奇谈怪论，而仅仅十余年后，"其言皆验"。由此足见魏源的思想具有一种把握时代脉搏的"超前性"。

魏源的思想也为维新变法运动提供了丰富的营养。假如说，魏源"师夷长技"的口号和创办中国近代军事工业及民用工业、设译馆翻译西书等具体主张都被洋务派所继承。那么，魏源关于学习西方，实行政治改革，发展工商业，重视人才培养等方面的思想则启发了冯桂芬、王韬、郑观应、薛福成、陈虬等早期维新运动思想家，影响了康有为、梁启超、谭嗣同等维新运动的领袖人物，更对湖南维新运动的推动者如陈宝箴、陈三立父子，江标、皮锡瑞诸人都有直接影响。王韬曾高度赞许魏源"师长"一说"实倡先声"。这一"先声"是近代文化觉醒的先声，是中国冲破中世纪蒙昧、面向世界的先声。

魏源不仅是影响中国近代文化的前导性人物，而且具有国际性的影响。《海国图志》问世后，先后传入德国、英国、日本、朝鲜，而受魏源思想影响最大的国家，则是日本。日本学者增田涉写了一部名叫《西学东渐和中国事情》的著作。书中说，《海国图志》初入日本时，130元一部，仅八年后便上涨到436元一部，由此可见当时日本人人争读《海国图志》的情形。由于《海国图志》切合了日本锁国时代思想界睁眼看世界的需要，当时的"开国先觉者"如佐久间象山、桥本左内、吉田松阴、安井息轩、赖三树三郎等人都竞相阅读《海国图志》，从中汲取营养。梁启超曾揭示魏源在日本思想界的重要影响。他说：日本的平象山、吉田松阴、西乡隆盛等人，皆为《海国图志》所刺激，"间接以演尊攘维新之话剧"。钱基博在《近百年湖南学风》中也说，日本的平象山等人，读《海国图志》而愤悱，"攘臂而起，遂成明治尊攘维新之大业"。

梁启超评论说："今文学之健者，必推龚魏。龚魏之时，清政府渐陵夷衰微矣。举国方沉酣太平，而彼辈若不胜其忧危，恒相与指天画地，规天下之大计。"1828年夏，魏源游杭州，从居士钱东甫学习佛典，"求出世之要，潜心禅理，博览经藏，延曦润、慈峰两法师讲《楞严》《法华》诸大乘"。魏源对宗教学说因此有较高深的造诣。

1829年，魏源与龚自珍应礼部考试。龚自珍中进士，魏源不第，遵例纳赀为内阁中书舍人候补，得以在内阁任事。这使他"得借观史馆秘阁官书，及士大夫私家著述、故老传说，于是我生以后数大事及我生以前讫国初数十大事，磊落乎耳目，磅礴于胸臆"。就在这时，他与龚自珍、林则徐、黄爵滋等好友结成宣南诗社，时常在一起饮酒赋诗，议论时事，探讨学问。这一期间，魏源写成《诗古微》、《董子春秋发微》两书，完成了刘逢禄遗书的校勘工作，并作《刘礼部遗书序》，析述今古文家法的源流演变，特别是张扬今文学派的宗旨："由董生《春秋》以窥六艺条贯，由

师夷长技以制夷

——魏源

31

六艺以求圣人统计，旁搜远绍，温故知新，任重道远，死而后已，虽盛业未完，可不谓明允笃志君子哉？"

魏源和龚自珍是同时代人盛赞不已的"绝世奇才"，也是后世新思潮、新学风的滥觞。他们痛切感到社会深重危机，猛烈批判扼杀民族生机的专制主义和束缚人们头脑的腐朽文化，大胆倡言变革，呼吁一个生机勃勃、人才涌现、个性发展的"新"时代的到来。这些言论的深刻意义，在于有力地冲击了封建时代的金科玉律与文化蒙昧，提出了一系列闪烁着近代思想光芒的崭新价值观，从而宣告了中古文化的终结与近代文化的发轫。正因为如此，梁启超在论说"新思想之萌蘖"时，将"因缘远溯龚魏"。而保守派的代表人物叶德辉则将清王朝皇冠落地的大灾难、大变局，归咎于龚自珍和魏源二人。

但是，个人经历的不同以及世界的丰富多彩决定了龚自珍与魏源无论在文化性格还是在文化影响上都具有各自的特色。

与龚自珍比较，魏源有两大不及之处。论文学，魏不及龚，龚诗境界雄伟、形象瑰丽、意念新奇，魏诗则虽"皆有裨益经济，关系运会"，却乏于艺术精魂。论抨议时政、褒贬人物、惊世骇俗，魏也不及龚，魏源号"默深"，"默深"二字有"默好深思还自守"、"言立不如默成"之意，可见魏源的性格较为内向，而不像龚自珍那样易于冲动。正因为如此，对于龚自珍的"口不择言，动与世忤"，魏源殊不赞同，为此，他曾专门写信劝诫龚自珍慎于言行。由此一来，他对现实的批判，自然在尖锐性上逊于龚自珍。

但是，与魏源比较，龚自珍也有不及之处。

首先，龚魏二人虽然都主张经世实学，但是，就漕盐实政、务实重行而言，龚远不及魏。魏源是湖南人，青年时就读岳麓书院，深受"留心经济之学”的湖湘学派的影响。此后，他又相继为贺长龄、陶澍等大员的幕僚，有机会大量接触并参预处理农政、刑名、河工、漕运、盐法等实际问题，从而积累了大量“经济之学”的实际经验，成为名闻一时的实政之学的专家。

在经世实学方面，魏源的诸多活动影响甚大。道光初年，魏源在贺长龄幕中主持编辑了《皇朝经世文编》。此书集清初至道光以前经世致用文章之大成，清晰地体现了经世派注重研究当代制度及其历史沿革，注重实用、功效、变革与进取的治世精神。《皇朝经世文编》的问世，“不啻晚清经世运动之宣言”。它把士大夫爬梳经卷的注意力引向了社会实际事务，从而开创一代经世之风。此书出版后，凡讲求经世的学者，几乎人手一册，无人不知此书。曾国藩、左宗棠等洋务派也深为重视《皇朝经世文编》。曾国藩说，他研究经济之学以两部书为根柢，一部是《会典》，另一部便是《皇朝经世文编》。左宗棠读《皇朝经世文编》，满纸丹黄地圈画，其专心致志可以想见。《皇朝经世文编》闻世之后，晚清至民国初年的学术界，出现了一股“经世文编热”，依《皇朝经世文编》体例续编之书竟多达一二十种，由此足见《皇朝经世文编》在中国近代社会具有广泛的影响。

道光初年，清代经济生活中有两项重大改革，即初为江苏巡抚后为两江总督的陶澍在江苏实行的漕粮海运以及在两淮盐业专卖区推行的“票盐法”。这两项经济改革的要点是把商品经济的运行机制引入关系国家财政命脉的漕务与盐务中。具体而言，在漕务方面，废除传统的漕粮官丁督运制度，代之由吴淞沿海一带的船运资本家来承担漕粮运输业务；在盐务方面，则是于淮北盐区内，改盐业官营为商营，实行盐业自由贸易。无论对于清政府摆脱财政困境来说还是对于航运业与盐业中的资本主义萌芽来

师夷长技以制夷
——魏源

说，这两项改革都具有颇为积极的意义。而当时来往于贺长龄、陶澍两幕府中的魏源，正是漕粮海运与实行"票盐法"的积极倡导者与设计师。这无疑也是一种文化影响，一种作用于社会结构的深层的文化影响。

一生怀抱几曾开

——郭嵩焘

郭嵩焘（1818—1891年）出生于一个农商世家，五次应考方得提名。他生于乱世，性情耿介，不合流俗，有经世之才却得不到施展。他经办洋务较早，思想开明，却被保守派忌恨，被世人唾骂。

郭嵩焘身上有浓重的书生气，和当时的官场格格不入，是一个"异类"，但他目光如炬，对当时政治现实的批判尖锐而深刻。这些充满了文人思想主义批判，使他很难在官场立足，更会受到中国官场文化的反噬、鄙视甚至陷害、打击。

协助曾国藩办湘军

郭嵩焘（1818—1891年），湖南湘阴人，字伯琛，号筠仙，晚年自署玉池老人，慕其学识者尊其为"养知先生"。

郭嵩焘出生于中国近代悲剧性的前夜，其生活的道咸同光时代，恰逢中华民族面临三千年未有之变局，不断向半殖民地半封建社会深渊沉沦，同时向近代社会艰难转型的大动荡时期。正是这一特殊的时代，造就了他特殊的人生旅程和精神气质。

郭家是湘阴巨富，祖上三代都是读书人。少年郭嵩焘游学于著名的岳麓书院，与曾国藩、刘蓉有同窗之谊、换帖之交。他们与旧时代的大多数读书人一样，苦读经书以求功名。1837年，郭未满二十而中举，自是意气风发。

次年，他与曾国藩一同到北京参加会试。但榜发之后，他却名落孙山，只好垂头丧气地回到湘阴老家。加之年幼的四弟因病身亡，他的心绪更加忧郁不安。而好友曾国藩经过艰苦的努力终于考中进士，跻身于科举的最高层。

随后，郭嵩焘又两次入京会试，均不中，加上家道中落，只好先找个职业以养家糊口，遂入浙江学政罗文俊之幕。这本是无可奈何之举，却使他有幸在浙江亲历了鸦片战争，接触了西方，眼界为之大开。作为罗文俊的智囊，郭参与战守事宜，曾亲临战场。他既痛心于大清兵败如山倒，又震撼于英夷的坚船利炮。他批评朝廷"和战不定"，对外"举措失宜"。更难得的是，他敏锐地观察到外患与内政关系密切，担心外患将引发严重的内乱。

1847年，郭嵩焘第五次赴京应考。与以往一样，老友曾国藩对他关怀备至，二人经常切磋学问，评点诗文。他吃住在曾国藩家中达几个月之久，终于金榜题名，入翰林院为庶吉士。

可是没几年，太平天国运动爆发了，它把整整一代湖南人拖入了时代的旋涡。郭嵩焘认为太平天国不仅是政治性的叛乱，而且是文化性的挑战。士大夫的传统使命感使他难以置身事外，何况他还有经营保卫地方的责任心。不过，他对军事上的具体事宜不感兴趣，只乐于出谋划策，湖南巡抚张亮基倚之为左右手。

太平军围困长沙，郭力荐左宗棠负责军事事宜。左是郭少年时就相识的同乡好友，性情刚烈且愤世嫉俗，其时正避乱山中。郭反复劝说，责之以大义，左方才受命于危难之际。左、郭一文一武，相得益彰，力保长沙不失。不久，郭又说动在家居丧的曾国藩效法戚继光，奏请自办团练，招湖南子弟一千余人，此即为湘军之起。至此，曾、左联手，郭筹划方略，湘军集团初步成型。

郭诚不如曾、左声名显赫，却无疑是湘军主脑之一。湘军的大部分重要文件、布告和奏章皆出自郭的生花妙笔，重大的战略谋划更离不开郭的运筹帷幄。他还是一位实干家，粮草、钱资、武备、水师、战术、夷务等方方面面，都可谓驾轻就熟，以至于曾国藩感言："不可一日无筠公。"

郭嵩焘首倡水师，经营数年，遏制了太平军在长江上如入无人之境的态势，并于1854年帮助曾国藩收复武昌。此后，湘军力据长江上游，水陆夹攻，从建瓴东下以窥天京，取得了战略上的主动权。

一生怀抱几曾开
——郭嵩焘

1853年7月下旬，曾国藩将罗泽南所练湘勇1200人，由湘乡知县朱孙贻统领于赴援江西。此时的郭嵩焘与朱孙贻同行，极想亲临作战，一显身手。

然而，江西境内的太平军势力非常强大，他们凭借众多船只，往来于饶、瑞两州之间，控制着长沙及内湖江路，使得援助江西的湘勇无法行动。郭嵩焘与江忠源困守章江门，心中异常焦急。一天，他们抓到一个太平军士兵，通过审讯，得知太平军依靠船队对抗官军的实情。湘军全是陆勇，没有水师，对太平军自然是鞭长莫及。郭嵩焘便向江忠源建议，赶造战船，编练水师！

江忠源对于郭嵩焘的建议表示赞赏，当即嘱其拟疏具奏朝廷，请饬湖南、湖北、四川各造长龙快蟹船20艘，广东购置大炮千尊，配给各船之用。考虑到造船费、工费，不能应一时之急，郭嵩焘又建议江忠源赶造一批巨筏，每筏载兵勇数百，配置大炮，与陆军夹岸冲击"贼船"，可以满足一时之需。

郭嵩焘提议创立湘军水师，使得清政府对太平军的作战情势大为改观。为此，他受到了清政府的嘉奖，是年11月被破例提升为翰林院编修。

湘军自立，第一要务当属筹饷。所谓"兵马未动，粮草先行"，饷不继何以为军？郭自告奋勇负责筹饷，首倡"厘金"制度，既注意保护工商业者的合法利益，又注意开拓新的利源。所以曾国藩、左宗棠称赞他为"湘军财神"。平定太平天国，郭实为最大的幕后英雄。

与僧格林沁不合

1856年年末，郭嵩焘到京城出任翰林院编修。

在京都，他深得权柄赫赫的户部尚书肃顺的赏识。肃顺性情刚严，以敢于任事著称，主张以严刑峻法改变当时吏治腐败的状况，屡兴大狱，唯严是尚，排除异己，但由于他深得咸丰皇帝的倚重，其他人对他是敢怒不敢言。与其他满族权贵猜忌、排挤汉族官僚不同，肃顺主张重用汉族官僚，对以曾国藩为首的湘军，他尤其重视。由于肃顺的推举，郭嵩焘在不长的时间内蒙咸丰帝数次召见，自然受宠若惊。咸丰帝对他的识见也颇赏识，命他入值南书房。

南书房实际是皇帝的私人咨询机关。入值南书房，意味着可以经常见到皇帝，参奏军国大事。咸丰帝还进一步对他说，南书房笔墨之事并不多，之所以命令他到南书房，"却不在办笔墨"，要他"多读有用书，勉力为有用人，他日仍当出办军务"，明显对他寄予厚望。

第二次鸦片战争爆发后，咸丰帝派郭嵩焘到天津前线随僧格林沁帮办防务，颇有些"挂职锻炼"的意思。

僧格林沁虽是蒙古人，但因他的父亲是嘉庆皇帝的额驸，本人又被晋封为亲王，可谓权倾一时。郭嵩焘虽在初时对僧格林沁钦敬有加，但随着对天津防务和中外实情有了更多的了解之后，两人之间在气质、思想、方法上的差异，使得两人的关系越来越不协调。早在1857年年初僧格林沁

一生怀抱几曾开
——郭嵩焘

回京过春节时，他向郭嵩焘问道："东豫捻匪，天津防务，二者办理孰宜？"郭不假思索地答道："捻匪腹心之患，办理一日有一日之功；洋人以通商为义，当讲求应付之方，不当与称兵，海防无功而言，无效可纪，不宜任。"这种主张对主张抗击外国侵略者的僧格林沁来说，自然是不太愿意接受的。

到达天津之后没有几天，郭嵩焘在与友人谈论如何对付英法联军的问题上明确表示："不幸而战而败，如何收束？幸而胜，如何为持久之计？彻始彻终，通盘筹算，然后斟酌一办法，请之朝廷。临时小小变通，大局筹办总不外此，所谓有算胜无算也。今朝廷议和议战，皆务为尝试而已。任事者亦贸焉与之为尝试，以事度之，胜败两无所可，理势俱穷。自古外夷之患，未有若今日者。"

郭嵩焘的意思是，希望政府与外国通过谈判解决问题，而不是像传统士大夫那样，外敌当前，只会以死报效，丝毫于事无补。从这句话来看，他当时已产生近代外交思想的萌芽。

1859年春，英法侵略者执意要求进京就《天津条约》换约，咸丰皇帝对此束手无策，顾虑重重。面对这种情形，一向好强的僧格林沁凭着对朝廷的一腔热血，坚决主张以武力杀一杀洋人的威风。郭嵩焘则继续坚持己见，认为"以天下势论之，海口用兵与否，终竟无定局，似亦不宜过有所费也"。这就明确反映出他不主张以大量人力、物力投入战备的思想。随后他十多次慷慨陈词，反复劝说僧格林沁不要轻易动武，"以为今时意在阻击，苟欲击之，必先自循理。循理而胜，保元后患；循理而败，亦不至于有悔"。但郭对僧格林沁的劝说，最终无济于事，"为书数策，终不能用"。在《复方子听》的信函中，郭嵩焘不无忧虑地指陈僧格林沁等人不识大体、不谙世情，即使一时能侥幸取胜，最终还是要失败的——"处极弱之势，无可据之理，又于外夷情形懵然不知考究，而思以诈胜"，真可浩叹。

平心而论，尽管郭嵩焘对洋人存有幻想，甚至产生过错误的看法，但他主张国与国之间打交道主要的是运用好国际公法，利用它来互相牵制。即使要动武，也要经过通盘筹划，选择时机，绝对不能盲目一战，或者忽战忽和，否则后患无穷。郭嵩焘的这一"循理"外交，反映了他在对外交涉中的独立见解。这种外交，可以说是国际冲突中弱国保护自己的一种手段。大沽之战最终失败，咸丰皇帝被迫移驾热河。尽管是西方列强侵略中国造成的必然结果，但僧格林沁等大臣的刚愎自用，对世事茫然无知，致使战与和都举措失当，也是值得后人总结、借鉴的。

郭嵩焘的建议并不是不可行，可是当时的中国不谙国际法则，缺乏洋务人才，与外国对话完全是鸡同鸭讲，各说各话。

尽管招祸的直接原因在于僧格林沁举措失当，使矛盾激化，但实际上是士大夫议论汹汹，舆论压力所致。

1859年6月25日，大沽一战暂时取得胜利。在朝廷内外的一片欢呼声中，唯有郭嵩焘保持冷静的态度。如他在给好友曾国藩的书信中就明确指出："天津之役，人皆分美及鄙人，而独引以为忧。"结果，到了1860年9月下旬，也就是离大沽之战胜利一年半时间后，郭嵩焘所忧虑的事发生了。经过充分准备的英法联军，终于击溃了僧格林沁在天津的防线，迫使清政府不得不于次月下旬老老实实地履行换约手续。

一生怀抱几曾开
——郭嵩焘

反腐失败，黯然返乡

尽管郭嵩焘与僧格林沁合不来，一般大臣也不太欢迎他，但这并未减弱咸丰皇帝对郭嵩焘的好感。

1859年10月，由于山东沿海各县贪污严重，咸丰帝命令郭嵩焘前往烟台等出海口，查办官员隐匿、侵吞贸易税收情况，而对他一直不满的僧格林沁，却派心腹李湘棻作为会办随行。虽然郭嵩焘无"钦差"之名，但所到之地，大小官员都知道他是皇上亲自派来检查财务、税收的大员，因此对他的接待格外隆重，并都备有厚礼。没想到郭嵩焘向来清廉方正，严于律己，规定"不住公馆，不受饮食"，更不受礼。他的随行人员因不能发财而大为不满，地方官也因他破坏了官场"游戏规则"而极为不满。

到山东沿海各县后，郭嵩焘认真查账，发现从县官到普通差役几乎人人贪污税款，贿赂公行，而且税外勒索费用惊人，超过正税四倍多。他立即采取措施，整顿税务，堵塞漏洞，并设局抽取厘金。所谓"厘金"，是清政府在财政极端困难时，为镇压太平天国专设的捐税，郭嵩焘想整顿、减少其他易为官员中饱私囊的税、费，故通过新设厘局，使税收真正为政府所得。这些措施严重侵犯了当地大小官吏的利益。加上设局抽厘，又增加了新的税收名目，因为在政治严重腐败的情况下，新任厘局的绅董也一样贪婪。结果厘局刚成立不久，就发生了福山县商民怒捣厘局、打死新任绅董的骚乱。尽管如此，这次税务整顿还是大有成效，查办了一批贪官污

大清幕僚故事

吏，增加了政府税收。但郭嵩焘万万没有想到，正当他自以为有功于朝廷的时候，突得朝廷以他在山东查办贸易不妥、交部议处的通知。

原来，书生气十足的郭嵩焘根本没有想到，李湘棻一直在暗中监视他的举动，并随时向僧格林沁汇报。而他对僧格林沁派来的这位"会办"，竟毫无防范。郭嵩焘开设厘局后，李即向僧报告说，如此大事竟未与他这个会办商议，便独自决定。这个报告使原本就认为郭嵩焘目中无人的僧格林沁大为恼火，认为不与自己派去的"会办"商议，实际是未把自己放在眼里，便在1859年12月底以郭未与会办李湘棻同办、未与山东巡抚文煜面商，便派绅士设局抽厘以致民变为由，上奏弹劾郭嵩焘。以僧格林沁的地位之尊，他的意见当然深为朝廷所重。而且，傲气十足的郭嵩焘在处理山东沿海税务时与山东地方大员、山东巡抚文煜少有沟通协调，也使文煜大为不满，站在僧格林沁一边反对他。1860年元月，郭嵩焘被迫离开山东返京，悲叹"虚费两月搜讨之功"，"忍苦耐劳，尽成一梦"。

在返京途中他备受冷遇，与来时一路的隆重迎送形成鲜明对照，使他饱尝世态炎凉，领略到官场的势利。回京后，他受到"降二级调用"的处分，虽仍回南书房，但实际已是闲人，被冷落一旁。1860年4月，郭嵩焘怀着孤愤郁闷的心情，以回籍就医为由，黯然返回故乡。

尽管郭嵩焘是带着忧郁的心绪离开北京城的，但沿途走走停停，慢慢悠悠花了两个来月才回到老家湘阴。途经各地，历史悠久的名胜古迹、令人流连忘返的田园风光，使他心旷神怡，暂时忘却了自身的苦恼。

在第一次鸦片战争中亲眼见识了英国先进的军力，使得郭嵩焘比同时代的其他人更为迫切地关注西方。1859年2月，他给皇帝上疏，要求清廷培养专门的外交人才。在中国最早的三所外国语学校中，他协办、主办了上海广方言馆和广州同文馆。

一生怀抱几曾开
——郭嵩焘

1861年，有感于近20年来夷务（外事）工作一再出现的怪现象，郭嵩焘沉痛地说，其实中国人完全可以理直气壮地与外国人划定章程，与他们平等相处，不应该怕他们。但如果不了解外国的情况，一味用蛮力，反而会使"夷乱"加剧。在今人看来，靠僧格林沁去与洋人血战，而不懂得学习外交话语、融入国际社会，只会加剧中国的灾难。

出使外国，被骂汉奸

两次鸦片战争后，中国社会发生了重大变化。清政府内部一些人逐步意识到不能再固守闭关锁国、孤立于世界之外的老路，希望通过向外派遣使节，与西方进行平等接触。

1875年，英国驻华使馆官员马嘉理率人到云南"探险"，与当地居民发生冲突被杀，是为"马嘉理事件"。英国驻华公使威妥玛借机滋事，迫使清廷与之签订了《中英烟台条约》。随后，英国政府又强迫清廷派大员亲赴英伦"道歉"。这个赔礼又丢人的差事落到了郭嵩焘肩上。后来，清廷索性又追加了一项命令，告诉郭嵩焘赔礼后不必回国，直接出任驻英国公使。近代中国第一位驻外使节就在这样的无奈与尴尬中产生了。

郭嵩焘出使英国的消息传出时，清廷内部有不少王公大臣与名士还恪守着"天朝上国"的狭隘观念，把郭嵩焘的出使行动看成毁掉一世清名的差事。在当时人的眼中，郭嵩焘的洋务主张就已经标新立异、令人侧目了，而这次，他竟自弃父母之邦，远赴夷人之国，简直是匪夷所思。他的一些湖南同乡更为他感到羞耻，甚至企图毁掉他的老宅。当时，有人竟然编写了这样一副极为尖刻的对联来羞辱他："出乎其类，拔乎其萃，不见容尧舜之世；未能事人，焉能事鬼，何必去父母之邦。"

作为中国第一位驻外公使，郭嵩焘没有也不可能接受世界形势、国际关系和外交学等基本知识的系统训练。他是靠着为数不多的材料和虚心求教去认识外部世界的。今天看来，他的认识比同时代的大多数人都高出一筹。

郭嵩焘出使英国，本来事情不多，便利用公务闲暇，悉心考察英国政治。通过对英国资本主义政治运作的实地考察，郭嵩焘逐渐摆脱了君权至上的思想束缚。在英国，他不仅敢于考究西方的民主政体，而且敢于肯定其优点。他说，西洋的国政一概公开，而中国自秦汉以来两千余年的国政，却正好与此相反。郭嵩焘列席旁听了英国下议院的辩论，也曾认真研究英国议会政治发展的历史，结果认识到，议会和政府两者互相牵制是英国立国千余年不败的原因。

1877年5月，刘步蟾、方伯谦、严复等人作为海军留学生，在监督李凤苞的带领下到达英国。抵英次日，郭嵩焘便在公使馆中设宴，为李凤苞等人洗尘。在郭嵩焘的安排下，这些留学生一部分被分派至英国舰队中，另一部分则考入了皇家海军学院，此后成了公使馆的常客。在郭嵩焘的日记中，详细记录了他们之间的多次谈话。郭嵩焘经常阅读留学生们的日记。留学生们在留学心得中讲，英国人的微积分学、力学等学问，都是以前没有读过的，现在学了这些，不啻事半功倍。郭嵩焘感慨地说，就凭这个也能证明出洋留学的好处实在不少啊！

年逾花甲、读了大半辈子儒家经典、头脑里塞满了陈腐观念的郭嵩焘，现在却敢于承认西方的先进与中国的落后，而且承认得这样彻底，这在当时是需要惊人的勇气的。

一生怀抱几曾开
——郭嵩焘

郭嵩焘曾把使英途中的见闻逐日详记辑为《使西纪程》一书，内容有称赞西洋政教修明、中国应采用其治国之道等话语。他将书寄回中国后，呈总理衙门刊刻，一时激起满朝士大夫公愤，要求将其撤职查办。翰林院编修何金寿参劾他"有二心于英国，想对英国称臣"，结果此书被清廷申斥毁版，严禁流行。在当时的条件下，就郭嵩焘所属的那个社会阶层而言，他已经走得太远。这使他难安其位，不断受到攻击，而最为恶毒的攻击便来自他的副手刘锡鸿。

刘锡鸿是个顽固派，反对洋务，清廷任命他担任副使，与郭嵩焘一同赴英。刘得到清政府中一些大员的支持，暗中监视郭的一举一动，从一开始就不断向清政府打郭嵩焘的"小报告"，列出其种种"罪状"。清政府担心内斗会影响外事工作，于1877年4月改派刘锡鸿为驻德公使。刘与郭同为公使，使刘气焰更高，对郭的攻击更加猛烈，甚至达到"欲加之罪，何患无辞"的程度。如有次参观炮台时天气骤变，陪同的一位英国人将自己的大衣披在郭嵩焘身上。刘锡鸿认为"即令冻死，亦不当披"。当巴西国王访英时，郭嵩焘应邀参加巴西使馆举行的茶会。当巴西国王入场时，郭嵩焘随大家一同起立。这本是最起码的礼节礼貌，但刘锡鸿却将其说成是大失国体之举，因为"堂堂天朝，何至为小国国主致敬"！中国使馆人员参加英国女王在白金汉宫举行的音乐会时，郭嵩焘曾翻阅音乐单，刘也认为这是效仿洋人所为，大不应该，认为这都是"汉奸"行为。更严重的罪状是，他说郭嵩焘向英国人诋毁朝政、向英国人妥协，等等。由于朝中有人支持，刘更是接连上奏朝廷，发函总署及南北洋大臣，诬陷郭嵩焘。对刘的陷害，郭嵩焘当然倍感愤怒，竭力为自己辩诬，退意渐浓，多次上奏要求调回国内。

不过，李鸿章一直是支持郭嵩焘的。郭嵩焘出洋后，李鸿章一直与他密切通信。在1877年5月9日给郭嵩焘的信中，李鸿章说从总理衙门得到他的"行海日记"后自己"循览再四"，赞扬其"议论事实，多未经人道者，如置身红海、欧洲间，一拓眼界也"。在给别人的信中，李鸿章还说过，"筠仙虽有呆气，而洋务确有见地"。

对郭刘之争，李鸿章当然支持郭嵩焘。但是，朝廷内外反郭力量甚强，纵然李鸿章权倾一时，他的免刘保郭之论也根本不可能为清政府接受，只能暂时维持郭、刘现状。但结果仍然是驻英与驻德大臣二人的关系势同水火，闹得满城风雨，无法调和。在郭、刘二人"内耗"日甚一日、反郭拥刘者众的情况下，清政府决定将郭免职调回，不少人还想将郭嵩焘查办治罪，后在李鸿章、曾纪泽等人的反对下才不了了之。

1879年1月末，郭嵩焘离开伦敦，启程回国。到达上海后，他心力交瘁，请假归乡。5月回到故乡长沙时，等待他的却是全城的揭贴，指责他"勾通洋人"。当时湘阴正好发生守旧排外风潮，形势颇为紧张，连用西洋小火轮拖带的木船都受到长沙、善化两县民众的阻拦。就这样，郭嵩焘在一片辱骂声中离开了政治舞台。

出使之日，郭嵩焘曾经壮志满怀，期望以此行引进西方治国之道，使中华屹立于世界民族之林，无奈铩羽而归。郭嵩焘在唾骂声中出使，又在唾骂声中回国。他已失去继续奋斗的信心，回国后便归隐乡里。尽管郭嵩焘钦差使臣的官衔暂时尚未解除，但自巡抚以下的地方官员都对他傲慢异常。

1891年7月18日，郭嵩焘在孤寂中病逝。他去世后，李鸿章曾上奏请宣付国史馆为郭立传，并请赐谥号，但未获朝廷旨准。清廷上谕再次强调："郭嵩焘出使外洋，所著书籍，颇滋物议，所请著不准行。"

其实，郭嵩焘如果泉下有知，对此可能也并不介意，因为他对历史、对自己充满信心。他在死前不久写的《戏书小像》中，自信地写下了这样的诗句："流传百代千龄后，定识人间有此人。"

霄汉常悬捧日心

——薛福成

　　薛福成（1838—1894年）字叔耘，号庸庵。江苏无锡人，出生于书香门第、官宦之家。是我国近代散文家、外交家。自幼即受时代影响，广览博学，致力于经世实学。不作诗赋，不习小楷，对八股尤为轻视。同治六年（1867年）中江南乡试副榜。但前此两年，已入曾国藩幕府，广泛接触洋务，关心国家大事，锻炼了自己文章学识，与张裕钊、吴汝纶、黎庶昌被人合称"曾门四弟子"。曾国藩死后，薛福成入洋务派李鸿章幕府，成为李的主要文案，长达十年。后受命出使英、法、意、比等国，致力于介绍西方科技政俗，保护华侨利益，曾盛赞欧洲君主立宪制，主张变法维新。但回国后尚未到家，即病死于上海。

出身官宦，遭遇乱世

薛福成，字叔耘，号庸庵，1838年4月12日出生于江苏无锡宾雁里一个清寒书香门第。父亲薛湘起初靠教书养家，收入微薄，后来中了举人，充任官学教习，常年离乡宦游。1847年薛湘考中进士，被授职为镇江府学。薛福成兄弟姐妹七人在家靠母亲顾氏照应。顾氏出身望族，既知书达理又精于女红，对子女慈爱而不失严厉。薛福成在母亲督促下埋头苦读八股文章，成为一个勤奋好学、拥有强烈上进心的少年。

咸丰元年（1851年），正当少年薛福成埋首于"四书五经"和八股章句之间，为攀登科举阶梯而努力时，太平天国运动爆发了。当时的传统士大夫意识到，要想保全身家性命，解救清王朝于危亡，光靠八股文是没用的，还要学习经世致用之学。

薛福成也受到这种社会思潮的影响，他从此不学八股，不作诗赋，不练小楷，一心致力于经世实学。

在薛福成17岁那年，比他年长六岁的大哥福辰在顺天乡试中中了第二名举人。在同年的会试中，薛福辰虽没有得中进士，但已名满京城，并通过议叙、掣签，当上了工部员外郎。大哥的少年得志，对雄心勃勃的薛福成无疑是个很大的激励。在弟兄中，和薛福成相互影响最大的则是四弟薛福保。他们二人只差两岁，读书同塾，应试同时，手足之情特别深厚。起初，薛福保好攻古文辞，日夜深思不辍。对此，薛福成很不以为然，就诘问他说："现在时变方殷，士无论遇与不遇，应当追求有用之学来表现于时，何必把时光浪费在这些末技上？"薛福保回答说："不然。自古以来夷难泽世的伟人，不会写文章也不能成功。像贾谊的奏疏，董仲舒的对策，诸葛武侯的《出师表》等，其所以能斡旋世运，鼓动伦类，还不是靠了文章的力量吗？怎么能轻视文章呢？"这一番对答，对两兄弟都大有益处。此后，弟弟开始注重经世之学，哥哥开始无所不读，由于在文辞上下了功夫，后来还能写一手漂亮的古体散文。对这一技能的掌握，对薛福成一生的事业是大有益处的。

虽然薛福成不愿把青年时代的宝贵时光虚掷在八股文、试帖诗之上，但父兄在科举正途上的成功，对他何尝没有诱惑力？所以他也认真地去参加科举考试。咸丰八年（1858年）春天，他和薛福保一起应试，考中了秀才。

入学后不久，21岁的新秀才薛福成和从北京回乡省亲的长兄薛福辰一起，到湖南去看正在那里做官的父亲。刚到湖南时，薛湘正在得意的当口。几年前，太平天国的西征大军南下湖南时，薛湘纠集安福县的乡勇，击败了太平军曾天养部的进攻。随后，他又先后在石门、新宁县令的任上"勠力守境"，所以被朝廷视为才兼文武，从县令超迁为浔州知府。不过，薛湘还来不及走马上任，就在烈日炎炎的盛夏七月因病去世。

由于他在县令任上经手的账目不很清楚，薛氏兄弟不得不在湖南盘桓了好长一段时间，处理这些账务。咸丰十年（1860年）春，他们还没把事情办完，就得到了江南大营崩溃，太平军挥戈直下苏、常地区的消息。警报传来，薛氏兄弟十分心焦，只得匆忙赶回家乡。一路上战火遍地，危难重重。尤其因薛福辰已是清王朝的员外郎，是太平军要诛杀的"妖头"，所以他们虽然改穿了平民百姓的服装，但在穿越太平军控制区时，还是非

霄汉常悬捧日心
——薛福成

常惶恐。回到无锡时，薛福辰一度被太平军抓住。在生死关头，他神色未变、应对自如，使太平军摸不清他的身份，这才被释放出来。这时，母亲顾氏已带着家人离乡避乱，薛氏兄弟又"航海涉江"，方才在苏北宝应的东乡找到了离散的家人。

太平军东下江浙，使正在发迹的薛氏家族受到了很大的打击。不仅薛福成家的产业荡然无存，大姐"富雄一县"的婿家也毁于兵火，而且亲族中还有好几人死于变乱。太平军攻入无锡的那天，他的伯母华氏在屋内自缢，堂嫂顾氏抱着儿子跳井自杀。第二天，堂兄屺望又"骂贼遇害"。作为官宦子弟，薛福成本来就反对农民起义，如今家破人亡，他仇视太平天国的立场就更加鲜明，骂起"贼"来更加不遗余力。他还筹划了"灭贼方略"，准备亲诣曾国藩的行辕去陈献，只是因为"母老家贫"，才没有成行。

同年秋天，清政府在第二次鸦片战争中的失败，也使薛福成深受震动。这一次清政府惨败的情形，比第一次鸦片战争还要严重。英法联军攻陷了大沽、天津，兵临北京城下，咸丰皇帝仓皇出走，病死热河。而清王朝最后被迫签订的不平等条约，割让了大片疆土，付出了巨额的赔款，给了列强更多的侵略特权。深重的国难，使薛福成忧心如焚。他觉得虽然西人来华，四海通航，乃是天之所为，但这两次战争的失败，原因在于人事，绝不能尽归之于天意、气数。怎样才能振兴中国、抵御外敌的欺凌呢？他更觉得必须读书励志，具备真才实学，以便挽回令人震眩的时变。

于是，青年薛福成就在宝应更加刻苦地学习。宝应的新居又潮湿又窄小，薛福成弟兄几个只能挤在一个小房间里。但身居斗室，并没有影响他们的学习热情。白天，他们纵观经史、质问疑义，晚上就在油灯下讨论圣贤立教的微言大义。只是，这孔孟之道能不能担负救亡图存的大任呢？

入曾国藩幕，献计献策

1865年，在家"读书奉亲"的薛福成27岁，已娶妻生子，可他时时期盼尽早立业，以自己的学识去匡时济世。

此时太平天国运动已被剿灭，北方捻军仍在华北一带与清军对抗。1865年春夏之交，捻军在山东曹州击毙了蒙古科尔沁亲王僧格林沁。清廷惊恐万状，连下三道上谕，命令两江总督曾国藩携带钦差大臣关防，统领所部各军，星夜出省，前赴山东，主持"督剿"捻军事务。

剿灭太平军已使曾国藩筋疲力尽，以生长于南方的湘军对付北方平原上的"马匪"，谈何容易？没办法，他只好硬着头皮，率领湘军余部，奉旨北上"剿捻"。为了壮大自己的声势与实力，曾国藩下令在沿途郡县张榜，招纳贤才。

当曾国藩的座船行至江苏宝应时，侨居东乡的薛福成闻讯，赶紧抓住机会，连夜起草了一篇洋洋万言的《上曾侯相书》，以"门下晚学生"的身份口称曾国藩"太老夫子"，并火速将其面呈曾国藩。

曾国藩曾同薛福成之父薛湘有过不少交往，早就听说薛湘的几个儿子都擅长读书作文。如今见到薛福成的万言书，细加品阅，不禁频频点头，大加赞赏。他兴奋地对身边的幕僚李申甫说："吾此行得一学人，他日当有造就！"语毕，命令手下将这自称"门下晚学生"的青年学子请到座船叙话。

霄汉常悬捧日心
——薛福成

晤谈之间，曾国藩目睹薛福成举止端庄、谈吐不凡，不但晓于国家大事，且国学根底深厚，是个难得的"经世"之才，便当场要求薛福成留在他的身边，充当幕僚。

接着，曾国藩又问薛福成，久居江北交游中是否还有其他贤良之士。薛福成当即推荐了四弟薛福保。曾国藩表示，他可带薛福保一起来。于是，薛福成、薛福保兄弟俩同一天投身曾国藩戎幕，以幕僚身份揭开了他们"匡时济世"的生涯。

曾国藩在接纳了薛氏兄弟的当天晚上，还在自己的日记中郑重记下这么一笔："故友薛晓帆之子福成，递条陈约万余言，阅毕，嘉赏无已。"

薛福成的《上曾侯相书》因何引起曾国藩"嘉赏无已"？这篇万言书典雅畅达的文字固然是个因素，但更为重要的是其中所表述的内容，尤其是执笔者展现出的见识，深深叩动了曾国藩的心扉。

这篇《上曾侯相书》集中表达了薛福成在踏上仕途之前对社会现状、国计民生和国家前景的认识与思考，以及本人矢志钻研"经世实学"，向往投靠曾国藩以建功立业的急迫心情。尤其是信末所附《治捻寇》一文，以"养人才，广垦田，兴屯政，治捻寇，澄吏治，厚民生，筹海防，挽时变"为目，综述了青年薛福成对"当今要务"的系统政见。

在"养人才"一节中，薛福成依据隋、唐以来朝廷选拔人才制度的演变，列举了科举制度在晚清呈现的种种弊端。他指出，科举制衰落了，这种考试机制选拔不出有真才实学的人才，不如"征辟与科举并用"，沿用老祖宗曾经使用过的"征辟"方法，征召天下贤才。

他还提出"垦植荒田"的主张。在太平天国战乱，富庶的江南竟出现"沃野千里，旷弃不耕"的局面，薛福成建议朝廷学习古人的"良法美意"，抓紧"修明开垦之政"，可将荒地作为"永业"田分给无地农民耕种，三年免缴赋税。还可以仿古代屯田制，将无主荒地分给各省勇丁，每丁给田数十亩，寓兵于农，且耕且守。薛福成已敏锐地看到，清政府在镇压太平天国的十几年中所募集的数十百万勇丁，一旦离开战场，将是一个很沉重的包袱，也是一个不安定的因素，若不妥为安置，后果将颇为严重。为此，他提出一个兴屯政的"善全之策"。

他还痛斥吏治腐败的现状，提出"整饬吏治"，严禁捐官的恶习。当然，书生之见，未必奏效。清朝吏治腐败是体制的问题，不是小修小补所能解决的。

他还提出"加强海防"。看到西方列强的"火器猛利"和"轮船飞机"，并主张将这些长处"夺"来为己所用。这对那些视西方先进科学为"奇技淫巧"而将其拒之门外的顽固官僚，无疑是猛烈的呵斥。他还提出了派遣留学生的主张，在这当时也是先进的看法。

同治十一年（1872年）春，曾国藩、李鸿章根据发展洋务建设的需要，奏请朝廷委派刑部主事陈兰彬率领数十名幼童，赴美国"究习西学"。陈兰彬也曾是曾国藩幕府的宾僚之一，薛福成与之过从甚密，将其视为"硕德"一类的师辈人物。如今他史无前例地率领中国第一批留学生远涉重洋，薛福成为此很高兴，特作《赠陈主事序》一文，以表惜别赠言。这是薛福成萌发变法思想、呼吁向西方学习的早期代表作。

1867年，鸦片的泛滥引起朝野的争论，但意见颇为分歧。有的主张"不必禁"，有的虽主张禁鸦片，但具体方法却不尽相同。比如左宗棠、阎敬铭等大吏提出禁止在中国本土种植罂粟的建议。薛福成对上述意见都不以为然。

他在《答友人论禁洋烟书》中，首先对这位友人主张鸦片"既成风俗，亦自不必禁"的观点表示十分惊讶，他明确指出："五十年来，洋人

宵汉常悬捧日心——薛福成

布此鸩毒于中国，杀人之身，复杀人之心，其害过于洪水猛兽远甚"；"不知此事不禁，则养痈蓄蠹，生事之端，将有不胜言者"。在痛切控诉鸦片祸害无穷的同时，薛福成进而指出鸦片之所以在中国如水之源源东向而无穷期，"此其故由于上不之禁。上不之禁，则民不以为诟病，而转视为适俗怡情之具。不及百年，势将胥天下而人之矣"。将导致鸦片泛滥的祸根直指"上"，即上层统治集团，并提出长此以往将导致"胥天下"的结局，充分显现出薛福成的胆与识。

那么，如何禁绝鸦片呢？薛福成认为，"不必先与洋人校，而当自中国始"。就是说，首先从自己国内抓起，当务之急，"在上者，宜饬州县严禁民不得种罂粟"；"而治其源者，尤在绝人之嗜。嗜之无人，彼之烟自无所售，而种者益寡，即来者亦寡矣"。为此，他提出首先在"荣富之区与秀良之士"中采取严厉措施禁止吸食鸦片。应该承认，薛福成对鸦片泛滥的危害及其根源乃至禁烟措施的认识，比之数年之前，有了更深一层的认识，其见识也比当时一般人认识高出了一筹。

1869年，目睹全国各地教案不断发生，而地方官吏对此束手无策，往往袒教抑民的现象，薛福成草拟了一份《上李伯相论西人传教书》，呈递给对自己颇为赏识且正在负责处理洋务事务的李鸿章。在文中，薛福成陈述了自己对这一社会问题的看法。

他在上书中提出，在西方列强的武力要挟下，朝廷所以允许西人传教，乃是"与时变通，以释近患，非得已也，势也"；而十几年来，面对层出不穷的教案，朝廷所以"含诟捐忿，弥缝瑕衅，非得已也，亦势也"。他认为，教案的发生，关键在于外国教堂招诱愚民入教，致使许多"变天性、背人伦"的不逞之徒将教堂"倚为藏身之窟"，百般欺压平民百姓，而外国教士又"惟其徒是庇"；善良百姓"受教民之虐而无所诉"，"恃气积愤，强与之抗"，从而酿成了"仇杀教民兼及教士"的教案。

他清醒地认识到，教案的层出不穷，对中国并非全是坏事，"犹中国之幸也"，因为它证明中国平民百姓"未尽变于夷也"。他担心的是数十年后，这一局面不加改变，"彼洋人敛中国之财，啖中国之民，即率中国之民，启中国之变"，若真如此，即使圣人也无可奈何。那么，怎样抗拒洋人传教，保护中华传统呢？薛福成勇敢地提出了积极备战，与列强抗衡的主张："今内寇将略平矣，诚令豫讲战守，广储人才，察诸国之可与者，厚约结之，以携其交而披其党。一旦有事，则闭关绝市，扼其牟利之源，然后确持定谋，据险逆击，未睹洋人之必得志也。"这些见解，充分反映了薛福成在教案问题上改变了原先不敢触动中外约章的保守观点，大胆提出了更改不平等条约，甚至不惜发动民族自卫战争以维护中国民族主权的主张。

这说明19世纪60年代末，当威胁大清王朝生存的主要危险由"内忧"变为"外患"后，薛福成已将注意力集中到如何抵御外侮这一时代的主导面上来，并将其视为后半生所竭力解决的问题。

应诏陈言，惊动中枢

薛福成在曾国藩的幕府中经受了整整七年的锻炼，增长了见识，开阔了视野，也积累了丰富的从政经验。

同治十二年（1873年）三月十二日，曾国藩在南京病死。在发丧期间，薛福成便帮他的长子曾纪泽料理了丧事。到六月下旬，当薛福成在长

霄汉常悬捧日心
——薛福成

江岸边送走曾氏的丧舟后，面对滔滔的江水，瞻望未来的前途，他不禁有点怅然若失。此时，他因擅长文笔，在官场中已有了一点名声。直隶总督李鸿章曾特地写信给他和钱应溥，请他们代写陈述曾国藩"忠勋事实"的奏疏。特别是山东巡抚丁宝桢，对他分外赏识，半年前曾向朝廷密保，说他"纯粹果确，志趣超迈，在知府中极为杰出"，如简任山东巡海道府要缺，必能不负任使"。然而此时的他毕竟资历尚浅，也没有显示出过人的才学，所以还没有得到朝廷大员更多的重视。在幕僚星散之后，他这个没有实缺的候补同知，只得怏怏失意地走出两江总督的衙门。

这时候的薛福成，已有35岁，同七年前在宝应投军时那个未经世面的青年相比，如今他老成、干练多了。不过，由于受曾国藩等人的影响，他思想上的封建色彩也有所增加。这年春天，他在写给幕府同僚、带领首批留学生出洋赴美的陈兰彬的临别赠言中，一方面，极力提倡向西方学习先进的科学技术；另一方面，又强调"秉礼守义、三纲五常"是中国的所长，中国的封建政治制度远远胜过西方。他的宗旨是向"饕利朋淫腥膻"的西方学习自强之术，以便捍卫礼义昌盛的中国传统制度。这种观点，完全符合曾国藩等人所宣扬的洋务思想。

不久，薛福成到了苏州，在苏州书局任职。自古说："上有天堂，下有苏杭。"苏州景色秀丽，有很多名胜古迹。长日多暇，薛福成就常常结伴去游览沧浪亭、南禅寺等著名的风景胜地。然而，像过去一样，他没有沉迷于山水，而是身在江湖，心忧天下，一直关注着这个"人间天堂"及其周围地区的政风民情。在游玩的这些日子里，他看到苏州等江南著名的繁华之区如今已十室九空，百物昂贵；小民奔走拮据，艰于生计；农民终年辛劳，尚难自给，偶遇水旱，流移、饥羸之苦便不可殚述。他又了解到，四川的官吏们把这个有"天府之国"之称的富饶之地视作敛财之源，将肆意挥霍浪费的开支加派在田亩的赋税之上，这种"津贴"的数额，已超过国家正赋的十倍。他还获悉，在不久前改道山东的黄河已频频决口，西北数省的水土流失也非常厉害，严重的水患正在对百姓的生命财产造成越来越大的威胁……全国各地疮痍满目，人民生活困苦不堪，这种种情形，不能不使他满怀忧虑。

更使薛福成焦虑的则是，当时日益严重的边疆危机。短短几年中，列强张牙舞爪，正在加紧侵占中国的本土和邻邦。沙俄东割黑龙江以北，西侵伊犁地区，在东、西、北三面绵亘两万里的边疆上伺机而动；法国正蚕食着越南，已占领了越南南方，即将拆除护卫云南和广西的藩篱；英国从印度侵削缅甸，窥伺着云南的西境；连日本这个蕞尔岛国，也一度入侵台湾，并又企图侵略朝鲜。中国的疆圉如此漫长，却又处处与强盗为邻，就像厝火积薪，势已不可终日。为此，薛福成忧心如焚，不禁惊呼："呜呼，中国不图自强，何以善其后！"

薛福成觉得，在这剧变的时代，即使古代圣人复出，也不能不讲究变革、注重洋务。可是直到如今，朝廷却仍旧一味因循守旧，"政事非成例不能行"，"人才非资格不能进"；士大夫们还是在八股、试帖、小楷上耗费时日，"所习非所用，所用非所习"，一听到有人讲求洋务，便大惊小怪，以为是狂人狂言。这样"拘挛粉饰，靡有所届"，外国日强，中国日弱，一二十年后，就更不堪设想了。面对这些状况，他觉得有如骨鲠在喉，不能不吐。然而按照封建王朝的体制，"不在其位，不谋其政"，像他这样的知州"微员"，没有向朝廷上书言事的资格，要是自说自话地去大发议论，很可能会被斥责成不安本分的狂徒，甚至会受到革职查办的处分。因此，他也只能按成例办事，把满腔愤激强压心头，耐心地等候合适的时机。

霄汉常悬捧日心
——薛福成

自然，在苏州书局的这段日子里，薛福成也并非无所事事。他代人写墓表、家传，与人合刻曾国藩的书稿，并撰写有关继续批评科举制度和如何治理黄河水患、兴修西北水利等方面的文章。除此以外，他还写了大批借古喻今、暗砭时弊的史论。

在《海瑞论》中，他反复称颂海忠介"以鲠直事君，以果敢任事"的"刚气劲节"；在《叶向高论》中，他力图论证这位晚明的贤相隐忍不发，和客魏阉党虚与委蛇，是为了"潜移默夺"，以便挽救大局。

特别惹人注目的是十多篇关于《汉书》的札记和当时就以"鹅湖逸士"名义发表于上海的文艺刊物《瀛寰琐记》上的《狐仙谈历代丽人》，以及《汉宫老婢》等笔记故事。这十多篇札记在学术上颇有独到之处。例如，根据史书记载，汉惠帝娶了赵王张敖的女儿为皇后，而张敖之妻就是惠帝的姐姐鲁元公主。这样，历代有不少著名的学者都认为，惠帝作为舅父娶了嫡亲的外甥女，"渎伦蔑礼"，行同禽兽。薛福成便从分析惠帝姐弟的年龄着手，指出鲁元公主仅比惠帝年长几岁，而且嫁给张敖的时间也不是很长，不可能有可以同她弟弟生育子女的女儿。因此，惠帝的张皇后必定是张敖前妻之女。薛福成多少有意将同治皇后比作张皇后，而同治皇帝的命运也确实像汉惠帝——1874年年底，他在年仅19岁时便少年夭亡了。师法吕太后的西太后出自继续专权的需要，就改变祖宗家法，让醇亲王的儿子、同治帝的堂弟载湉承嗣咸丰帝。这个只有四岁、听任西太后摆布的小傀儡，即是光绪皇帝。

第二年即光绪元年春，按官场的规定，是候补同知薛福成赴部引见之时。从江南前往北京，中途必然要经过山东济南。这时，山东巡抚仍是丁宝桢。此时，薛福保在当丁宝桢的幕僚，薛福辰也在几年前调到山东当差，不久前因两次治理黄河有功，已升任为济东泰武临道。在这儿，薛福成从邸报上读到了朝廷颁发的最新的一系列谕旨。有些谕旨只是重弹些陈词滥调，薛福成浏览一下后就丢在一旁，可是当他拿起上年十二月的一份邸钞时，他的目光就立刻凝视在这一些字句上："博采谠言，用资治理""内外大小臣工""竭诚抒悃，共济时艰"。白纸黑字，写得分明，两宫太后为了在这帝位更替的非常时期中稳定大清王朝的统治，决定要广开言路了。

读到这份懿旨，薛福成大为振奋。多年的夙愿将可以变为现实，他可以用"应诏陈言"的名义，畅开胸臆，一吐为快了。他立刻挥笔疾书，把自己为补救时弊、变通旧法的对策，概括成"治平六策"和"海防密议十条"，洋洋洒洒地写下了一万余言。书成之后，他就请对他们弟兄都十分赏识的丁宝桢代为上奏。

薛福成提出的"治平六策"为《养贤才》《肃吏治》《恤民隐》《筹漕运》《练军实》和《裕财用》，主要内容是整顿内政。在这些对策中，开特科、停捐例、裁绿营等办法，是十来年间他向曾国藩等督抚大员一再提议过的，所不同的是，此番他把它们直接呈递到最高封建统治者的面前。此外，根据近些年来的观察、研究，他又提出了一系列新的建议。他指出，京官不像外省官那样有朝廷发给的养廉银作为补贴，生活十分清苦，都极盼外放。因此，应该给京官增加养廉银，以便改变这种重外轻内的局面。他指出，四川人民承担着种种沉重的赋税，生活非常困苦，所以应该在四川剔除"津贴"一类的厉民苛政，在全国普减厘金，特别是要将百姓日常生活所必需的布、帛、粟、米等商品的厘金全部免除，以便"大慰民望"。他又指出，按照吏部定例，州县官在前后任交接时，必须迅速将官府的钱粮交结清楚。然而近些年来，州县官肆意挪用公款，已十有八九不作交结。因此，应该向他们重申平时不得巧立名目、报销公款，离任时必须在限期内交结的旧例，否则就参革不贷。这样，便可减少官库钱粮的亏折，使国家财用充裕。他还指出，加强海防是慎筹门户之计，巩固塞防是培护根本之计，反驳了当时重海防、轻塞防，甚至不惜把新疆丢给沙俄的荒谬见解。为了培护根本，就应该加紧训练精锐的骑兵，这样，"北可固边塞之防，西可备新疆之用"，得益匪浅显。

在"治平六策"中，不乏精辟的内容，然而正如薛福成自己所说的那样，它们毕竟是"史册经见"，或是早有大臣营办成功的老办法。使当时的人们耳目一新的，则是"海防密议十条"。这十条密议讲的是洋务是效法西方的"自强之道"，分别是：《择交宜审》、《储才宜豫》、《制器宜精》、《造船宜讲》、《商情宜恤》、《茶政宜理》、《开矿宜筹》、《水师宜练》、《铁甲船宜购》和《条约诸书宜颁发州县》。归纳起来，十条密议主要有以下五个方面的内容。

第一，改善外交工作。薛福成客观地分析了国际形势。他指出，西方列强为了侵略中国而互相勾结，中国直到今天依然孤立无援。中国应多树外援，努力打破这种状况。如今在西方的强国中，英国和法国力图加深侵略，是中国不可忘记的仇敌。沙俄西占伊犁，东割黑龙江以北，还特别觊觎东北三省，所以对它必须大加防备。德国目前同中国纠葛不多，但它气势汹汹，也不能恃以为援。而美国平时与中国的关系最和睦，并又唯恐中国削弱，欧洲日强，会损害它的利益，所以是中国不可失的强援。中国应"豫筹布置，隐为联络"，一旦有事，则必定得益匪浅。与此同时，他又指出，如今沿海州县的地方官吏与洋人的交涉活动已十分频繁。可是当事者们却往往从没见过中外之间的条约，临事时茫然不知所措。这样，"偏于刚者"，会"违约而滋事端"；"偏于柔者"，也"以忘约而失体统"，总之都会启衅召侮。因此，应将国际公法、中外条约多多刊印，颁发到州县，使有志之士和有关的官幕书吏都能随时披阅，遇到事变，便可援引公法、条约，从容地与洋人周旋。

第二，培养新式人才。薛福成极为感慨地指出，中国的士大夫拘于成见，平时高谈气节，鄙弃洋务，只懂些八股文、试帖诗，一遇事变，就像盲人那样不知所措；而号称懂得洋务的，又只有翻译、商贾之流，他们除了声色货利之外，也不知其他，这就是国家难觅洋务人才的原因。他认为，要使人才奋起，必须使"聪明才杰之士"都来研求时务。应该为洞达洋务的人专设一科，令内外大臣都来保荐，让"胆识兼优、习辩锋生者"任出洋使节，"熟谙条约、操守廉洁者"任税务司，"才猷练达、风骨峻整者"任海疆州县的官吏。即使是新科进士，大挑举人，优拔贡生等科举正途出身的人，也可予以录用。这样，"功名之路"一开，士大夫习闻惯见，渐渐转移风气，不再专务空谈，"奇杰之才"必定会大批涌现。

第三，重视科学技术。薛福成十分深刻地指出，西方的"器数之学"即科学技术之所以日新月异，是因为西方以科技为要务，凡能独创新法者，可以世食专利，所以人们注重发明创造，常常有因此而一举成名的。中国古代在科学技术上何尝不如西方，但后世的人们却将百工技艺都视作鄙贱的事情，聪明的人才不肯加以留意，所以在科技方面便逐渐落后。要扭转这种局面，就必须鼓励人们去钻研科学技术。应该寻访出中国的能工巧匠，用官衔来加以表彰，并随时派人带他们出洋游历，参观各种工厂，探索西方科技的奥妙。对于能够发明创造的，就给予奖励，或者给予专利。这样，巧工日出，便足以与西方争长。

第四，加强海军力量。薛福成分析了中国海军与造船工业的现状，指出中国的海军虽已仿效西法，选用"洋将"，但仍不如西方精练。因此，应该留心物色确有才能的"洋将"，请他们来帮助操练。同时，应该挑选

霄汉常悬捧日心
——薛福成

沿海"勤敏"的子弟上西方兵舰见习，几年后学成回国，便由他们来操纵军舰这样就能使海军日益精锐。他又指出，外国的商船和兵舰是截然不同的，现在中国的船厂在制造轮船时想使它们兼备二者的功能，结果造出了不伦不类的轮船，"运货不逮商船之多，战阵不若兵船之劲"，"是欲求两便，而适以两误"。今后必须将兵舰与商船分清楚，才能把船舰越造越好。他还指出，铁甲舰威力巨大，绝非寻常兵轮所能匹敌。中国有了铁甲舰，"外则巡缉洋面"，"内则扼守要口"，还可使其他兵轮有了依护而增加气势。因此，中国应不惜巨款，向西方定购铁甲舰，使海军力量得到大大地增强。

第五，发展商业、矿业。薛福成在此时已懂得求富是求强的基础，开始积极主张发展官办或官督商办的新式企业。他指出，中国设立官督商办的轮船招商局，"夺洋人之所恃，收中国之利权"，确实是个好办法。可是应募领船的华商寥寥无几，附在洋商名下去购买轮船，宁可让洋人获得大利的却大有人在。这是因为华商在报税过关时常常要被勒索和稽留，用了洋商名义，则往来自如，较易获利。因此，必须"体恤商情，曲加调护"，使官吏不得勒索，关津不得稽留，务使他们有利可获。同时还应该让中国商船驶往西洋口埠，分食洋商的商业利益。这样，缴款造船的华商必定会源源而来，商业必定发展、兴盛，用来保护商船的兵船，也能利用充裕的商务之税作为养船之资。他又指出，中国到处都有未经开采的金、银、煤、铁等矿产。"货弃于地"，外人垂涎已久。中国应使用西方的机器，用官办和官督商办两种办法来发展矿业，以"杜彼族觊觎之渐"，"兴中国永远之利"。发展了商业和矿业，连同在国内暗增茶税，在对外贸易时提高茶价等办法，就一定能使国家岁收增加，兵饷充裕，奠定富强的基础。

《应诏陈言疏》上达朝廷后，首先在紫禁城里引起很大的反响。两宫太后面谕军机大臣将《应诏陈言疏》发给各衙门商议。其中"海防十议"由总理衙门核议，"治平六策"由吏、户、礼、兵四部分议。经各衙门议复，清廷认为"海防十议"中"择交"、"储才"两条关系重大，并与南北洋大臣在筹议海防时的意见大致相同，而当时正在酝酿的派使节出使海外的措施，正可以起到联与国、练人才的作用，因此清廷终于作出了遣使出洋的决定。同时，清廷又议准由总理衙门刊印《中外约章》和《国际公法》等文件，将它们颁发到各关道、各行省直至各个州县。对"治安六策"的内容，清廷也有所采纳。在此后几年中，清廷陆续地下达了停止捐官的命令；进行了补贴京官的讨论；颁布了稽核州县交代的新章程；向黑龙江、吉林等省相继派出了练兵大臣；较大规模地裁减了绿营，添设了练军；在四川裁撤了蠹民的夫马局，在各省豁免了米商的厘税等。这些改革措施，都同"治安六策"的倡议有直接或间接的关系。

　　这份《应诏陈言疏》也在全国各地力求变革的进步人士中引起了很大的震动。本来，购买铁甲舰、训练海军等措施，只是朝廷要员们刚开始密议的内容，一般的道府官员不过是有所风闻而已。而这一身在江湖的知州微员，对国家的内政外交却能全局在胸，提出了一系列督抚大员们都未曾提出的重要建议，不能不使人们在惊讶之余对其深感钦佩。于是，京师内外比较开明的人士纷纷传抄这份万言书。这份《应诏陈言疏》使薛福成名声大噪，成了洋务派中的一个新秀。

　　1875年，沙俄在伊犁交涉中诱迫中国的全权大臣崇厚签订了出让大片领土和大量主权的辱国条约；德国公使巴兰德则利用修订双边条约的机会，硬要中国尽免洋货的厘金，在谈判陷入僵局时，他又发出了战争叫器；而日本在吞灭琉球之后，气焰更加嚣张，使中国除了面临西洋的侵略外，越来越感受到来自东洋的威胁。面对如此危局，社会各界的爱国人士无不忧心忡忡。

薛福成在日夜忧虑的同时，更加积极地筹划着应变的对策。他觉得，"应之得其道，敌虽强不足虑；不得其道，则无事而有事，后患且不可言"。因此，他网罗见闻、抒展胸臆，将自己认为应采用的"应变之道"写成书面文字，这就是著名的《筹洋刍议》。

在《筹洋刍议》中，薛福成首先依据中外约章应该"期于两国有益无损"的原则，公开提出对不平等条约进行"补偏救弊"。

这部著作是在西方列强抓住"修约"机会大肆讹诈，妄图攫夺新的侵略特权的困境中写就的，故薛福成首先考虑的是如何看待中外约章、如何对付列强就此对中国施加的"多方挟制"。

在开宗明义的《约章》一节中，薛福成根据对世界各国政治情况的了解，首先阐明了中外缔结约章应该遵行的原则："两国议和，不能无约。约章行之既久，恐有畸重畸轻之事，以致两国之有偏损也，不得不词期修改，以剂其平，此中外通行之例也。然修约之举，期于两国有益无损。损一国以益一国，不行也。一国允而一国不允，不行也。"显而易见，中外缔约的原则就是四个字：平等互利。缔约如此，修约劝；然，就是为了纠其"偏损"，"以剂其平"，最终达到平等互利。

《筹洋刍议》的最后一节《变法》，是全书的精华所在，也是薛福成这一阶段思想内涵中最为闪光的部分。在《变法》一文中，薛福成认为当前的中国已步入"中外联属之天下"，"虽以尧舜当之，终不能闭关独治"。

既然中国已不能回复到"闭关独治"的老路上去，那就要根据今天的形势与需求变更祖宗的成法，才能挽救社会存在的种种弊病，使中国在沉疴中奋起。这才是薛福成呼吁的真谛所在。

薛福成分析道，如今中国与之并峙的对手，已不同往昔，而是"恃智力以相竞"的西洋诸国。为了战胜这些强大的对手，中国只有学习他们的长处，同样凭借智力与之角逐竞争。具体实现以下几个"变"："商政矿务宜筹也，不变则彼富而我贫；考工制器宜精也，不变则彼巧而我拙；火轮、舟车、电报宜兴也，不变则彼捷而我迟；约章之利病、使才之优绌、兵制阵法之变化宜讲也，不变则彼协而我孤，彼坚而我脆。"上述内容囊括工矿、商务、交通、电信诸事，皆从增强国力入手，希望中国由贫弱变为富强。此外，书中还触及约章、使才和兵制，旨在改变中国"敌国之环伺"的困境。

中法战起，浙东筹防

浙江是临海的省份，但因钱塘江有鳖子门天险，海轮不能驶入，所以浙江的门户就在宁波城东约50里的镇海海口。几个月前，浙江提督欧阳利见，统领杨岐珍、钱玉兴，守备吴杰等率领楚、淮勇约一万人，和"元凯""超武"两艘小兵舰，已在宁、镇地区布防。这些部队由欧阳利见总统，而遥受浙江巡抚刘秉璋的节度。刘秉璋驻在省城杭州，要直接指挥宁、镇前线的军队不无困难。他了解薛福成的才干，便在宁波设立海防营务处，檄令薛福成"综理营务，尽护诸军"，凡是巡抚的号令、方略，前线的战守机宜，全部由营务处传递或处理。对于这个使命，锐于任事的

霄汉常悬捧日心
——薛福成

薛福成既兴奋又担忧。过去，作为大臣的幕僚，他惯于运筹帷幄、檄草文稿，如今，他便要身临前敌，亲秉戎机了。

薛福成受任后，于七月十九日赶到镇海，视察前线的防务。他首先登上招宝山巅，迈入巍然耸立的威远炮台。在这里居高临下，纵目远眺，把镇海海口雄壮的形势尽收眼底。如果说宁波是浙江的门户，那么，镇海便是宁波的钥匙。奔腾东来的甬江，在这儿注入东海；镇海口外波涛汹涌，夙称蛟门；镇海口门仅宽六十丈，金鸡、招宝两山南北对峙；口外数里，虎蹲山、游山兀峙于前，险礁、暗沙环伺于侧；此外，每天还有两次潮汐消长的变化。看到如此险要的山川海域，薛福成不禁暗暗赞叹：这儿确实是足资扼守的天然形胜！薛福成继续向东眺望，在那遥接蓝天的大海中，绵亘着一群气势宏伟、跌宕多姿的山峰，就像浙东的屏障。在这著名的舟山群岛之中，最大的岛屿便是中外瞩目的定海。望见定海，薛福成的心情便无法平静。在四十多年前的鸦片战争中，定海曾两度失陷。在英军第二次进攻定海时，葛云飞、郑国鸿、王锡朋三位总兵和五千将士浴血奋战六昼夜，最后宁死不屈，壮烈殉国。"身虽殄兮灵不灭，炯丹心兮穿白日"，薛福成历来敬仰这些为国捐躯的英雄，如今他筹防浙东，可以说是继承了他们的事业，他有决心击溃法国侵略者的入侵，保卫祖国的海疆，使死难的先辈含笑于九泉之下。

巡查了前沿阵地后，薛福成确定了加强防务的计划。他感到，中国没有强大的海军，炮械也远不如法国，要保卫海口，只有靠炮台、陆军、堵口三方面相辅并行。于是，他支持宁波太守宗源翰、试用同知杜冠英等人的计划，通过钉桩、沉船、安放水雷来堵塞镇海海口，以防敌舰侵入。同时为了避免堵口内通路断绝、自受其困的弊端，他与宗、杜等人商定，堵口时留出一条二十丈宽的口门，除非万不得已，方才沉船堵绝。薛福成又认为，法舰远道而来，不谙镇海的沙线、暗礁，使他们无人领港，实为一大要著。于是，他根据朝廷的密旨，一面向中国渔民晓谕当前的形势，一面以一定的酬报雇用镇海的两名外国引水员。后来，他又通过上海道雇用了那儿熟悉甬江水道的外国引水员，使他们保证不给法舰领港。薛福成还看到，几年前越南形势骤然恶化的原因之一，就在于法国传教士唆使土著教民推波助澜、内中策应，而宁波城内也有法国派出的浙江主教赵保禄等数十名天主教教士和学徒，入教的中国百姓也为数甚多。这些人散居各处，难于防备，终为隐患。为此，他通过多次柔中带刚的劝谕，将城内的法国男女全部迁移到甬江北岸的通商地区，并且在这些地方派驻卫兵，既是加以保护，又是暗中予以监视。

在筹防过程中，薛福成很快体察出其中的困难。当时，在浙江以南各省，清廷都特派重臣、宿将，携带巨款、调集大军前去加强防务，在浙东前线，他却以四品道员的身份来负责实际工作。他不仅在经费方面颇形拮据，更棘手的是，地方上的文武官员本来互不统辖，何况如今与他共事的军官中，提督欧阳利见以及两个统领都是品阶较高的将领，同他们相比，薛福成显得官卑权轻。欧阳利见是员经验丰富、筹防认真的老将，不过，他与巡抚刘秉璋颇存芥蒂，并又十分不满让薛福成来综理营务的安排，所以，常常找薛福成的茬。同时，驻军内部楚、淮勇之间的矛盾也根深蒂固，驻守招宝山等炮台的守备吴杰与驻守金鸡山的参将郑鸿章更是冤家对头，后来双方甚至闹到要开火决斗的地步。发现这种情况，薛福成十分焦急。他上书刘秉璋，请他申饬将士务必一致对敌。他自己更是谨慎小心，顾全大局，在处理任何事情时，都反复同欧阳利见等人商量，尽力搞好文武官员之间的团结，调解军队内部的冲突。后来，他几次说过，他特别以"联上下，化异同"为自己的职责。他的门生也说："吾师在调和诸将时的曲折和苦心，外人是不尽知道的。"

正当薛福成等人千方百计地加强防务，不让法国军舰闯入镇海口门时，在福州的封疆大吏们却不作充分的战斗准备，坐视法舰一艘接一艘地闯入闽江海口。八月二十三日，法国舰队发动突然袭击，在半小时内击沉了福建水师的七艘兵舰。至此，清廷被迫向法国宣战，中法战争正式开始了。

浙江紧邻福建，马尾败绩后，镇海的上空便战云密布。大战已迫在眉睫，薛福成加快了设防的步伐。为了便捷军报，他建议并迅速完成了将电报线从宁波架到镇海的工程，使前线与杭州、宁波可以瞬息呼应；为了预防法舰悬挂他国旗帜混入口内，他通知英、美等国领事，中立国军舰入口，必须事先通知海关；为了防止法国奸细混入口内，他规定对中外客轮一概进行严密稽查。与此同时，他还和欧阳利见、杜冠英等一起，克服大风大雨、潮涨潮落的困难，加快了打桩、沉船的工作，特别是对前沿的炮台、工事作了进一步的加固和伪装。这样，从海上遥望镇海，只见海口两岸都是绵亘数十里的长墙，在山峦之巅都是营垒、旌旗，无从发现守卫部队的火力点究竟设在什么地方。经过这番周密的布置，镇海的防务便空前地坚固了。

在加强前线防务的同时，薛福成继续消除后方的隐患。此时，在定海还居住着法国教士。他们每天纠集教民在教堂内练习打枪，居心实在难测。这样，当地军民中很自然地出现了法国教堂内伏奸藏炮的流言。这个隐患必须铲除。薛福成便再次谕令定海的教士马上集中到宁波城北，或者迁往上海，可这些教士仍旧千方百计赖着不走。而不久前被迫迁移的法国主教赵保禄，也利用清廷刚刚颁布的有关保护法国守法侨民的上谕，不但向南、北洋大臣，浙江巡抚等人告薛福成的状，而且直接给他写信，气势汹汹地对他进行指责和威吓。对这种虚声恫吓，薛福成嗤之以鼻，在复书中一一予以痛斥。针对不去查验定海教堂是否藏炮，便勒令教士迁移是"有同儿戏"的攻击，他写道："中国军民的疑虑出自愤怒，不必辨其虚实。而本道也认为此说未必确实，仍旧一意保护，否则早就从严惩处，还会以暂往上海、宁波相劝吗？"针对"各教堂因屡次搬动，不无亏累"的要挟，他冷嘲地写道："此系法国骤开兵衅所致，该主教似可向法国国家索取赔偿，本道不便过问。"针对"如此妄行不息，定海等处必将自招祸患"的恐吓，他尖锐地揭露说："彼不过隐示其伎俩，谓可呼召法舰来攻宁、定耳。"他大义凛然地表示："我只知激励兵民，同仇敌忾，久置祸福利害于度外，亦复何所顾虑！"接着，他严正警告赵保禄："你的这种言论，正是表明自己有干预军事的权力，恰恰证实了定海军民的疑虑。要是在军民中传播开来，你和法国教士就要大祸临头了！"写到这里，薛福成又非常策略地给了"主教大人"一个圆转的台阶："本道亦知赵主教因搬动费事，情急而为此语，不过一笑置之，但在这危疑之际，定海的教士必须迅速迁徙。"读了这封义正词严的复信，赵保禄气慑心服，不得不乖乖地遵守命令。与此同时，在温州发生了焚毁外国教堂的事件。所以赵保禄等人便更加不敢公开捣乱了。

然而最使薛福成担心的，乃是定海的防务。十月中旬，薛福成在实地巡查了定海的防务后，进一步感到这个南北洋的要冲孤悬海外、四面受敌，只要战局一开，就绝难增援。此时，虽有总兵成正邦率领贞字营等已在认真布防，但是仓促之间要设防周密，实在没有妥善的办法。为此，薛福成忧心忡忡，几个月来一直在仔细地筹划对策。还是在海疆戒严后不久，他便听人说起，1846年英军退出舟山后，中、英两国订立过保护舟山的条约。其中，第三款是中国不把舟山让与别国；第四款是如有别国攻打舟山，英国必为保护。在这次中法冲突中，英国政府出自保护本国商业的目的，起初准备履行这个条约，后来又因为不愿助华攘法，便宣称在第二次鸦片战争中订立的《天津条约》没有重申这个条约依然有效，因此该条约已经作废。这些议论，使薛福成心头闪过一个办法。他熟悉《国际公法》，感到英国的说法不能完全成立——两国订立了新约，但如果没有声明将前约作废，也不能遽然废止。于是他在翻阅数十年前的外国报纸，查实了条约的原文后，就急忙禀报南、北洋大臣，请他们通知英国公使，要英国遵守旧约，以便利用这个原来侵害中国主权的旧约来"以夷制夷"，遏止法军对定海的进犯。与此同时，他又反复劝谕宁波的英国领事去向英国政府进言，并且由幕僚起草，自己反复删润，写成《英宜遵约保护舟山说》，在译成英文后，将它寄往伦敦各个报馆。文章对英国朝野晓之以理，动之以利，指出：按照《国际公法》，保护舟山条约并未作废，英国若不遵守条约，头号强国的威望会大为降低；同时，定海地处交通要冲，法国占据定海后，香港的贸易必定会衰落，英国的利益也要大受损害。经过这番活动，英国朝野果然舆论哗然，纷纷要求履行旧约。英国驻上海总领事也奉政府之命，与法国驻华公使达成了英国不宣布保护舟山以妨碍法国行动，法国也决不进攻舟山的秘密协议。

在为浙东一隅筹防的同时，薛福成还从战争的全局着眼，为这场民族自卫战争出谋划策。根据获得的情报和中外报刊披露的消息，他发现有些外国船只违反中立法，公然给入侵中国的法国舰队补充煤、米和武器，并发现英国和丹麦在中国开办的大东、大北电报公司为法国收发电报，便捷了法军的军事行动。于是，他就急忙致电总理衙门，请总署照会各国，要它们遵守《国际公法》，不给法舰补给军用物资，特别是要英国和丹麦饬令大东、大北公司，在战争期间不为中国的敌国传递电讯。他还发现，在中国向法国宣战之后,法国公使巴德诺脱借口法国尚未向中国宣战,不仅违背公法,赖在中国不走,而且以上海租界为巢穴,购募汉奸,侦探消息,办运粮食,散布谣言,大搞间谍活动。于是,他又致函总署大臣阎敬铭,提出了应拘捕至少也应驱逐法国公使的建议。他指出,法使留在上海,为害甚巨,中国决不能任其"侦我虚实,制我要害";又指出,"巴使所居,虽名为法租界,然仍系中国之地。按之公法条约,无两国业既开战,而使臣仍居其地者。即指名擒捕,或限期驱逐,谁曰不宜"。因此,他拟请朝廷马上严密擒拿巴德诺脱,在给予优礼厚遇的同时,不管他如何咆哮,将他软禁于内地。这样,出敌不意地扣押了与法相茹费理等一起力主侵华的凶恶敌人,势必能骤灭敌人的气焰,使我方争得主动。阎敬铭颇为赞赏薛福成的提议,可惜的是,他和其他王公大臣们又畏首畏尾,唯恐妨碍了日后的和谈,因此最后没有实施这条必将使侵略者十分狼狈的好计策。

薛福成在宁、镇地区积极筹防时,越南和我国台湾等地的战斗已更趋激烈。1885年2月14日即农历甲申年除夕,南洋舰队"开济""南琛""南瑞"三艘军舰出人意料地退入了镇海口门。原来,"开济"等五舰在统领吴安康的率领下,奉命南下增援台湾。一天前,他们在福建洋面遭遇了七艘法国军舰。怯敌如虎的吴安康等人未放一炮便仓皇北逃。"开济"等三艘巡洋舰一口气逃到了镇海,而速度较慢的"澄庆""驭远"两艘小军舰则躲进了象山厅的石浦湾。两天后,没等薛福成派去援应的宁波护城兵勇赶到石浦,它们就已放水自沉了。薛福成懂得,如今法国舰队一定在全力搜寻"开济""南琛""南瑞"三舰,它们不仅会给镇海招敌,而且在这退路不长的浅口内,它们容易被法舰击沉。因此,他再三劝谏三舰的管驾,乘法舰尚未赶到的机会,赶快驶回江阴。接着两江总督、浙江

霄汉常悬捧日心
——薛福成

巡抚等人也一再电令他们赶快回防。可是这些管驾唯恐在洋面上猝遇法舰，所以躲在港内，迟迟不肯返航。到28日傍晚，孤拔率领的四艘法舰终于发现了他们的下落。法舰驶入金塘洋面，把炮口对准了镇海口门。

战争已一触即发，薛福成赶紧会同欧阳利见等人采取应急措施。几天前，他们已撤去了口外沙滩、暗礁的灯塔、浮标，此刻，他们下令，除留下一艘旧船暂不沉下以便日后恢复通航外，将仅剩的口门全部沉船堵塞。他们又鉴于"澄庆"等二舰因水兵登岸溃逃而被迫放水自沉的教训，联衔颁发告示，严禁"开济"等兵轮的弁勇登岸，宣布对违令者将立即处以军法。同时薛福成又从战争的全局出发，一再致电南洋大臣、福建将军等人，向他们禀明敌情，并请台湾、福建的中国军队乘机反攻，收复台北的失陷地区，夺回法国舰队赖以补给燃料的基隆煤矿。

当天晚上和3月1日上午，都在紧张的沉寂中度过。到1日下午3时，孤拔派小火轮来探测入口的航道。中国炮台立即开炮轰击。小火轮仓促退走后，一艘黑色的装甲舰就直扑海口的北岸，向招宝山猛烈轰击。其余的三艘法舰也紧随其后，向海口扑来。海口各炮台连同口内的三艘兵舰一齐开火，使冲在最前的敌舰连中五炮，折断头桅，洞穿船腰，狼狈地败退回去。其余的法舰见势不妙，也赶忙向后撤退。

初战获得如此好的战果，是令人振奋的，不过，薛福成没有为胜利所陶醉，而是连夜作好第二天的战斗准备。他联络将领，激励士气，并作了严防法军夜袭，或在小港等处登陆的部署。这些布置，已很为周密，但他的心里总还有点担心："开济"等三舰上的官兵畏敌如虎，一旦来日战斗加剧，他们很可能又会临阵脱逃，驾船躲进内港。这样，"元凯""超武"两艘小舰势必跟着逃跑，陆营将士也必定会望风震惊，致使全局瓦解。怎么办呢？他踌躇再三后，终于拿定主意：对这些怕死鬼，必须申明军纪，使他们畏军纪甚于畏敌人。于是他立即发特急电报给巡抚刘秉璋，请他电令前线的将领，持令箭去通知三舰的管驾：如果再后撤一步，就连同前罪严行参奏，并先行就地正法；如能坚守力战，也将专疏褒奖。刘秉璋立刻复电宁波，内容悉如薛福成的建议。电报当夜递到吴安康手里，吴安康捧着电文，面红耳赤，半晌说不出话来，最后才喃喃地答道："吾三轮誓与此口为存亡，决不内移一步。"这么一来，那些原来随时准备逃跑的军官有进无退，只好下了死守口门的决心。

2日晚上，法军两次派鱼雷艇进袭口门，都被击退。3日早上，又有一艘黑色装甲舰驶到虎蹲山北面，进攻招宝山威远炮台。守备吴杰亲自开炮，第一炮命中敌舰的烟囱，第二炮又击中船桅。桅上的横木啪嗒跌落，正巧压伤了敌舰的指挥官。"南琛"、"南瑞"号兵舰也猛烈射击，接连命中三炮，打穿了敌舰的后梢。敌舰受了重伤，急忙施放黄烟，仓皇地逃了回去。

接连两次挫败后，孤拔还曾派舢板发动偷袭，派小船探测航道，但都被中国军队击沉或击退。至此，孤拔已进退失据，处境十分困难。他想攻入镇海，不仅受阻于坚实的防线，而且无论在当地还是在上海，即使悬赏六万两银子都招募不到领港的好手。他打不进镇海，又碍于英、法的秘密协议，也不能去攻近在咫尺的定海。当他虚声恫吓，扬言要进攻属于舟山的普陀岛时，英国总领事误以为真，认为法国违背协议，立即公开声明：如果法军径去占领，英国愿意代中国进行驱逐。这样，先后集结到镇海口外的六艘法舰，欲进不能，欲退不舍，只能依游山为屏障，滞留在金塘洋面，除了每天远远地向中国阵地打几炮外，已别无他技了。

法舰停止进攻后，薛福成马上安抚百姓，招商贩运粮食，并移开那艘尚未沉下的旧船，让民船仍能出入口门，使商、民的生计不致困顿。这

霄汉常悬捧日心
——薛福成

样，当地人民安堵如故。虽然口外炮声隆隆，但是宁波、镇海的街道上依然人群熙攘、市集繁荣，与平日无殊。同时，薛福成又积极设法对敌军发动骚扰和进攻。根据他在镇海劳军时提出的建议，统领钱玉兴于3月20日率领敢死队，秘密把八门后膛小炮运到前沿，在夜半突然向敌舰开炮，结果击中五炮，杀伤了很多敌军。据说孤拔就在这次夜袭中负伤，不久便伤重而死。薛福成还亲自撰写了文告，号召法舰上被胁裹的中国人杀死法军头目，夺取或破坏这些军舰；劝谕法军将士击毙法酋，驾舰投诚；并招募中外军民用水雷、火筏等物毁沉法舰，成功者将给予重赏，并破格予以擢拔。这么一来，法军十分惊恐，急忙在军舰周围布置竹木、铁网来防备水雷，弄得他们风声鹤唳，日夜不得安宁。

法国舰队在镇海口外一直停泊了45天，直到中法和议告成后才退往外洋。在这场中法战争中，法国陆军在越南、我国台湾等地屡次被中国军队杀得大败，而法国海军起初全歼福建水师、击败南洋水师，气焰甚为嚣张。然而甚嚣尘上的法国舰队却在小小的镇海口屡战不利，损失惨重，遭到了意外的失败。这次胜利，是薛福成和广大爱国官兵尽忠报国、精心筹防所取得的辉煌成果。事定后，薛福成因筹防功得到了浙江巡抚刘秉璋和两江总督曾国荃等人的优保，获得了布政使的加衔。

薛福成对镇海海战的胜利，并不感到满足。他认为浙东的防务实际上还不十分坚固，这次能挫败敌军，尚带有偶然的性质。如今邦国多难，海衅迭起，应该为浙东的防务筹一个"万全之策"，使"全浙门户，永臻稳固"。于是，他在力排众议，坚持要起沉船、拔桩木，疏通镇海口门，以利于开通商务和兴修水利的同时，向巡抚刘秉璋提出了建台添炮的建议，并随即和宁波知府等一起，向商民大力劝募海防捐输。当地商民已经看到薛道台等人确是实心实意为抵御外敌而操劳，因此都极为支持，在不长时间里就捐集了几十万两白银。有了资金，薛福成和杜冠英、吴杰等人一面通过上海洋行购买了七门德国最新式的重炮，一面在镇海口大修国防工事。他们在形势险要、过去设防不严的小港修建了配备重炮的笠山炮台，作为第一道防线；加强了招宝山威远炮台的火力和工事，作为第二道防线；在金鸡山、招宝山后两个夹江相望的石矶上各修一个炮台，作为第三道防线。这样，一旦发生海警，镇海驻军可以节节严防，环伺迭击，使镇海的防务固若金汤。

这项巨大的工程，耗费了薛福成无数心血。

出使欧洲，大开眼界

1890年1月31日晚8时，清王朝钦命出使英、法、意、比四国钦差大臣薛福成，在上海黄浦江码头登上法国"伊拉瓦第"号邮轮。次日清晨，邮轮驶出吴淞口，奔赴欧洲。薛福成作为驻欧使节的生涯，正式开始了。

按照朝廷的规定，出使大臣不但可以携带家属出洋，而且有权选择僚属和随员。薛福成在出使之前，对自己的助手和随从人员是经过精心挑选的。这次跟随他出使欧洲的，共有三十余人，其中除了他的填房盛氏和次女之外，还有两名作为他主要助手的参赞：一位是精通外交事务、知识渊博且又具有爱国思想的二品顶戴、分省补用道黄遵宪，另一位是候选知县许珏。另外还有一批文武随员。除了黄遵宪、那三、联豫等人因为在广东办事约定在香港等候外，其他人等都随同薛福成在上海登轮远航。

霄汉常悬捧日心
——薛福成

2月3日，"伊拉瓦第"号抵达香港稍作停留。薛福成偕同参赞黄遵宪对香港总督傅卫廉进行了礼节性拜访。不日，远洋邮轮驶离香港，一路经过了西贡、新加坡、科伦坡等大商埠，然后经印度洋穿越了举世闻名的苏伊士运河，驶入地中海。

薛福成途经香港时，见到香港已成为一个贸易繁忙、商埠林立的都市，不禁喟叹说："道光壬寅年为英所据，初只一荒岛耳，周围仅数十里；英人招徕垦辟，尽力经营，遂成巨埠。"更令他吃惊的是，香港与广东虽然相距咫尺，碍于"华洋隔绝"，中国政府居然无权在此"严缉奸宄，保护商民"，这种状况不符合《国际公法》，中国理应在香港设立领事馆，但前任使臣向英国屡争未果。为此，薛福成下决心："此事当相机待时而行之。"薛福成在新加坡"停轮候潮"时，率领随员拜会了英巡抚施密司，见到新加坡"商舶云集"的繁华景象，"贸易之盛，岁值至千余万元"，更是思绪万千。

漫长的旅途，既开阔了薛福成的视野，也使他获得了不少新的知识，遇到了若干新的问题。比如他曾与黄遵宪谈及美国限制华民之事。从曾任清廷驻旧金山领事的黄遵宪口中得知，旧金山的华人或经商或做工，他们每年汇洋银入中国者平均达1200万元。薛福成联想到，分布在世界各地的华民不下数十百万，"其商佣所得之银输回中华者，奚啻数倍于是"。然而，英、美等国对这些中国的海外赤子，都采取了"限制苛待"的措施，这可是个棘手问题。薛福成决心在自己出使期间，"另筹抵制之法"，利用外交手段，保护海外侨胞的合法权益。

当薛福成经过赤道附近时，居然对地理环境对人种和智力的影响发表了一通看法。在他的心目中，南洋诸岛国自古未闻有杰出的人才，陆续为欧洲诸国所蚕食之原因在于："盖地在赤道以下，有暑无寒，精气发泄，终岁无收敛之时，所以人之筋力不能勤，神智不能生，颓散昏懦，无由自振。"于是，他进而作出如下逻辑推理："大抵地球温带为人物精华所萃；寒带之极北，则人物不能生；热带之下，人物虽繁而不能精。而温带近寒带之地，往往有钟毓神灵、首出庶物者，则以精气凝敛之故也。"薛福成没有读过西方生物学、地理学理论，但他的思索却属于这一范畴。虽有荒谬之处，但他这种勤于思考、探根究底的精神是可贵的。

经过一个多月的海上颠簸，"盖行三万五千里，历三十有四日"，以薛福成为首的清廷外交使团，终于在光绪十六年二月十六日（1890年3月6日），顺利抵达法国马赛港。在清朝驻法使馆二等参赞陈季同的迎候下，薛福成一行舍舟登陆，首次踏上了欧洲的土地。薛福成盼望已久的跨出国门、开眼看世界的夙愿，终于实现了。

议设领事，保护侨民

作为出使四国的钦差大臣，薛福成的日常公务自然是非常繁忙的。同时，他又决心要乘着中法战争后中国的国际地位有所改善的时机，积极开展外交活动，以便能"默转潜移，稍裨大局"。于是他在出使期间积极主动地为国家做了大量的工作。他代湖广总督张之洞订购并运输了湖北铁厂、织布厂的机器，与英、俄的大东、大北两电报公司进行了业务谈判，与英国交涉了英人梅生走私军火的案件，与英、法等国交涉了芜湖、南昌、丹阳、武穴等多处教案，并通过反复争辩，使英国未能吞占新疆边外向中国和英属克什米尔进贡的部落坎巨提，而是由中、英两国会同选立

霄汉常悬捧日心
——薛福成

了它的新酋长……在这一系列的事务中，有两件事意义深远，足以载入史册。其中的一件，便是保护海外侨胞。

早在远涉重洋的赴任途中，这位早就关心华侨生活的钦差大臣，以敏锐的目光觉察了华侨问题的重要性。他了解到，在古巴、秘鲁、南洋群岛等地，华侨已不下数百万人。由于他们勤劳、俭朴，所以尽管大多数人是出卖劳力的雇工，收入十分有限，但还是能省下一些薪金来赡养祖国的亲人。他们每年汇回中国的金额，有白银2000万两，足以抵销中国对外贸易中的巨额逆差。与此同时，薛福成又注意到这些远离故乡的游子们对祖国深厚的眷恋之情。即使流寓海外已有一百多年的华侨家族，都始终不忘自己是中华民族的子孙，纪年、服装、婚丧赛祭仍旧遵守中华风俗。近些年来，在国内筹赈、筹防时，华侨中的富商又踊跃捐输巨款，以获得中国的官衔、翎顶为极大的荣幸。这些情形，使薛福成衷肠寸热！不过，更使他触目惊心的则是侨胞们深重的苦难。在香港、西贡、新加坡、锡兰等地，他亲自闻见了侨胞们备受当地殖民政府压榨、虐待的情况；在横渡印度洋时，他又听曾任旧金山总领事的黄遵宪讲述了旅美华侨几次遭到迫害和残杀的惨状；在以后，他又进一步了解到西班牙、荷兰对华侨的凌虐更加凶残；在荷属南洋群岛，荷兰人将华工拐骗贩卖，肆意殴打，甚至迫使他们终身为奴……侨胞们的悲惨遭遇，使薛福成心潮起伏，绝难平静，不禁对尸位素餐、不能保护海外同胞的权臣们产生了强烈的不满。

薛福成认为，要使华侨少受欺凌，一个重要的办法是在华侨聚居的地区多设中国领事。一旦洋人有什么苛政，中国领事随时可以据理力争，即使不能全部废止，终究能够补救一二。可是他知道，要多设领事，不仅在国外，就是在国内都是阻力重重。那些顽固派官僚把这种护侨措施视作

"勤远略"、"添麻烦"，就是颇有作为的外交家曾纪泽，也因经费等问题认为多设领事是无益的举动。所以，从19世纪70年代末派遣领事出国以来，到十多年后，中国在"日不落"的大英帝国还只有一个新加坡领事，就是在整个地球上，中国的领事也寥若晨星。这重重阻力，迫使薛福成把满腔的护侨热情压在心底，以等待适当的时机。

可以说是事遂人愿，机会来得非常迅速。就在1890年年初，海军提督丁汝昌率领北洋水师巡航到新加坡一带。他看到除了设有中国领事的新加坡一埠外，槟榔屿、马六甲、柔佛诸岛的华侨无不环诉备受殖民政府欺凌、剥削的惨况，并恳请中国政府添派领事，保护各岛侨民。根据丁汝昌的咨呈，总理衙门在同年七月指示薛福成，与英国商议在新加坡附近岛屿增设副领事的事宜。

这项指令正中薛福成的下怀，他立刻兴冲冲地行动起来。可是在查阅了中国与英国订立的条约后，他又深感棘手，叹息不已。过去，中国不谙海外情形，又备受列强欺诈，在与外国立约时，基本上都是只给了外国在中国设立领事的权力，却未订中国在别国设立领事的条文。而列强为了便于欺凌华侨，又总以条约为根据，阻挠中国设领护侨。正因为如此，郭嵩焘在设立新加坡领事时，与英国外交部反复辩诘，颇费周折；曾纪泽拟设香港领事时，搞得笔秃唇焦，依然未能成议。如今，不仅槟榔屿等岛需要添设副领事，而且他还打算在华侨聚居的地区逐步遍设领事，这么庞大的计划又该从哪着手呢？

薛福成召集使馆的官员们一起来商议对策。在这些官员中，有个二等参赞马格里。这个英国人在使馆任职已有十多年，外交经验颇为丰富。这时，他就建议薛福成援引《国际公法》和各国通例，照会英国外交部，声明中国有权派领事分驻英国属地。对此，英方必然无词反对。只要他们

霄汉常悬捧日心
——薛福成

答应，则无论哪里的领事就任中国派遣了。薛福成十分赞同这个建议，就请他起草给英国外交部的照会。这份照会针对列强散布的中国不守《国际公法》，所以不能援引公法的蛮横言论，严正地指出，最近十多年来，中国已处处严守《国际公法》，并且已有20多个城市准许外国商民居住、经商，英国也在中国设立了22个领事，因此，中国完全有理由援引《国际公法》，和欧洲各国一样，派领事分驻英属各地。在递交照会后，薛福成又一再向英方声明，在这个问题上，他"不怕笔舌之烦，不持游移之见"，无论如何也要力争到底。这样，英方觉得没有拒绝的理由，同时，为了防备沙俄势力渗入英属阿富汗，英国此时正向中国要求在新疆的喀什噶尔设立领事，所以表示除澳大利亚等地情况特殊以外，原则上同意中国的要求。

在与英廷交涉的同时，薛福成给朝廷上了《通筹南洋各岛添设领事保护华民疏》。他在奏疏中指出，南洋群岛连同澳大利亚、缅甸、越南等地，需设领事的约有十余处。只要措施得当，采取任命当地正直侨商为副领事等办法，每年国家所费无多，就能有效地保护数百万侨民，使"商政日兴、民财自阜"，"慰舆情于绝远，不启华人觖望之端；收权利于无形，不开外人姗笑之渐"，益、费相较，何止十倍。他又指出，荷兰和西班牙对华工虐待最甚，所以，应由出使美、西、秘大臣与西班牙权商在小吕宋设领事宜，然后设法在西、荷属地逐步推广，使南洋地区的广大华侨都能得到祖国的保护。

薛福成满怀激情地撰写了这份奏疏，然而朝廷的反应却并不热烈。这样，薛福成只能根据总理衙门原先的指令，在这场交涉中争取将新加坡领事改为管辖这一区域所有岛屿的总领事，同时再争取在朝廷曾经准备设领的香港添设领事。英方很快同意在新加坡改设总领事，但因为香港本是中国领土，唯恐有了中国领事，会动摇他们的殖民统治，便以中国官吏不谙西法来作推诿。对于这一借口，薛福成早有准备。他指出，中国的新加坡领事左秉隆，任职十年，十分能干，连英国外交部也称他办事妥洽。如果在香港设领，就可以把他调任。经过几番交涉，英方也不再反对了。

香港设领事有了结果，使薛福成满心欢喜。不过没高兴几天，波折就发生了。这次英方较快地同意中国的要求，暗中是要以中国同意他们为抵换条件的。随着总理衙门的一些官员坚决反对英国在喀什噶尔设立领事，英方便乘着香港总督反对中国设领香港的机会，力图推翻成议。薛福成急忙一再给总署写信，指出香港是交通咽喉，连日本、暹罗都在那里设立了领事，中国在香港设立领事，对保护商民、通缉奸宄、便利广东的政事都大有裨益。喀城则早已设有沙俄的领事，如今英国要驻员喀城，主要是为了伺察俄国的情形，对中国并无损害。不仅如此，这次同意英国在喀城设领，还可以争回两项权利：一是沙俄在喀城通商后，一再拖延，不肯纳税；而英国已答应，如能在那里通商，同意中国收税。这样就能使沙俄无词延宕，增加国家的关税收入。更重要的是，过去列强在中国派驻领事，竟不经中国同意，就随意任命。结果，外国领事在中国土地上横行霸道，中国也奈何他们不得。乘这次机会，中国可以议明，英国的喀城领事必须由中国给予准照。自此为始，又可以按照《国际公法》，声明英国的各埠领事都必须由中国发给准照，并且还能把这种办法推广到在华设立领事的各个国家。到那时，要是外国领事还像现在这样动辄要挟，蛮横无理，中国可以立即吊销准照，不予承认。这对维护我国主权的完整，实在是大有益处。

让英国在喀城设领的益处，是薛福成为了能在香港设领而推究出来

霄汉常悬捧日心
——薛福成

的，不过他也确实言之成理。但是，腐朽的清廷对在香港设领并不重视，特别是过去为在菲律宾设领谈判了三年都没成功的侍郎张荫桓，以及顽固派官僚徐用仪等，更是妒忌薛福成的成功，胡诌什么让英国设领喀城，就是厚英薄俄，使俄生疑，而启英、俄瓜分之心。总署中也有人支持薛福成的意见，极力与他们争论，但是总理大臣奕劻之流仍像往常那样，对国家大事掉以轻心，以共同办事不能和衷共济为理由，含含混混地中止了在香港设领的交涉。

朝中一帮老朽主事，办点事太难了。薛福成愤懑不已，但他仍不灰心，决定在力所能及的范围内，尽量为海外侨胞谋取利益。

首先，薛福成继续积极保护华侨。经过他的努力，清政府在南洋群岛的槟榔屿设立了副领事，后来，通过滇缅界务、商务谈判，又确定将在仰光设立领事。同时，他随时注意驳除外国虐待华侨的苛政。英国驻华公使提出要强迫英国属地上的华侨全部加入英国籍，他就立刻加以反对；英属澳大利亚限制华工、虐待华侨，他便反复进行交涉；法国对去印度支那的华人征收人头税，他就一再辩驳，使法国外交部只得给中国抄送了新立的章程，其中规定，赴越南等地的华商在两个月内免征一切赋税。这样，临时往来越南等的华商能稍获裨益。

薛福成还积极为正在出洋的同胞安排谋生之处。当时美国、西班牙等国都在虐待或限制华工，而南美洲的墨西哥、巴西等国疆域宽广、人口稀少、土壤肥沃、气候温和，于是他发文告，引导华工前往墨西哥、巴西等国去做工，并派驻领事加以保护。

在新加坡改设总领事后，薛福成推荐二等参赞黄遵宪为第一任总领事。1892年秋，薛福成从黄遵宪的一份禀帖中发现了侨胞们的另一重痛苦。侨胞们热爱祖国，眷恋故乡，但却把归途视作畏途。偶然有人带着资财回国，国内的有些人便骂他们是逃亡的强盗、通夷的汉奸，或者诬蔑他们在偷运军火接济海盗，勾结洋匪贩卖"猪仔"。还有些人或是强夺他们的箱笼，肆意瓜分，或是拆毁他们的房屋，不许他们重新建造，或是伪造陈年的借契，讹索所谓的欠债。侨胞久居海外，回乡时孑然一身，一遭诬陷，连申诉的地方都没有。所以当他们回到海外时，无不咬牙切齿，倾诉官长胥吏的欺侮，亲族乡邻的讹索，表示宁可埋骨异域，也不愿重返故里了。倒是一些奸猾的商贩在回国时自称为英国人或荷兰人，反而能倚势挟威、胡作非为，地方官吏倒奈何他们不得。了解了这些情形后，薛福成十分震动：这一严重的弊端是怎么造成的呢？

原来，清朝前期，清廷实行了严厉的海禁：大陆上的商民片帆不准下海，海外偷渡回国的华侨也都被立即正法。雍正、乾隆年间，甚至颁布不准华侨回国的禁令。

对于这些积弊，薛福成觉得有彻底扫除的必要。晚清时期，中国人口过多，已呈较大压力，沿海居民赴海外谋生既是为生活所迫，也是一种探索生存空间的努力，值得鼓励。因此他写信给总理衙门，请朝廷革除旧禁，海外商民来去自由，回国置业，也应该与内地人民一样看待。

薛福成将他在欧洲四年所闻所思详尽地作了记录，后据此编成《出使四国日记》。

使欧期间，薛福成还参与了众多具体外交事务。光绪十八年（1892年），清政府与英国就滇缅边界划分和通商条约问题进行了多次谈判。由于薛福成援引《国际公约》，刚柔并用，英国终于同意签订《续议滇缅界务商务条款》，中国收回了滇边部分领土和权益。此外，薛福成还以《国际公法》为依据，迫使英国政府同意中国在其属境内设立领事。这样，中国政府就在南洋、缅甸等处设立领事，保护当地华侨的权益。

霄汉常悬捧日心
——薛福成

光绪二十年（1894年），薛福成离任回国。5月28日到达上海。因一路辛苦劳累，又染上流行疫病，于6月19日深夜病逝，终年56岁。

世变关心意不平

——沈葆桢

　　沈葆桢（1820—1879年），字幼丹，又字翰宇，汉族，福建侯官（今福州）人。清代抵抗侵略的著名封疆大史林则徐之婿。咸丰十一年（1861年），曾国藩请他赴安庆大营，委以重用。同治十三年（1874年），日本以琉球船民漂流到台湾，被高山族人民误杀为借口，发动侵台战争。清庭派沈葆桢为钦差大臣，赴台办理海防，兼理各国事务大臣，筹划海防事宜，办理日本撤兵交涉。由此，沈葆桢开始了他在台湾的近代化倡导者之路。

　　沈葆桢不贪名禄，一身正气，授命于危难之际，督办福建水师，一时煊赫天下，与李鸿章南北鼎力。

深受林则徐赏识的青年

嘉庆二十五年（1820年），沈葆桢出生在福州侯官一个贫寒的士绅家庭。其父沈廷枫，共育有八个子女，但只有六人长大成人，沈葆桢排行第四，是长子。或许出于养家的需要，忙于生计的沈廷枫直到45岁才考中举人。更糟的是，他至少三次进京考试，都没有中，于是放弃了这一打算。没有考中进士，沈廷枫自然不可能进入清廷的官僚机构。然而，他成了享有一定声誉的学者，靠在家中设馆教书来维持人口渐增的家庭。这成为沈家除田地以外的最主要收入来源。

家里人多，加上物质匮乏和身体孱弱，沈葆桢的童年为健康不良和恐夜症所苦。当他成年时，依然患有不少病，包括眼、背部和腿的疾病，失眠，还有水肿病，这些病使他在59岁时病亡。

经济困难并没有影响沈家对孩子们的教育。尽管身体虚弱，沈葆桢三岁就由母亲每日授课。母亲除了操持日常家务之外还亲手为他抄写课本，认真地传授儒家教义。真正的勇气和意志只有来自忠孝，这一信仰被强有力地不断灌输进沈葆桢的脑中。据称，由于他懂得了儒家的美德，他的恐夜症被治好了。

对青年时期的沈葆桢有重大影响的是他的舅父林则徐。林无疑是沈家亲属中的最卓越的人物。1824—1830年，林因双亲丧事，长时间住在福州。当1830年林出外任职时，虽然当时的沈葆桢不过十岁，但林给他的印象很深刻——由于沈所受的儒家教育，同时按中国常例，双亲以成功的亲戚作为教育儿子的典范，这一点是理所当然的。1832年，林则徐和夫人看上了沈葆桢的可贵品质，决定将次女许配给他。

此后五年，林是江苏巡抚。据说，沈葆桢被带到他的苏州官署，但我们得到的证据并非如此。林虽不在家，但他依然很关心未来女婿的学识增进情况。他时时看沈的文章。沈不可能不受到林的影响。林在处理下属报告时的思虑是家中所熟知的，林总是亲自批复这些报告，并且在退还之前细心地将批语记下来。沈懂得，如此专心致志，本身不是目的，而是获得当官的深奥知识的途径。因此，尽管自己贫穷老实，若有才干，终将受人注目。

更重要的是，19世纪30年代早期，林则徐已经是个卓越的改革家，在治水、赈灾以及盐务、办案等方面都卓有声誉。他的正直为他赢了得"林青天"的称号。他和出色的国事改革者来往密切，如龚自珍、魏源。在江苏，林则徐在他一系列的改革活动中增加了禁鸦片这一项。所有这些，沈葆桢从家庭谈论中都有所了解。

17岁时，沈葆桢拜林昌彝为师。此人是林则徐和魏源的知己，是"三礼"（《周礼》、《仪礼》、《礼记》）的权威。由于这些著作强调政府制度规章，成为改革思想的源泉。林昌彝务实的改革态度，同辈称他为"当代顾炎武"。林昌彝还是爱国者，鸦片战争之后，出于对英国人的仇恨，他将书室命名为"射鹰楼"，因为"鹰"和"英"谐音。

总之，沈葆桢的童年和青少年时期受到"开通的"儒家思想教育。他不仅读经以准备考试，而且读了许多其他方面的著作，这些内容是构成务实的改良派"治世良方"中的一部分。同老师林昌彝、舅父林则徐的联系，不用说还有受他父亲的影响，这些人灌输给他的是忠诚、正直和爱国

世变关心意不平

——沈葆桢

89

的强烈感情。这时，大多数年轻读书人不可能离开为准备科举考试而规定的经书，直到他们进入官僚机构得到保障之时为止，而沈葆桢却早已接触到了这方面的书籍。当然，他也是为了科举考试而学习。1839年，19岁那年，他和老师一起中了举人，且他名列第三。

当年，他与表妹——林则徐的次女林普晴结了婚。后来，沈葆桢回忆说，他和林普晴的关系始于童年时期。1824—1830年，林则徐因母亲和父亲去世，携全家回到福州。尽管在财富和身份上有很大的差距，但林则徐在家乡长时间逗留，使林、沈两家更为亲近。据说，林普晴五六岁时，虽然有许多富裕人家的表亲和玩伴，她却对沈葆桢有着特殊的好感。

沈葆桢和他的新夫人自幼就是玩伴。他们的结合，在大多数传统婚姻中是不典型的。这种特殊关系充分说明了林普晴作为妻子和助手，日后对于沈葆桢的事业所作的奉献。对沈家的熟稔使她能适应贫穷得多的生活方式。虽然如此，她一直不知道沈家贫困的程度，直到她接触到一张当票才有所知（这是她第一次见到这种单据）：她的婆婆当掉自己的衣物，才有钱买米。此后她更加尽心地取悦她的公婆。在传统的中国家庭里，婆婆的形象是吓人的，但是因为她的婆婆也就是她的姑母，所以两人之间的关系很和睦。

婚后最初几年二人的生活很困难。沈葆桢准备进京考试，林普晴不得不承担大部分家务。1840年、1841年、1845年，沈三次考试失败，到1847年才考中。为了筹措沈进京所需的路费，以及1844—1847年在京逗留的费用，林普晴想到婆婆当衣服的事，便把嫁妆中的珠宝卖掉。

林普晴在林家受到过良好的教育，她也致力于教育自己的孩子们。沈葆桢开始为官生涯，她帮他准备文稿，处理机密文件。她试图以委婉的劝告，帮助沈矫正主要缺点——心胸狭窄和易怒。据沈葆桢自己坦白，她并不成功。她一共养育了五个儿子、五个女儿，她继续帮助沈葆桢工作，直至1873年去世，这一年她53岁。

沈葆桢终于成为一名官员后，在19世纪50年代末或60年代初，他纳了一妾，后又纳了一妾，她们各生了一男一女。

1847年，沈葆桢27岁，他得到了他非常渴望的进士头衔。在他苦学的几年中，国家遭到了重大灾难。不用说，许许多多的人都遭到了鸦片战争的蹂躏。沈所受的影响自然同样深刻。为了发动这场公认是正义的战争来反对鸦片，他的岳父被贬黜流放。战争之后，他的家乡福州变成了开放的通商口岸。令当地士绅首领们愤怒的是，沿海省份之中唯有福建开了两个口岸。他们觉得开放厦门比较适宜。后来，英国人来了，盘踞在乌石山的积翠寺。乌石山上的几所宗教建筑，是福州市民经常去的地方，尤其是节日。1821年，林则徐重修了这座他最喜爱的积翠寺。因此这个寺被占，引起了当地的公愤。1850年，林则徐作为地方士绅代表们的首领，迫使英国人撤出该寺。

鸦片战争使沈深受影响，特别是受到林则徐的影响，他常常对孩子们讲述林则徐的事迹。沈葆桢自己后来所表现的爱国精神，坚定不移地铲除吸食和生产鸦片的决心，很可能起源于这时。他后来献身于改革和引进西方军事和海军技术，也可能是受到林则徐的影响。林则徐在鸦片战争之后就成为这一类型的"近代化"的最早倡导者之一。虽然沈和林在战后没有什么机会相聚，林的政治活动以及后来沈所编辑出版的林的政书，必然对青年沈葆桢产生深刻影响。

世变关心意不平
——沈葆桢

进士及第，踌躇满志

　　1847年，沈葆桢进京考试，在考中的231人中沈葆桢名列第42位。由于头三名作为一等进士，沈是二等第39名，于是，他被授予"庶吉士"的头衔，被派到翰林院的庶常馆进行深造。他回福州作短暂逗留后，携眷进京任职。离开家乡时，父亲告诫他应当致力于有用之学。

　　由于科举考试强调的是形式而非实质，考中进士之后需要进一步训练才能得到任命。等级较低的中举者将送到六部或其他官府接受实际锻炼。等级较高的，如沈葆桢这班人，得派到翰林院进修，他们有很大的自由可以利用那里丰富的图书资料。

　　到了第三年（1850年）年末，沈考试成绩优良，成为第二级编修（正七品），仍留在翰林院，任务是利用原始资料编修本朝历史。这个很受敬重的任命，即是今后远大前程的关键一步，而那些成绩平庸的人会被派出担任低级京官或是知县。一年之后，沈葆桢被提升为武英殿修书处的纂修，为朝廷编修书籍。由此他有机会熟知政府事务的原理和实践。1852年6月在为翰林学士的侍读学士（从四品）以下人员进行的一次特殊考试中，沈成绩优异，列为四个等级中的第二等。于是，同年9月份，他立即被派为直隶省试的同考官。

　　评判考官的依据，在于他是否公正地划分考试等级，如何选拔确有真才实学的人才。显然沈干得很好。1853年被推荐担任监察职务。1854年6

月，他被任命为江南道监察御史（从五品）。这是江南六个监察官之一，工作范围在江苏、安徽两省。这是个要职，不仅因为这两省属于国内最富裕的省份，而且这时正在和太平军激烈争夺之中。此外，江南的监察官员有监督钱粮之责，这些在太平军战争中事关重大。沈的监察奏折现存仅三篇，其中都关系到当时一些最关键的问题。这些奏折特别显示他的改革热情和坚持儒家信念。

19世纪50年代初期，太平军出乎意料地迅速成功，这无情暴露了病态朝廷的虚弱。弊端之一是货币制度。19世纪以来，朝廷已经几度为缺铜所困扰，1853年，叛军完全切断了云南铜的供应，这一币制实际上垮了。军费的增长迫使北京不断降低铜币成色，并且以最小的后盾发行纸钞。伪钞无法控制，造成市场一片混乱。同时，成色不足的铜币，尤其是面额高的，越来越被公众拒用。

纸币同样无法流通。因为虽然照理说可以兑换，但政府却尽量不予兑换，以免纸币崩溃。市面上的纸币价值迅速跌落到只剩原来的一半。为了维持纸币和劣质铜钱的流通，政府对某些文职和军队人员发薪时付给一定比例的纸币、标准钱币和"大钱"——即成色不足的钱。

这些措施，无疑损害了人民利益、危及了政府信用，加上伪币横流，引起了经济混乱。朝廷虽然取消了最受反对的"大钱"，问题仍然不能解决。于是，沈葆桢强烈谴责政府这一存心不良的政策。他强调，降低货币成色不可能解决政府的长期财政困难，相反却使伪币制造者有利可图。他们以劣币买银，而银在双金属本位制中是较稳定的交换媒介。这样，政府储备枯竭，财政稳定进一步被破坏。

更重要的是，沈葆桢认为：降低成色不但使公众遭殃，士气低落，而且破坏了政府收入的根基，必然影响地方政府的品质。他害怕大量农民舍

世变关心意不平
——沈葆桢

弃农田去从事伪币制造，从而减少政府收入，导致政府贫困。虽然这一观点太简单，但他指出降低货币成色会影响各行各业的观点是有洞察力的。例如，商人大部分使用含铜低的大钱，就难于和乡下人做生意；农民惯于使用含铜较高的小额钱币，肯定不愿使用大钱。降低成色的后果是，形成了两个档次的铜钱，会严重阻碍了农产品流入城镇。贸易衰退会进一步使社会不满和动乱加剧，使已有的问题更趋复杂。

低成色铜钱的流通还造成了另一种困难——税收减少。正如沈所指出的，税款以银计价，以铜交纳，铜钱成色降低造成税收增加的假象，所以他建议北京城及其周围（以钱币纳税的地方），铜银交换的比率应固定在2000文换1两。这样，交税者会感到减税实惠，而政府可以使收入较为稳定。

沈较少批评纸币。政府纸币不受欢迎，仅因不能兑现。如果可以兑成硬币，就可以使大家接受，并恢复民众对政府的信任。基于强烈的儒家倾向，他主张在处理帝国财政时，货币制度不过是次要的，而谷物和衣着才是根本。所以他提出，土地人口税（地丁）、谷物贡赋（漕折）应以实物代币。上交北京的部分仍然交纳银两，以便运输。留在各省的部分应以80%~90%交铜钱，余下则交实物（谷与织物）。如此改革，人民就更有能力交税，谷物和织物则储藏在各省，使面临叛军袭击的省份得以维持民众生计。

提出反对通货膨胀措施的并非唯独沈一人，但大部分反对意见都是温和的——多数省级官员在引进新货币时放慢步伐，他们或强调民众拒用，以表示他们的反对态度。很少有人像沈那样有所准备，作出尖锐的批评和提出解决办法。唯一的例外是户部左侍郎王茂荫（1798—1865年），他是咸丰财政改革的中心人物。这里必须指出，王提出的批评和解决办法，正如他的职务所要求的，较之沈更多地基于财政金融上的考虑。因此，王所担忧的是，降低成色的货币带来了脱缰似的通货膨胀，而沈则全盘抨击降低货币成色的根据。

诚然，沈所提的补救办法是儒家理想主义和青年监察官的天真淳朴的结合。其目的在于维护社会秩序和推行仁政，而没有估计到叛乱和社会动乱年代里这些措施的可行性——在运输严重阻塞期间，以实物交税是不现实的。他呼吁终止降低货币成色以及实行纸币兑现，同样没有提出使政府摆脱财政困境的解决办法。然而，公正地说，对此无人能作出解答，直到后来厘金转运税的有效性变得显而易见时为止。

沈的奏折的意义在于大胆敢言，他所抨击的政策是一个深受困扰的政府没有多少选择余地而采取的。他的批评虽有原则性，却是失策的。鉴于王茂荫于1854年4月被免去户部职务部分是由他的奏折所造成的，沈的批评也会惹来政治灾难。然而沈较为幸运，他提出了强烈批评，但没有受到责罚。对于监察官来说，尽管在理论上享有豁免权，却也可能会因直言敢谏而受处分。

虽然沈生长于生计窘迫的家庭，但他双亲的博学使他能受到良好的教育。这与沈家和林则徐一家的亲密关系有重要关联。直至进京考试之时，对于他学识上和道德上来自家庭关系的最大影响，可能来自林则徐本人。林在个人生活和社会生活中洁白无瑕、坚决果断，奉献于经世学派的信念，其改革热情和爱国精神都是众所周知的。所有这些，必然加强了沈的双亲和老师对他的教育和性格塑造的努力。其后，沈在教育自己的子女时也以林作为楷模。

事实上，中国历史家常常视沈为林的"道德继承人"。他们的翁婿关系，在所有沈的传记中都作了记述，他的父亲反而往往没有被提到。在许多情况下，沈传被列于林传的同一篇。因为传记的汇集在传统上意味着对一定时期内模范人物作出共同的评价，这一启示是明白无误的。至于沈是否将自己可以看作林的"道德继承人"，我们不妨暂不作出回答，而将这个问题记在心中，来考察他的一生和事业。

沈和林家的密切关系是否对他的早期事业产生有利影响？现有证据表明，影响很小。虽然沈的京官生涯始于1845年林在政治上平反之后，但沈的几次任命和晋升都是正规的。事实上，他早期事业中最重要的因素是他在进士考试中没有名列第一等，使他失去担任高级京官的机会。然而，作为林则徐的女婿并非没有益处。25年后，沈的反对者们察觉到他与林则徐的亲属关系，部分地出于上述原因，避免了对他进行人身攻击。但是我们不必对这些亲戚关系过于重视，因为沈的事业成功，是林则徐本人的儿子们远远不及的。这可以在沈的御史任内看得很清楚——他的有勇气及在一定程度上有远见的奏折，使他赢得晋升和曾国藩的庇护。

沈作为监察官，和同僚们一样，虽然缺乏官场上的经验，但人们仍然期望他能够坚持传统和信仰。所以，很自然地，纵使他早期受过改革思想的熏陶和林则徐的影响，他的奏折还是显示出不少理想主义、"未经消化的"儒家学说，显得天真淳朴。鉴于监察官是被看做朝廷的"耳目"——一种重要的委托——沈后来在回顾自己1854年所表现的思想不成熟时感到后怕。但是，当他成熟之时放弃理想主义了吗？更重要的是，1856年之后，他从一个"道德和政策的保卫者"（监察官）变成"可能被找到岔子的人"（地方官员），他的思想主义信仰正受到前所未有的严峻考验。那么，他是否有能力在理想主义和官僚世界的严酷现实之间保持平衡？这里有不少问题需要我们解答。

最后一点，沈留在北京大约7年（1847—1854年），一定会跟同级的官员们接触。举例来说，我们不能排除他和改革派思想家冯桂芬——林则徐的得意门生有联系。这样的一批人自然成为他一生的朋友和亲密同僚。比如，梁鸣谦1866年之后是沈在福州船政局的左右手。

不少人和沈葆桢同年（1847年）考中进士，他们是他的"同年"。其中有李鸿章、李宗羲、何璟、马新贻和郭嵩焘。李鸿章和他由同一个考官所取。在清代，考试结束并发榜之后，认了考官，考生和考官之间就形成老师和门生、庇护人和被庇护者的关系。作为同一老师的门生，沈和李就会有建立牢固联系的可能。另外，"同年"关系的意义可能被夸大，上述几人中有的后来就变成了沈的政治对手。但是，若有共同利益存在，同年关系仍很重要。沈、郭和李之间互相磋商和支持，在他们后来事业中是很有价值的。

九江知府，参与戡乱

从1856年到1862年的短短六年中，沈葆桢从知府（从四品）晋升到巡抚（从二品），其间还有两年离开了官场（1859年7月—1862年1月）。这段时间，他的升官之速疾如流星，其后就不再有如此迅速的提升。国家的危急和曾国藩（他在这一期间跃到高位）的庇护，都是起作用的因素。但是，他从地区人物变成全国性人物，全靠自己的努力。

1856年1月，沈葆桢前往江西北部，到长江流域一个重要的府——九江就职。这是他初次出任地方官。但是府城九江从1853年1月起就在太平军手中，所以沈到达这个地区之后便决定前往九江南面30千米外的南康，到曾国藩的大本营和他议事。曾想起沈1854年10月关于军事策略的奏折，坚决劝沈参加他本人的参谋部。

这时，曾特别需要沈的协助，因为曾正面临着极端严峻的军事形势。1854年收复武昌带的乐观情绪已经消散，太平军现在牢固地在南京建都。1855年年初，太平军曾四度占领汉口、汉阳，两度占领武昌，控制了长江流域的最重要地段。接二连三的败仗，使曾成了江西士绅、官吏们的笑柄，他们采取了异常的不合作态度。由于和邻省的交通被隔断，曾还遭受着军需供应不足之苦。同时，地方叛乱者从南面的广东、广西汹涌进攻，使形势更加恶化。曾的唯一供应线是江西东北部，从广信进入浙江。可以说曾国藩实际上是"南昌的囚徒"。于是，他的军事指挥便处于监察官的猛烈炮火之下。1856年1月，清廷对他发出申斥和查问。

沈葆桢在曾营的活动不得而知。由于他过去关于军事策略的议论得到过曾的赞许，他或许是一名军事顾问，大概不至于正式担任曾的个人助手（幕友）。毕竟他仍然是九江知府，列名政府的（而不是曾的）花名册之中。此外，由于府城九江仍在叛军之手，他期待着在别处的赴命。事实上，这一愿望很快就实现了。4月，广信府有了空缺。5月，沈即到这一新官署就任。

沈葆桢在曾的幕府服务，虽然时间短暂，但对他日后的事业影响极大。曾是这一时期的关键人物。他的地位和学问吸引了许多学者、策略家、军事指挥官，后来还有数学家和外国事务"专家"。随后，这其中的许多人成为有影响力的人物。为曾服务的过程使沈有了显赫的朋友圈，其中不少人在沈的日后事业中和他合作密切。这里略提几人，如郭嵩焘、郭昆焘、周开锡、李瀚章、李元度、周腾虎和夏燮。所有这些人并非于1856年上半年都在为曾服务，应当说，曾门下一班人的团结精神是影响沈日后事业的一个重要因素。

　　沈葆桢被任命为广信知府，这件事本身说明了他的重要性在增长。《大清缙绅全书》指出，广信知府是非常重要的职务。这个府由于处于要害位置，被列为"最要，冲繁疲难"。清廷对沈的唯一补偿是薪金较高，每年2800两。

　　任命的时间很不吉祥。1856年中期，曾国藩仍然被围困在江西北部，只剩下浙赣走廊这一条不甚安全的生命线，而广信就坐落在这条线上。所以，预计太平军很快就要夺取这一线的控制权。1856年1月，何桂清（浙江巡抚）和廉兆纶（江西学政和团练委员）曾经表示过对广信安全的担忧。这个府及其附近地区是如此重要，以致曾国藩在湘军中的左右手罗泽南受命撤离对武汉的包围来防卫它。但罗来得太迟，2月，府城被太平军攻陷两天之后才由罗勉力收复。不久，由于太平军被召回以解南京之围，广信的压力减轻了。但这一段喘息时间很快就被打断，到了4月，威胁在南边出现，广信再度处于危险之中。

　　曾国藩极端重视广信的安全，不遗余力地来保卫它。尽管2月间罗泽南率领部队来救援，但在极端困难的将近一年里，这个地区的防务落在了廉兆纶肩上。廉称，省里的雇佣军（勇）是唯一可以依靠的力量，但人数太少，共计16000人，要对抗7万当地叛乱者和太平军，非常勉强。更糟的是，这些部队不在统一领导之下，他们胜则争功，败则诿责。所以廉建议把他们重新组成3~4个各有4000~5000人的大兵团。朝廷大概害怕湘军的军事力量进一步集中，没有采纳他的建议。

　　沈葆桢到广信上任后，接受了廉的想法，这和他本人在不到两年前向朝廷所提建议的精神非常相似。两人都赞成更加集中化的军事组织。但是，沈只是个知府，他的权力范围只限于增强他下辖7个县的团练领袖之

世变关心意不平
——
沈葆桢

间的互动。为了增强防卫力量，他必须动员士绅首领加强军队的招募和训练。自然，他和廉能继续合作，但详情不大清楚。不过，他们的合作使广信府南面的战略要地金溪和建昌很快得以收复。事态在好转，但为时不长。

当时，江西中部的秘密会社"边钱会"的成员和太平军联合了起来。8月末，他们进入广信地界，9月2日攻下贵溪县城，这是第一个陷落的城镇。新训练的雇佣兵无法抵挡。

在这紧要关头，沈和廉正在50千米以外的地方筹饷募兵。9月3日，他们听到贵溪陷落的消息，立即赶往广信，同时向总兵饶廷选求援。这时，饶在浙江省统帅之下，负责保卫浙赣走廊末端——信江上游50千米的玉山。

广信乱成一团：只有四百守兵，沈还在外地，大多数官员和衙役四下逃散，城市确已弃守。但沈妻林普晴拒绝逃跑。她主动刺破手指写血书给饶廷选，恳求他派出援兵。信中，她发誓自己将等待沈回来，和他一起守城至死，以报答皇恩。她并非为节烈所推动，她确实想挽救广信，所以她以共同利害关系来打动饶：如果广信陷落，饶自己的基地玉山将无险可守。饶为她的恳求所感动，同时出于战略考虑，调动了他的部队。但无可奈何的是，舰只因信江水浅而受阻。若非6日下大雨，增援广信府的一切希望都将化为泡影。7日，饶和他的2100人到达广信。接着是几场剧烈的非决定性的战斗。11日，这个被围困的城市遭到大量太平军援兵的猛烈进攻。绝望使被围困的人们竭尽全力抵抗太平军。衙门里官吏、办事人员、仆役全跑空了，林普晴自己顶上他们的职责：誊抄、记账、为士兵发饷，甚至替部队煮饭。至于沈，则尽力防守。而廉兆纶献出了自己的薪俸助饷。由于饶军的坚定和沈、林、廉的激励，13日，广信解围。按阴历，这天正好是林的生日。

保卫广信的成功，对曾国藩来说简直是天赐福祉，因为存亡攸关的不仅是他的唯一供应线得以保全，而且保了他岌岌可危的领导地位。虽然他以前为了他的兵力不能扩展到广信而争议过，因朝廷并不想将如此重要的战略要地的安全交给廉单独负责。9月初，第一次遭到威胁的时候，朝廷对于曾逃避责任表示不悦。曾国藩在江西已多次遇到麻烦，沈葆桢和廉兆纶的成功使曾免于进一步受困。也许他觉得，朝廷对他的不满是由廉兆纶的奏折所煽起，所以曾国藩故意忽略廉兆纶的贡献，而把沈葆桢作为当日的英雄。

当人们看到许多官员在不那么危急的形势下放弃职守，故沈葆桢的功绩就越发给人以深刻印象。1856年，江西的14个府城中有8个、75个县城中有53个陷落，因为官员们仅仅半心半意地抵抗，或在敌人还未出现时就逃跑。前面提到的贵溪失守，就是官员极端玩忽职守和不负责任的代表。这个城的守卫责任在一个名叫石景芬的人手中，当他听到邻州一个县城危急，就带领精兵2000人前往救援。他没有遇到敌人，但敌军却乘虚拿下了贵溪。他并不回程救援，却心安理得地回了老家，不管部队既无统帅又无给养。

正如曾国藩所说，城池失守并不是由于叛军强大，而是由于抵御乏人。或许这个说法有些夸张。然而，当时大多数官员的无法控制的怯懦和玩忽职守行为，与沈防卫广信的坚毅正好形成对比。所以，曾请求北京下令惩罚失职官员，而对沈倍加赞扬，说他充分体现了儒家的原则——深明大义。在他的全力推荐下，沈的名字被登记下来以备提升。

世变关心意不平
——沈葆桢

出任道台，声名远播

　　沈担任知府仅仅13个月，1857年6月，他就被任命为广饶九南道的道台。这个道在江西北部，包括广信、饶州、九江、南康。由于官府所在地九江仍在叛军手中，沈在广信就任。这时，清朝的总形势有所改善，广信的作用也因之弱化——来自湖南、湖北的增援，打通了联系各地的交通线。1856年下半年，太平军首领之间发生流血冲突，使太平军的实力受到了严重削弱。曾国藩因父亲丧事，于2月间暂时离职，江西东北部的叛军被迫撤向安徽、浙江，广信因而成了组织反太平军战役的基地。

　　为了加快军事进展，曾缩短了他的丧假，于1858年7月回到安徽、浙江。途中，他在广信附近和沈及李元度会面。李是曾的心腹，是个湘军统领，最近又和饶廷选联合防守浙赣走廊。这次会议决定，李重新回到曾部，由沈接手防卫广信地区。曾离开后不久，他赋予了沈更多的责任。首先，沈要挑选人才，并向他报告。他还嘱沈负责湘军的供应。于是，在他们初次会面后不到三年里，曾还准备将极为重要的任务交付给沈。不单是要他防守浙赣走廊，而且要承担起这一地区的整个军事活动。沈接受这些任务之后，就成了有两个上司（曾和江西巡抚）的官员。

　　这个时期沈和曾的关系如何很少为人所知。最大的可能，他多多少少能够满足曾的军事供应的需求。因为虽然偶有短缺，未见曾有所抱怨。但是，沈和曾的密切联系，导致他和江西巡抚的关系紧张，因为曾和江西巡

大清幕僚故事

抚有着对立的利益和长期的敌对关系；此外，巡抚耆龄嫉妒沈的能力。由于这些原因，沈于1859年3月以健康不佳为借口呈请辞职，但他的请求没有获准。三个月以后，九江收复，他有了迁回官署所在地的可能，这避免了双方的进一步难堪。7月，他的弟弟沈琦去世，他不得不离职，回到故乡侯官，看望年老的双亲。

沈在广信任职，是他早期官宦生涯的重要转折点。尽管沈和巡抚不和，但和曾国藩却能很好共事，从而赢得了后者的信任，而且和其他地方官员建立了有益的联系。这些官员中有粮道李桓（1827—1891年），一个能干诚实的人。李和曾一样，是湖南人，尽管在江西官僚机构中任职，他愿意并能够和沈亲密合作，以符合曾的需要，以后他成为沈的得力助手。

我们对于沈葆桢作为地方官知道得很少，同时代的记述表明他实行了1854年当御史时提出的理想，有些得到成功。所有资料都将他描写成仁惠、坚定与公正之人。正如我们对他日后事业所了解的相一致。保卫浙赣走廊是他的一项额外的任务。他守城和镇压盗匪的措施，使他赢得当地人民的亲切怀念。在当代和地方文献中赞扬的词句并非总是为了敷衍塞责而写。1873年出版的《广信府志》中，没有一个文职或武职的官员受到类似的赞扬，尽管此书是在沈担任船政大臣时所编，而这时有人认为他已经偏离了传统儒家官员的正道。

就他的事业而言，1856年防卫广信是这一时期的最重要事件。即使没有曾国藩的支持，沈作为一个忠诚、勇敢、有奉献和自我牺牲精神的人，表现仍然十分突出。此类官方表扬，部分是为了宣传，引起其他人仿效——这是当时必须加以考虑的情况——对于沈葆桢，无疑地，当地百姓钦佩他、感谢他。据说，1859年他离任时，数千百姓和地方首领要求他留下。他去世（1879年）之后数月，广信7县的人们为他立祠作为纪念。

世变关心意不平
——沈葆桢

事实上，保卫广信使沈葆桢变成传奇人物，成为集中了一切儒家美德的典型，这些美德只有在最伟大的学者官员中才能找到。对此事加以插图的描述和演义流传广泛。至于比较稳当的记叙，一直到清朝灭亡后多年，在官方或私人的著述中还不断出现。这给了沈全国性的形象，从而帮助了他的仕途。他的行动由此所意味的美德，以及他和林则徐在道德上和实际上的联系，也使他得到庇护，使他日后免于受到许多保守派的攻击。

沈葆桢在这一时期的军事业绩也使他赢得了两位可贵的朋友。成功地防守广信之后，他和饶廷选成为结义弟兄；他和曾国藩的得力助手李元度之间紧密合作，建立友谊，互相敬重。其后两家联姻，沈的次子与李的三女结了婚。

由于沈葆桢的成就、遍及全国的名声以及他对广信地区情况的熟悉，从1860年至1861年，江西省内外的高级官员反复劝他放弃休闲，重新回到公务活动中。不久，1862年年初，他被曾国藩和其他人所说服，在相当意外的情况下被任命为江西巡抚。

仕途顺畅，执掌江西

当清军在南京溃败的消息传来之后，江西也笼罩在一片阴沉的气氛当中。新巡抚毓科、署理布政使李桓也劝告沈回来，特别是毓科，想要沈负责浙赣走廊，即使这意味着将别人调开。鉴于沈葆桢过去和这个地区的关系，这是个稳妥的想法。曾国藩显然考虑，如果沈回到广信，就算是短暂的，也可以帮助李元度，因为曾认为李难于驾驭他的下属。然而，沈决心仍留在家乡服侍双亲。

到了6月21日，曾国藩和胡林翼分别请求清廷下诏令要沈回来。胡提议让沈担任省的布政使（从二品）或按察使（正三品），尽管他只当过两年的道台（正四品）。胡向曾表示，鉴于沈过去在江西工作，由他担任江西布政司最合适。也许清廷觉得胡的建议会给沈的官阶跃升过大，因而赞成曾的意见，命令沈回到广信。沈再一次婉辞，不过，他表示如果他能够每年一次回乡看望双亲，他愿意投效朝廷，做曾的私人助手（幕友）。

其他高级官员也希望沈重新为朝廷效劳。比如，第二次鸦片战争之后权势急骤增长的大学士文祥即推荐沈担任"实职"。工部侍郎宋晋像是在附和胡林翼的建议，也推荐沈担任江西省的布政使。1861年年末，在初次试图请沈出来工作之后的第18个月，朝廷指示沈到曾营"听候录用"。同时指示曾国藩考察江苏、浙江现任巡抚的能力。虽然朝廷的意图未必会让沈担任这两省的巡抚，但是，朝廷越来越渴望找到能干的人，给予沈这样的官职并非完全不在考虑之列。曾认为李鸿章是更有天赋的军事首领，更喜欢让李来担任江苏的职务。1862年1月17日，沈往曾营途经安徽南部，朝廷任命他为江西巡抚（从二品）。这时他41岁。

这样，沈葆桢担任知府和道台总共不到4年时间，又经这两年半休假，便跃上了巡抚的高位。如果他升任巡抚之前先担任江西省的按察使或布政使，则和当时的惯例更相符。他的飞速提升是不是曾国藩支持的结果？1856年他在曾之下干过短暂的时间，这无疑对其升迁有所帮助，至少曾及其同僚们对沈有过直接的了解。1860年五六月间，紧急会议的关键人物几乎都是曾的幕友。然而，文祥、宋晋、胡林翼这些人和沈毫无联系或极少联系，但都推荐他担任高级职务。这三人中，只有胡林翼和沈有些间接关系——胡在贵州任知府时，林则徐在当总督。实际上，沈迅速晋升，

世变关心意不平——沈葆桢

庇护人的作用较小，更重要的是他本人的才能和声誉，加上形势的迫切需要。他的才能已经得到证实，声誉主要来自传奇式地保卫广信。不论何种原因，凡是在他的提升中助了一臂之力的人都对他有很高的期待，曾国藩无法如此，因为曾和江西的官员曾经有过种种摩擦。

按曾的方案，江西是对太平军作战的前线。作为军需供应的主要来源地，它的安全和高效率的内部行政分不开。为了满足他的需要，新任巡抚必须赢得省里官员和士绅的效忠，要使他们相信，他们的利益与完成对曾的义务（简而言之，也就是对皇帝的义务）相一致。沈一到任，马上就认识到他的主要任务，他发誓尽最大努力为皇帝服务，并且遵守忠孝的原则。

但是，在儒家思想中，忠孝原则在观念上是一致的。事实上包含着大跨度的互相矛盾的忠。忠于公共福利和仁政之类崇高原则，忠于皇帝、其他掌权者以至士绅阶级这类政治势力，两者往往不容易调和。1854年，沈已经为了保卫普通大众的福利而反对通货膨胀政策。其后作为道台，他因曾国藩的利益和江西省之间的冲突而处于为难境地。

广义上说，一省巡抚的基本职责是：监督官员、维护法律公正、征税、增进公共福利、消除罪恶和腐败行为，此外按儒家的说法，还要安抚百姓。如此艰巨的任务，不可能由巡抚和他的班子去承担。地方官员，特别是知县，才是实际上处理民众事务的人。然而，沈葆桢深信，一个有能力的巡抚应当诱导好的政府深入地方一层，能够运用他的立法权力来加强个人力量。在这个意义上，巡抚应当将全省的福利担当起来。

巡抚对其下属的权力是相当大的。他手下的最高官员——布政使和臬司，都由他亲自定期进行考核。他一方面依靠其他官员对官僚机构中的低级人员的情况作出判断，同时巡视省内各地以获得直接的信息，随后进行赏罚。再者，他对某些范围内的官职可以提出候选人。虽然如此，所有人事变动还是必须听命于中央政府，而且绝不是例行公事，任何背离既定规矩或惯例的事将受到责问。对于巡抚，如同所有官员一样，都将会被视为严重越轨而受到弹劾。

理论上，政府的终极目标在于改善人民生活、促进农业、增进道德水平。实际上，正如沈所理解的，一个巡抚关心人民经济状况和要求公平正义，可能和提高政府财政收入的要求相冲突。这不仅是财政问题，因为他执行政府方针时在很大程度上要依赖人民的忠心和支持。

提高公共道德是一项无形的也是难以完成的任务。传统的办法是坚持政府的正统性和提倡儒家学说，尤其是在学者——士绅阶层，使他们能成为榜样。官员的严正，包括巡抚本身，被认为有同样的效果。沈声称，假如目的和手段都反映了我们所设想的儒家理想，两者就将对更有秩序的社会和更少腐化的官僚政治起到一定的作用。

如果劝说的力量和司法程序失效，那么，巡抚可以动用武力。可供他调遣的有省里的绿营，其基本任务是作为一支保安队。如果骚乱扩大，他就得求助于巡抚卫队（府标），其人数在1000~2000人。在江西，巡抚的军事责任更大，因为其也是军事总指挥。虽然在他指挥之下的部队数量远远小于大多数邻省，要镇压大规模的起义只得依靠外来武力的帮助。

1860年以来，长江和内地开始对外国旅行者和船只开放，江西巡抚也要处理外国事务。

省一级的行政事务常常由于巡抚和总督之间的关系而复杂化。在大多数情况下，这两个官员大体上同级，但江西巡抚在某种程度上隶属于两江总督，所以遇到重大事项，总督的认可必不可少。总督所在地南京和江西省会南昌遥遥相隔，巡抚因此有少量的自主权。然而，19世纪60年代初

世变关心意不平
——沈葆桢

期，曾国藩拥有大权，他的大本营位于附近的安徽南部，这大大增加了他干预江西事务的能力。因此我们研究沈的巡抚之职，也要专注于他和他的庇护者之间的潜在敌对关系，以及他们对有限资源的争执。

尽管清王朝的统治者们忙于军务，沈仍然强调省级政府应把民政放在首位。在某种意义上，他的态度可以看作对严峻现实的合理态度。当曾国藩、左宗棠的部队逐渐向南京推进，他这个省的防卫本已不足，现在变得更加薄弱。然而江西财政本已窘迫，现在还得承担支持曾、左的繁重任务，这就从根本上排除了任何有意义的军事集结的可能。沈的解决办法是提高政府运作质量。他认为，如果审慎地挑选地方官，老百姓的苦难就会减轻，这样，至少省里就有可能重建军事力量，增加财政资源用于军事目的。目前，江西只能在不增加开支的情况下勉强使现有军事力量有所增强——途径是慎重选择军事人员，训练军事首领。

沈葆桢不仅想到了权宜之计，他还深信民政极其重要。这件大事久久盘踞在他的心中，于是在1863年出版了《居官圭臬》（给在位者的箴言）一书。书中，他强调服务的第一要义："为官一日，要行一日好事。"和士绅以及普通人相比，"官肯着意一分，民受十分之惠"。要服务得好，一个官员必须不腐化、要勤勉，决策和用人之时要十分谨慎，又要自我警醒："做官常知不能尽其职。"在这本书中和别的地方，沈重申传统名言，知府和知县都是儒家官僚政治轮子上的嵌齿，"父母官"所处的地位能做很多好事，也能极大地伤害人民。

沈葆桢进一步声称："当内政失常，天下大乱之时，一个好知府比一个好将军更有价值，因为知府的仁政可以将坏事消灭在萌芽状态，而军事力量只能对付普遍不满所引发的病症。"这是很好的想法，但是形势往往不允许政府采取这种做法。尽管1862年以来清朝的命运有所改善，但是江西仍然时常受到种种威胁。不久沈就发现,他的时间太少,而面临的任务却很艰巨。

沈葆桢对省级政府的看法是:所有机构都重要,各有特定职能。他忠实于儒家信仰,强调挑选人才的重要性。但是,作为一个富有地方行政经验的人,他又相信外放官员的时候,他们的才干和职位一定要相称。和他对行政的看法相一致,他认为挑选地方官员时这一点特别重要,因为只有有德行的官员才能给人民带来太平。他在担任江西巡抚的几个月内,不顾吏部的反对,将吉安和南康的知府互调,理由是出于他们各自能力的考虑。吉安知府有理解力、谨慎、尽责,但是无力应付玩忽职守的官员以及世仇、械斗、抗税、把持衙门的讼棍。吉安名声不佳,即使在最好的年代里也是难治理的府。相比之下,南康知府真诚、廉洁、聪明、果断,是全省最卓越的知府,让他管理一个小而简单的府,则大材小用了。从儒家德行来说,两人差别不大,然而他们的能力有很大差距,沈坚信互换职务将产生有益后果,故他未经北京批准就径自施行。当地记载表明,在沈实施这一措施后,吉安情况得到了显著改善。

当然,儒家教条主义者主张德和才是同义语。沈是务实的,而非正统的,他显然看出了两者的区别,并据以实行人事调动体现出来。但是,类似的行政措施所应用的范围有限,正如他所认识到的,巡抚的主要任务还是在于解决吏治不修的问题。

长期战争带来地方政府行政能力的退化。朝廷对地方官员的监督松懈了,许多玩忽职守和怯懦导致的事件没有引起重视。加之政府需要卖官鬻爵以征集军费,许多不能胜任工作的人进入了政府机构,甚至有些人连办理最简单的公文都有困难。于是,冒着妨碍政府征集经费的危险,沈清除了这样的人。1863年年初,当第一次对下属进行年度评价时,他辞退了六名不称职的官员。一位监察官注意到，沈是善于运用此类措施以保证政府廉洁的少数几个人之一。

政府腐化是个长期痼疾，特别是18世纪末期以来更是如此。官吏贪婪，士绅暴虐，两者还可能勾结在一起。就江西而言，这些问题虽然还不是特别严重。但是，平时就已存在的官吏行为不端，因处于战争状态而加剧。大量钱财物资因战争需要被征集到政府，许多人经不起诱惑，将财物塞进了自己腰包。举个例子，一个知县侵吞了士绅捐献的3000两白银中的2000两。当被发觉时，他谎称这笔钱已送到左宗棠军中。沈葆桢坚决处理了这个案件。他说："以肃功令，而儆贪婪。"这个知县被撤职，而且永不叙用。沈对贪婪的下属也严加惩办。

据说，在巡抚任内，沈查出很多行为不端的官员，他们都一一受到了严厉地处罚。曾国藩有一次说道："（沈）心地谦，而手段辣；将来事业当不减于其舅（林则徐）。"江西布政使李桓对沈担任巡抚时的工作作了高度评价，而对他任职初期对待失职官员急而严则有所批评。依李所见，沈往往轻信公众的怨言，未经详细调查就对官员进行处罚。由于李的忠告，后来沈对此类事情变得较为慎重。

颇有讽刺意味的是，沈严肃纪律的做法，既是曾国藩最初对他赞赏的理由，却也成为以后两人激烈争吵的原因。在他们交往的头几年，曾极其钦佩沈对人事问题的判断，几度邀请他来批评自己的属员。然而任职两年后，沈因曾任用被自己辞退的人而表示不满。正如御史华祝三解释的，沈掌管一省，必须坚持高标准对待属员，而曾正在指挥一场大战，不得不使用每个有才能的人，虽然其中有些人不够正派。但曾对此并非未有察觉。1859年，在他和沈发生争吵的前四年，他曾经申辩说，在处理民政和军务中，不得不应用不同的标准。但这时，他在江西的影响如此依赖他所安插在那里的人，所以他采取较为纵容的态度与沈严格遵守纪律的要求发生了冲突。

　　总体上，沈葆桢并不喜欢吵架。他能尊重他人，与人合作共事，毫不犹豫地表扬有成绩的人。我们还会看到，如果没有李桓的干练和大力协助，沈的许多财政措施就无法施行。沈辞退了原先由曾推荐的人，这不能视为权力斗争，因为沈十分注意在与上级官员的争论中不将下级官员作为替罪羊。一个负责的人不应取悦每个人，那样会失去公平和正义。我们所得到的资料表明，沈在赏罚上从不曲徇人情。

　　虽然沈在严明纪律时从不迟疑，但他也没有放弃儒家关于劝说作用的信念。他通过树立个人榜样，努力促进政府工作的改善。据说，他在任期满时带走的个人物品和来时一样。他竭尽全力避免裙带关系。他的好友，也是他儿子的岳父李元度曾推荐一个亲戚给他，他以一笔钱相赠，送走了这位先生。

　　这时官员士绅们敦促沈招募更多的雇佣兵（勇）。他们的要求为御史华祝三所响应。他建议组建一支数千人的部队，经费靠江西对曾国藩的资助来解决。沈驳回了这一想法。他企图用别的方法来充实绿营。他强调，绿营是朝廷的正规军，不管有用无用，都必须支持。他的新方案是淘汰老弱，留下的人略增报酬，在省城由两名总兵加以分组，轮番训练。准备好了之后，由江西自己的指挥官率领，协助安徽、浙江的湘军作战。这样，他们可以得到作战经验，不必担心在湖南人手中受到虐待。沈希望这一计划只须增加少量费用就能改善江西防务，同时可以减轻曾国藩的责任，而又不必削减曾的军费。

　　但是他已经没有时间来实现这个计划了。1862年10月，曾反复警告沈，安徽南部形势严峻，叛军可能进犯江西北部。到了1863年六七月间，

世变关心意不平
——
沈葆桢

111

曾的援兵还未到来，沈害怕1861年李秀成造成的破坏再次发生，便迅速征集了6000名雇佣兵。这时叛军到江西已近三个月，洗劫了鄱阳湖以东地区。幸亏开始时有新"勇"的机动单位和曾国藩的部队（刘典部下），又有曾自己的增援，八月间局面得以控制。这次危机之后，沈下了决心，江西省不能再如此脆弱。因此，他从曾处留下一万人。原先，曾承担这些部队的供应，作为他保卫江西的一部分责任。可是这时曾的资源减少，尽管他知道江西财政困难，他仍将这一笔费用让江西负担。这样，江西军费剧升了30%（即每月增加6万两）。

虽然这时江西省的防务得到加强，但大部分军队却集中在东北角，其他地区的防卫依旧很薄弱，1863年年初，省会南昌只有1000士兵，作为最后一搏，沈命令每个人都招募一人，并加以训练，这样使城防兵力翻了一番，尽管他也知道如此拼凑在一起的部队是不大靠得住的。他尽了最大努力，仍不能使江西安全。1864年年初，在江苏、浙江被打败了的叛军越过边界进犯江西，江西只好靠曾国藩派遣的鲍超和杨岳斌手下的两万人来抵抗。

各种防卫措施以及对外来武装的供需供应，使江西省的财政大为紧张。像国内其他地方一样，江西的主要收入来源是农业。在理想情况下，作为省里最大收入来源的土地税和人头税，每年可征收1958437两。其次是田赋，可得922860担。商业税主要有两类：一是常税（"正常的"关税），货物从长江边的九江和南端的赣州两地进出江西，分别为539281两和84471两；二是杂税，即店铺、出售牲畜、酒、造船、皮革工业的税，全年合计91623两。太平天国起义期间，正如预计的那样，各类收入急剧下降，但是由于两个新课目的创设而使收入有所增加。这两个新的课税项目是厘金和1863年开始的通商口岸——九江的关税。1860—1864年，江西省的收入大约为1690.3万两。

对曾的资助一步步减少，必然导致曾和沈的剧烈争吵。自从曾插手江西事务，他总是跟当地不友好的士绅和行政官员发生争执。他在政府中安插亲信，经常提出增加经费的需求，导致人们对他的厌恶感不断加剧。但最重要的是，江西对曾的军队所作的财政承诺无法兑现，事态恶化到顶点。这些问题的根源，虽产生于沈担任巡抚之前，但问题在于沈能否改善这种状况，避免和曾的关系破裂。

1860年中期，曾的最初计划是，江西每月交给他14万两厘金。在50个月的时间内，即1860年6月至1864年8月，应当给他700万两。1862年，江西省未受叛军骚扰，他期望厘金收入至少翻一番，但这根本没有实现。事实上，一开始交来的就达不到目标，有时短少不止一半。在50个月内，江西勉强交给他厘金615万两，平均每月12.3万两。较之他的最初计划，这一数字少了12%，这与他要求迅速增加收入的期望有着很大的差距。

与之相比，彭玉麟和刘于浔的水师每月应从江西得到厘金2万两，也就是在同样的50个月期间共100万两，他们似乎全数收足。真正激怒了曾的是，拨给左宗棠的三个厘金站收入迅速增长。虽未见到其数字，而左的报告称："江西抚臣于臣军饷事最肯关心，解款拨项未经截算。"左宗棠获得这一优待的原因不难找到。彭和刘的水师对江西防务有直接的重要性。而且，刘是著名的江西士绅首领。与之相似，左的部队对于保卫江西浙江走廊有决定意义，而广信则是这一地区至关重要的部分。不久，曾即对江西布政使李桓和他管理的江西厘金局表示不满。1862年11月，他请求朝廷下令调查。

1860年8月，江西厘金短少已经十分明显，曾得到朝廷准许，开始取用江西漕折银达每月5万两。从1860年9月至1862年1月，这笔钱按期送

世变关心意不平
——沈葆桢

到，其后减为一月4万两。1862年10月，因叛军威胁江西，这一款项停付。除了厘金之外，1861—1864年，大约有白银132万两交付给曾，其中76万两来自漕折，其余取自督粮道的库房（道库）。

应该为沈说句公道话。我们应当注意到，他已经尽可能长久地顶住了建立江西武装的压力。当需要额外军事经费时，他首先考虑收回的是输送给北京的，而不是答应给曾的粮饷。扣留曾的经费是最后一招：曾的军队已经远离江西，所以谈不上防卫江西。在这一点上，过去为曾辛勤效力的李桓，这时也赞成在安排军费时要有所先后，意即江西安全要放在优先地位。江西官绅为此兴高采烈，但曾则大动肝火。

厘金收入减少，漕折银撤销，曾的亏空激增。他的部队只拿到40%的薪饷，比过去少了20%，而且拖欠了8~15个月。据曾所称，在他的9年战斗生涯中第一次出现开小差，原因在于没有足够的薪饷。因此，1863年6月，他转向九江关税，要求其每月发给3万两白银，但是只拿到一次15000两。下个月曾派部队保卫江西东北，将其费用转到江西，沈得到皇帝准许扣下了这笔钱。然而，根据曾的幕友赵烈文说，沈阻止给钱是因为第一次付款时未经他同意，故对曾产生了忿恨。赵断言，沈不明智地听信了那些自私的僚属们的意见。不论情况如何，曾觉得沈应当归还这15000两白银。看来九江海关是遇到了真正的财政困难，因为不久他们就无法给李泰国——阿思本舰队提供经费了。

对曾来说，情况非常令人不满。1864年年初，事态终于到了紧要关头——江西受到来自江苏、浙江入侵叛军的威胁，沈留下全部厘金用于省内。照理他应和曾商量，可是他没有这样做。或许这是对曾早些时候的单方面行动进行的报复，但这样使事态发展得更糟。曾感到非常愤慨，他严厉地提醒沈：

臣忝督两江，又绾兵符，凡江西土地所出之财，臣皆得奏明提用。……何况厘金奏定之款，尤为分内应筹之饷，不得目为协饷，更不得称为隔省代谋。如江西以臣为代谋之客，则何处是臣应筹饷之地？他责备沈，作为一个官员是对上司无礼，作为同僚和他的被庇护人，则又全无体恤之心。

曾、沈在人事政策上的长期不和使事情变得更糟。我们记得，早些时候曾将他的亲信安插在江西厘金局。他们和省里官员们一起工作，牵连在政治活动之中，但沈无法忍受这种情况。很有可能其中有些人被沈处分和辞退，事后曾又重新任用。在已经非常紧张的曾沈关系中，这又是一个刺激因素。

经办外交，有理有节

在沈担任江西巡抚期间，江西对外事务中最重要的事件发生了：从1862年3月开始，由一系列示威和骚乱构成的南昌反对教会的事件，但它不是孤立的事件。历史上，江西和湖南、湖北、浙江并列为最理想的传教地区。尽管1784年之后一段时期衰落了，但在1830年前后，中国奉教者有所增加。到了1846年，江西已有足够的教徒，可以和浙江分开而另立教区。1856年，江西教徒人数达到9000人。在奉教者集中的九江、南昌地区，冲突和迫害发生了。1855年，南昌郊外一所教堂被捣毁，一座龙王庙

115

在原地建起。1860年，江西是执行上年12月间公布的迫害文告的几个省份之一，这个省有着反天主教的传统。

1860年之后，传教士可以享有更多的权利，天主教和中国人之间的紧张关系加剧了。传教士可以收回以前被没收的财产，可以租地、买地，任他们建筑房屋。天主教复兴的前景使传教士大受鼓舞，而中国人则大为反感。这时，中国官员一方面有保护传教士的义务，另一方面有维护中国人利益，特别是保卫传统价值和社会结构的责任，因而处于两难境地。这是1862年年初沈所面临的情势。

事情从1861年年末开始。法国拉撒路会的罗安当到达九江，他被指派为江西主教。他还带着他的中国助手方安之和另外6人。罗和方在中国传教都达17年以上。他们的目的是到南昌谈判，想收回被没收的天主教财产，扩建在城市以南3000米的庙巷教堂，还要建立一所新的育婴堂。方先到省城为罗作准备。他到达时，由南昌县候补知事夏燮和士绅首领、曾在福建任代理知县的张国经接见。不久，方即买下筷子巷的一所房屋作为育婴堂，收容了5~12岁的女孩共13人，另有养妇5人跟随人2名，他们都是江西本地人。

1862年1月17日，罗安当到达南昌，巡抚毓科弄不清接待传教士的礼仪，和夏燮商量。他们不想造成事端，便慷慨地接待了这个传教士，简直把他当作外国领事。罗随即离开，2月初又回来。大概对他初次所受接待的身份不满意，他在名片上增加一条虚拟的头衔"全权大使代表"。夏燮正要劝毓科谢绝接见，而毓已经安排好了全副的欢迎仪式，这通常是用来接待巡抚或总督的。南昌百姓和士绅已经为这一过分的尊敬感到吃惊，当罗要求按照新立的规矩容许基督教广泛传播时，公众都愤怒起来。更糟的是，公众误认他是二十多年前非法躲藏在庙巷教堂而被驱逐的传教士。于是公众变得更加愤慨。

3月上旬，两份激烈反对基督教的宣言在南昌出现。宣言由邻省湖南的士绅所写。他们猛烈抨击传教士和教徒们破坏传统，违反孝道，男女不分，还有吸取男童精液和妇人月经之类的恶行。传教士和教徒们还被指控是太平军的探子，因为两者同样是基督教徒。这些宣言由两个著名的地方士绅日夜赶印数万份并得到广泛流传。这些指控使公众对罗安当活动的怀疑更加肯定，特别是他的追随者守卫着育婴堂以及其中的同居者，公众认为其中必有秘密。此外，公众还真的害怕教徒们会串通"基督教徒"太平军攻打南昌。

这时，教会及其信徒的财产已经遭受损害，所以必须采取一定的措施。九江的英国领事可能受到罗安当的怂恿，警告沈说，沄国人将开来炮舰要求赔偿。于是沈命令地方官员调查此事，同时于3月底或4月初给总理衙门送了报告，给皇帝的奏折也于4月11日送上。其后事实表明，这么早给北京通消息是明智之举，因为法国外交官最初提出的抗议依据来自中国人的信息，故语调温和。

沈的及时报告使中国人赢得了暂时的宽松，但是无法解决根本矛盾——如何安抚中国人民和法国人。于是军机处给了沈相当矛盾的指令：在寻求解决之道时，既不可进一步疏远法国人，也不可失去中国人的信任。总理衙门也劝沈尽快将所有损坏之处修复，态度要更温和，而且提醒他，在上海、宁波，朝廷和太平军对抗时，法国人（也有英国人）给予了可贵的军事援助。同时，总理衙门还送交法国人一份中国内情的可怖景象，为沈争取时间，并且说明了为什么不可能更快地解决问题的原因。

沈的行为只会导致进一步的反教会活动。真的，不久夏廷榘给沈送来了作为教会罪行的证据——一些人骨、血膏和一支铜管，说是从育婴堂拿

世变关心意不平

——沈葆桢

到的。据说，血膏由儿童骨髓制成，而铜管是用来挖眼睛的。人骨是成人的，沈不理会这些，只坚持将另外几件送到总理衙门，让法国外交官澄清其用途，"以释绅民疑团"。为了想使条约变得对中国有利，他还说，不论这些东西属于什么性质，条约并没有允许教会收留孤儿。他还自己请求处分，因为没有做到预防事件的发生，及时将罪犯关进监牢，并且没有处理好整个事件。

照沈的想法，反教会事件是中国所面临的问题的征兆。第二次鸦片战争严重伤害了人民，更糟的是，条约使基督教徒受益。当教徒们变得更加趾高气扬时，公众对他们的敌意也在增长。在这样的情势下，任何官员企图安抚基督徒，比如修复他们被毁坏的房屋，只会引起其他中国人的更大仇恨。因此，沈推论说，如果他受到严厉责罚，外国人就会断了提出更多要求的念头；而中国人看到高级官员作了榜样，也会停止暴力行动。

沈的解决办法不可能被接受，甚至那些赞成他不和解态度的人也不会接受，因为那样只会使总理衙门处于尴尬地位，损害中国政府和官员们的威望。总理衙门看到沈不准备和法国人打交道，便试图采取半官方的办法：由沈派一名属下秘密会见罗安当，给他一笔钱，劝他"在更安静的地方"另建教堂。他们还强调这件事要做得保密，不要引起群众的愤怒。为了使沈改变想法，和总理衙门取得一致，总理衙门再次强调法国军事援助的重要性。7月中旬，沈接到这些指示，但是直到9月也没有派夏燮去见罗安当（他这时在九江）。不论怎样，这个传教士拒绝会见夏。不久罗动身前往北京，可能是去向法国外交使节哥士耆伯爵施加压力。

这时，哥士耆变得不耐烦了。他威胁说，如果地方官员仍然执拗，他将调动炮舰。可是总理衙门不在乎他的威胁，反而提出"干血"和铜管问题要求他作出解释。虽然作了解释——"干血"其实是酒，铜管是滤咖啡用的——哥士耆其实被衙门的策略所激怒，他第一次指名沈和曾国藩是反天主教活动的煽动者。由于心中有这样的想法，同时又被罗安当（这时在北京）所怂恿，10月间，哥士耆开出一份列出了种种严厉要求的清单，并威胁说，如果不能满足要求，就派炮舰到南昌。

然而这个事件不可能很快地解决，因为当沈正在和士绅首领们讨论法国人的要求时，谣言传出：由法国人主笔而富有煽动性的布告要在五天之内张贴。这一谣言又激起了新的示威。情势高度紧张。李桓每次一跨出衙门就有成百人找他说话，吵闹着要他作出解释。同时，反基督教的文告到处出现。作者按照湖南人文章的思路，详述罗安当和方安之的罪行。他们主张拒绝任何赔偿的要求，因为中国需要稀缺的资财用于镇压叛乱。他们进一步威胁，如果罗安当胆敢回来，就要他的命，还号召人们处死那些追随他的恶行的人。官员们解释说，直到罗安当回来，法国人的布告不会张贴。公众的怒气才略消。然而，他们仍然强烈反对将财产转移给教会。因此，李桓建议，劝说罗安当将教堂建立在离城50千米以外的地方，避免引起公众不友好的注意。

为了摸清公众的意见，刺探反教会首领，沈有着可信赖的朋友。他们乔装行商，和人们谈话。他们发现，公众普遍仇视基督徒，易于相信反基督教文告的宣传。人们对于教徒们靠教会的帮助和庇护就能占有商店和土地感到愤愤不平。尽管没有事实根据，人们还是害怕基督徒充当卖国贼或太平军探子，这也为反基督教情绪火上加油。最后，沈发现人们对政府的关心冷嘲热讽。这些人说，官绅们不会抵制教会的要求，因为他们过于重视自己的前程，不会拿它来冒险。

这样，到1863年1月末，在法国人提出要求的两个月之后，皇帝和总理衙门反复指示沈尽早解决，但这一切并不能使沈改变态度。总理衙门只

世变关心意不平
——沈葆桢

好绕过他，直接与哥士耆达成协议，派人护送罗安当从北京回到南昌，指令沿途官员予以接待。诏书还指示沈亲自接见这个传教士。

3月间，罗安当回来的消息一经传开，南昌人民再次激动起来。为了避免再发生事端，沈极力劝说罗安当留在九江谈判，并答应在那里即交付赔偿。但是罗安当拒绝了，还到安庆寻求曾国藩的支持。曾给予了友好的接待。4月3日，当罗安当前往安庆途中，南昌又出现布告，号召人民"商集所订处所，照前议行事"。官员无法使民众平静下来，不祥的气氛等待着罗安当。

罗安当并不畏缩，他于5月27日来到南昌。沈尽管先前提出异议，但还是为他安排好了住处并予接待。次日，沈派官员将城内居民妥为弹压，可是官员的命令无人理会，沈没有进一步采取行动。一名衙门胥役被派去为迎接罗安当进城作"准备"，当他靠近这个传教士的船时，喧嚷的人群向他扔了石头。罗安当意识到危险，迅速折回九江。骚动的人群极为愤怒，不肯散开，将怒火转向当地教徒，指责他们引诱传教士回来。天黑之前，六家教徒的店铺被拆平。

15个月的斗争以罗安当蒙受损失而告终。他现在愿意在九江谈判，而且同意了中国人的大部分要求。他答应放弃南昌的育婴堂和教堂，而在偏僻的地方建设新的；法国人起草的带煽动性的信仰自由的文告，被中国人起草的较为温和的文告所替代；赔款从7万两降为1.7万两。这些条款事后由双方政府签署。

重视海防，巩固闽台

通过两次鸦片战争，大清王朝积贫积弱的面目被暴露无遗。在强烈的危机感驱使下，中国出现了向西方学习先进科技的洋务运动。"师夷之长技以制夷"，向外国购买机器设备，引进先进技术以发展我国近代的造船工业。因此，设立马尾船政局就提到清政府的议事日程上来。

同治五年（1866年）春，左宗棠上疏朝廷说："欲防海之害而收其利，非整理水师不可；欲整理水师，非设局监造轮船不可。"左宗棠认为只有创立中国自己的军事工业基地，才能从根本上打破西方列强的专利，真正做到"师其长以制之"，中国海军方能立于不败之地。

清政府批准造船奏议后，闽海关拨出船政经费。左宗棠即着手在马尾筹备建厂事宜。在马尾设立造船厂有利因素有四：一是马尾地势险要便于防守；二是马江江阔水平，深达十二丈，涨潮则倍之，既可容纳设计、制造船只，也适合兴建工厂沿岸设施；三是马尾靠近福州，便于官员特别是闽浙总督的监督；四是闽海关在附近，资金有保障。

正当马尾船政局紧锣密鼓地筹办之际，左宗棠奉命调任陕甘总督。左宗棠是个明于识人、善于用人的洋务派官员，他认为主持近代工业，要有"熟悉洋务"，且"能久于其事"的人才，"然后一气贯注，众志定，而成功可期"。离闽在即，选任能继办其未完之事的官员已迫在眉睫。经过慎重思考，他选中了林则徐的女婿沈葆桢，理由是沈葆桢重视西方科技，主张发展民族经济，在洋务派中有较高威望。清政府批准了左宗棠的推荐奏议，除特命沈葆桢总理船政外，还由"部颁发关防，事涉船政，由其专奏请旨，以防牵制"，并赐予"专折奏事"的特殊权力。尽管在籍丁忧的沈葆桢一再婉谢，但碍于左宗棠的推荐最终也只好勉力支持"中国无一人历其事"的近代造船工业。

沈葆桢为人沉毅清廉，明知船政之事难为，一旦接手，只能迎难而上。当时顽固守旧势力非常强大，最早的近代工业马尾船政局，理所当然受到他们的反对和攻击，特别是当时闽浙总督吴棠给船政事务设置了很多障碍。沈葆桢出于对洋务事业的责任心，为了维护船政顺利进行，向清廷上奏，指出吴棠对船政抱有成见，不利于船政事业的发展。为了推动近代海防建设，沈葆桢慷慨激昂地表达"船政系臣专责，死生以之"的决心。

除了顽固守旧势力的反对外，沈葆桢还要面对西方列强的插手与破坏。西方列强为了维持其海上霸权不遭削弱，不愿意中国发展民族造船业。海关总税务司赫德安图操纵、控制中国造船业的阴谋破产后，遂指使其属下闽海关税务司美理登出面活动，企图插手马尾船政事务，又遭沈葆桢拒绝。赫德并不死心，又进行了一系列的造谣、破坏活动，但他操纵、控制中国造船业阴谋始终未能得逞。

对船政事业，沈葆桢坚持"主权在我"的原则，认为"购置者权操于人，何如制造者权操诸己"。为了引进西方先进的科学技术，船政局聘用了不少外国海员、工匠及教师。对待这些外国人，在经济上，船政局给其优厚待遇；在政治上，却是寸权不让，坚决奉行"权自我操"的政策。沈葆桢对洋人赏罚分明，不仅论功行赏，也量过行罚，对不服从领导者予以开除，令其回国。总之，沈葆桢在船政创办之初，面对新兴的事业，面对西方列强与顽固守旧派种种干扰，凭借强烈的民族责任感排除了一个又一个障碍，在坎坷的近代工业化道路上前进。

同治八年（1869年）6月10日，在沈葆桢的苦心经营下，在全体船政员工的共同努力下，马尾船政局自行制造的第一艘轮船"万年青"号完工下水。该船系木壳蒸气轮船，船身长238尺、宽27.8尺，吃水14.2尺，排水量1370吨，载重450吨，螺旋桨推进，备有风帆助力，航速10节。9月25日，沈葆桢登船试航、试炮成功，标志着历经艰辛的中国近代海防工业开始起步了。

在此后的一年半内，"湄云"号、"福星"号、"伏波"号轮船相继完工下水。可沈葆桢并不满足。他认为蒸汽机是全船的关键机器，前几艘轮船的蒸汽机都是进口的，容易受制于人。只有仿制蒸汽机，中国造船事业才有前途。从同治八年年底开始，马尾船政局开始制造150匹马力的轮机。技术人员与工人克服重重技术难关，终于试制成功，安装于第五号轮船"安澜"号上，该船排水量为1258吨、航速10节。同治十年（1871年）6月，"安澜"号完工下水。当时一位英国军官参观马尾船政局后深有感触地说，其产品无论技艺还是细节都可与英国的产品相媲美。我国第一台仿制蒸汽机建造成功，是近代海防工业的一个里程碑，在我国造船史上有着极其重要的意义。

考虑自制轮船有蒸汽机功率偏小、炮位少的弱点，马尾船政局向国外订购了250匹马力的蒸汽机，用于建造大轮船"扬武"号。这是沈葆桢主持船政事务建造的最大一艘兵轮。"扬武"号排水量1400吨，设三桅，航速可达12节。船上安装10尊惠特沃思前膛炮，这些火炮从口径和数量上均超越以前所造。截至同治十一年（1872年），共有大小16艘轮船完工下水。由于船政经费已颇吃紧，顽固派大臣又不断弹劾，沈葆桢为了摆脱困境，上奏"若虑兵船过多，费无从出，则间造成商船未尝不可，亦不患领

世变关心意不平
——沈葆桢

者之无人。但兵船御侮之资，不可因惜费而过少耳"。朝廷批准暂造4艘商轮，以后再造兵轮。到同治十三年（1874年）七月止，沈葆桢全部完成了左宗棠原定的第一期造船计划。这些兵轮除福建水师自用外，其余拨给沿海各省，维持近海治安。当时中国近海一带商船增多，海盗活动十分猖獗，危及海上贸易。清廷水师的旧式兵船速度太慢，一出海围剿，海盗早已逃之夭夭，赶之不及。待清水师装备了新式兵轮以后，海防形势为之改观，兵轮速变快、洋炮威力大，打得海盗船破人亡，为患数十载的海盗终于戡平。

沈葆桢对海防建设有两大贡献：一是建造兵轮，二是培养海防人才。马尾船政局创立了中国第一所海军学校——马尾前、后学堂。左宗棠、沈葆桢把培育海军人才作为"师夷"之根本，其宗旨是为近代海军输送具有专门知识的各类人才。因此，马尾前、后学堂只招收天资聪颖、粗通文义的子弟入学。马尾船政局建设工程破土之日，也是学校新生入学之时。

船政学堂对学生要求非常严格，不但培养出了许多近代工业的工程技术人员，还向中国近代海军输送了为数众多的将才。这些人才大都是栋梁之材，成为我国海防建设的主要依靠力量，荣膺振兴中华的重任。除自身培养外，沈葆桢还上奏朝廷，建议派遣留学生出洋留学深造。建议虽未得朝廷同意，沈葆桢还是于同治十三年令日意格在船政学堂毕业生中挑选了几个优秀人才随其出国参观学习，以期开拓视野，增长见识，强化"洋技"。沈葆桢离任后，马尾船政局的后继者根据他原来的设想，在1877—1897年的20年间共派出4批官费留学生。应该说，由于沈葆桢在培养海防建设人才上的远见卓识，中国海军军官中闽籍居多。李鸿章后在天津设立北洋水师学堂，其总教习严复就是马尾船政后学堂的第一届毕业生。除注重培养海军学生外，沈葆桢也注意到自己要学习西方先进的科学技术，掌握造船业务，以便更好地管理近代大工厂。他经常不耻下问，向技术人员请教，学习看图纸，充实海防知识，成为当时最杰出的海防专家。

自康熙统一台湾后，清政府就在台湾驻兵设防。"置水陆十营，星罗棋布，镇以元戎，遂使倭患永息。""其制：以万人更番、三年毕戍，埒于九边重镇云。"从兵丁设置看，清廷在台、澎等处设总兵一员、水师副将一员、陆路参将二员，陆路兵8000人，水师兵2000人。军队调自福建，属绿营兵，因三年一换班，故称"班兵"。从水陆营制设置看，台湾方面设有陆师镇标中营、镇标左营、镇标右营、南路营、北路营。水师则设中营、左营、右营。澎湖方面设水师左营、右营。雍正十一年（1733年），添设台湾城守营；乾隆五十三年（1788年），分设南路下淡水营；嘉庆十四年（1809年），增设艋甲营。虽台、澎的兵力、营制常有增减，但孤悬海岛，士兵不尊王法，加上军队又是轮番戍守，管理不善，故台湾防御空虚，驻防士兵战斗力低下。

同治十年（1871年）12月，中国藩属琉球派人前往广东中山府纳贡，使者携带回赠的礼品返国途中，遭风暴船漂流到台湾。岛上处于原始状态下的牡丹社人劫杀了使者。这本是中国与琉球双方之间的问题，但日本政府却借此"琉球事件"，于同治十一年宣布琉球为其藩属。同治十三年，日本入侵我国台湾，东南海疆出现危机，清廷大为震惊。清政府即命沈葆桢"以巡阅为名，前往台湾生番一带察看，不动声色，相机等办"。当消息证实后，清政府深感事态严重。同治帝遂正式任命沈葆桢为钦差办理台湾等处海防，东渡台湾，处置日本侵台事件。同时命令所有福建镇、道等官，归沈葆桢节制。江苏、广东沿海轮船，归沈葆桢调用。台湾筹防所需款项由福建供给。沈葆桢接旨后，义无反顾地肩负起保卫台湾、维护领土主权的历史使命。

世变关心意不平
——沈葆桢

沈葆桢分析了中日双方形势，认为日军有可能扩大侵略范围，高山族山胞是敌不过手持洋枪洋炮、训练有素的日军的。而台湾的首要任务是加紧军事部署。他既反对"一味畏葸，只图置身事外，不恤贻患将来"，也反对"一味高谈，昭义愤快心，不妨孤注一掷，于国家深远计均无当焉"。经过深思熟虑，他向朝廷提出纵横外交和实力备战相结合的对日方针：一是把历年来洋船漂台事件及日本入侵我国台湾的前后经过，分别摘要照会各国公使，戳穿日本谎言，最大限度地在国际上孤立日本，利用国际舆论逼迫日本退兵。二是加强海防力量。日寇利欲熏心，未必因理屈而退兵，日本之所以如此气焰嚣张，是因为中国器械未精，兼恃美国暗中资助，因此必须速购铁甲船、水雷、洋枪、洋炮、火药、子弹等物，改善军队装备；三是抽调得力人才，协助筹办台湾海防。福建兵力不足，请外省增援，水师轮船不够，请将沿海各省的兵轮调到福建沿海。四是台湾海峡之险，甲诸海疆，如遇飓风，难通消息，请架设台南至厦门的跨海电线及厦门至福州的陆路电线，使消息尽快畅通，不至贻误战机。对日四大方针反映了沈葆桢的远见卓识。他对敌我态势分析得极为透彻，并且力主备战，以实力威慑日本不敢轻举妄动。清政府对沈葆桢的建议赞赏有加。

6月14日，沈葆桢赴台湾之前，就部署了福建沿海的防御工作："福星"号泊台湾；"长胜"、"海东云"号往来于闽台；"扬武"号巡弋澎湖；"靖远"号往返于福州、厦门；"振威"号穿梭于马尾、上海。16日，沈葆桢视察澎湖炮台及设防，痛感驻守班兵太弱，不堪一击，遂萌发整顿守军的想法。17日，沈葆桢抵台湾安平，接见当地官员，进一步了解台湾局势。他见台湾班兵太少，就从大陆抽调当时最精锐的洋枪队，即唐定奎率领武毅铭字军十三营，到台湾布防。8月23日，第一批武毅军2000

人到台，驻防凤山（今高雄）。10月下旬，第二批增援2500人到达。沈葆桢见台湾北部后山防御力量单薄，且有日人觊觎，遂派福建陆路提督罗大春率部东渡，驻防苏澳。在台期间，沈葆桢制订了"驱倭抚番"方针，依靠人民加强地方的防卫力量。他派熟悉民情的官员到各地发动群众，组织民勇，成立乡团，发给武器。深入高山族社，发动山胞抗倭。日军入侵后，高山族同胞遭受蹂躏，因此一呼百应。"抚番"成功，为收复失地奠定了良好的群众基础。为加强台湾防御力量，沈葆桢招募广东兵勇2000多人，从天津调运新式洋炮，从福建调拨数万磅火药，在安平、旗后、澎湖等重要海口修筑炮台。经过精密部署，台湾的防御力量大大地增强了，敌我双方实力发生了根本性的变化。

入侵台湾的日军很快陷于台湾人民激烈抵抗的泥淖之中。沈葆桢从大陆调来的精锐部队又将他们团团包围。日军不适应台湾南部盛行的疫气，"死者日四五，病者不计其数"。日本侵略者见沈葆桢布防周密，在军事上难以取胜，且军心波动，不得不与清政府谈判。腐败无能的清政府，对闽台海防缺乏信心，深恐局势发展，会把战火引向大陆各地，谈判中步步退让。在英国调停之下，以中方赔银五十万两，日本撤军为条件，结束了战争。日本人在台湾战场上无法得到的东西，却在谈判桌上轻易得到了。

日本侵台事件引发了朝野上下筹办海防的浪潮。沈葆桢认为要在台湾搞海防建设，首先应该建设台湾。长期以来，清政府奉行"为防台而治台"的政策，对开发孤悬海上的台湾有许多禁令，严禁大陆人民偷渡。与台湾隔海相望的福建，地少人多，漳、泉两地人民仍然有人偷渡入台。清政府禁令限制了中国人，却限制不了外国人。鸦片战争后，外商抵台低价收购蔗糖、茶叶、樟脑，输入鸦片等毒品榨取钱财。为了杜绝外国染指台

世变关心意不平
——沈葆桢

湾，巩固台防，沈葆桢上疏要求开禁，允许大陆人民自由东渡台湾，进入"番界"，开垦土地。据文献记载，当时应招赴台者络绎不绝，仅光绪元年（1875年），福建、汕头、厦门三处就有2000家乘禁令解除而预备渡海。大批大陆人民来到台湾，对台湾的开发，经济的发展起了很大的推动作用，同时杜绝了外患，巩固了台湾海防。沈葆桢设防与开发两手一起抓。先是于同治十三年6月，凿山修路，开发台湾东部。这是台湾开发史上的创举，工程十分艰巨。沈葆桢调兵开凿，沿途设立碉堡，派兵驻防。一年后完工，共耗银20万两，死亡官兵达2000余人。沈葆桢开山修路，不忘"抚番"。他制定了许多办法，有效地管理着少数民族。如政府提供费用，在高山族地区办义塾，高山族人从此由野蛮走向文明时代。此外，他努力改善高山族人的生活条件，使他们安居乐业。开发台湾，促进了汉族与高山族经济、文化的交往，并为筹办海防打下了坚实的基础。

台湾当时隶属福建省，属福建巡抚管辖。由于交通不便，台湾镇、道大权在握，与巡抚只有公文上的来往。沈葆桢痛感台湾吏治昏暗，认为要加强海防，整顿吏治是当务之急。"台湾海外孤悬，七省以为门户，其关系非轻，欲固地险，在得民心；欲得民心，在修吏治、营政；整顿吏治、营政之权，操于督、抚。"因此，他建议福建巡抚移驻台湾，总揽台湾军、民两政，兼理学政。为了适应开发台湾的新形势，沈葆桢调整了台湾的行政区划，将台湾一府三县改为二府八县，以有效控制台湾南北。清政府同意他的建议，令福建巡抚每年冬春二季驻守台湾，统筹全台、筹办海防。与大陆远隔重洋、鞭长莫及的困境得到克服，台湾的管理得到加强。

为了巩固台湾海防，沈葆桢改革班兵营制，加强训练，提高军队的战斗力。加强海军及其装备，在澎湖训练水军，在台南选练洋枪队。聘请外国工程师在安平南面设计修筑"亿载金城炮台"，在屏东东港建造"东港炮台"，在高雄的鼓山和旗山建造"打狗炮台"，并把台南政府所在半月城加以重修，使之坚固。还修建台北府城等处，加强台湾的防卫力量。这些防务设施，以安平炮台为最大，沈葆桢为其取名"亿载金城"，并书写镌刻在城门上。1895年中日战争时，这座规模宏大的炮台发挥了很大作用，至今它还傲然屹立在台湾西海岸上。

筹办海防面临的首要问题是经费，不论是购枪炮、舰船，还是修炮台、养兵军饷都离不开经费，没有经济作后盾，海防建设就是一句空话。因此筹办海防，与兴利、求富是一致的。沈葆桢认为要加强台湾的海防力量，应从开发台湾、建设台湾入手。只有台湾经济繁荣、地利尽开、饷源充足，台湾的海防才能真正巩固。台湾煤源丰富，沈葆桢首创官营开采，开办基隆煤矿，既为福建船政解决用煤问题，也为台湾增加了收入，同时还可以进入上海、香港市场与洋货竞争。后基隆煤矿"每年出煤一百四五十万石，可得二十余万元"。

沈葆桢于光绪元年8月调任，丁日昌以福建船政大臣兼福建巡抚，兼管台湾事务，继续沈葆桢的改革。沈葆桢任两江总督后，还不时关心着台湾的开发和建设。光绪三年（1877年），丁日昌奏请在台湾兴修铁路，开办矿务等事，沈葆桢给予全力支持。自沈葆桢始，后经丁日昌、刘铭传等人的努力，台湾社会经济迅速发展起来。沈葆桢为筹办台湾海防，先后渡台两次，是在台湾兴办洋务的第一人，也是大规模开发和建设台湾东部的第一人。

沈葆桢是一个爱国、清廉的洋务派官员，也是为国为民尽力寻求自强之路的有识之士。他民族自尊心极强，坚决抵抗外国侵略者，直至临死

世变关心意不平
——沈葆桢

前，他极力主张的建立以铁甲舰为核心的外海水师仍未能筹办，他在遗疏中还指出"事关呼吸，迟则噬脐"。他为中国近代海防建设作出的不懈努力，应该得到充分肯定。

曾公帐下一卧龙

——刘蓉

刘蓉（1816—1873年），字孟容，号霞仙，清代湖南省湘县人。刘蓉是曾国藩早年的好友，曾一起切磋学问，但他生性自负，不愿随从时俗以应科举。在其以后的从政道路上，他的这种超然物外、敢于直言的个性在封建皇权至高无上的晚清专制时代，自然使很多人感到不舒服。于是小人的陷害、朝廷的昏庸，致使他到死都未能使自身抱负全面而完美地体现出来，他只有弃官回乡。这不免让欣赏他的友人曾国藩大为惋惜。

刘蓉没有因革职归山而不平，没有对富贵流露出依恋之情，而是直面人生，不为忧乐所累，专心著述，表现出一位学者谈笑人生的广阔胸怀。

生性自负不随俗

刘蓉，字孟容，号霞仙，清嘉庆二十一年（1816年）出生于湖南湘乡乐善里。

刘蓉生长在比较富裕的家庭，不愁衣食，从小聪明好学，但他生性自负，不肯随从时俗以应科举。刘蓉在30岁的时候还没有中得秀才，这可把父亲急坏了。然而，刘蓉讲求学问与现实生活问题的有机结合，注意通过治学总结历史上的经验教训，用以充实自己的才学，增长"治国平天下"的本领。

1834年，刘蓉游学于长沙岳麓学院，结识了正在这里深造的曾国藩和郭嵩焘，三人甚感意气相投、志趣相同，遂换帖结拜，成为挚友。

1838年，曾国藩考中进士入翰林院之后，没有忘记这个埋没在家乡的老朋友，经常给他写信赠诗，寄托怀抱。次年，曾国藩回到故乡后，特意去看望刘蓉，勉励其攻读史书，勤奋写作。四年后，当他在京城收到刘蓉给他的书信，见其学业大有长进，曾国藩既为他高兴，又以此来督促自己勤奋治学。好朋友就应该这样互相砥砺、切磋。

曾国藩致书刘蓉，初步阐发了文以载道、文道并重的基本主张，希望好友对此提出有益的意见。他还向刘蓉明确表示要调和汉学与宋学之争，兼取二者之长，将文以载道、文道并重之学发扬光大。此时，刘蓉虽是一位尚未中秀才的布衣，但曾国藩对他的才学给予了高度评价。

1844年秋天，当曾国藩得知其弟曾国荃想跟刘蓉一起做伴读书的消息后，在给几位弟弟的书信中首先表示"此意甚佳"，同时又提醒诸弟不要急于求得科名，关键在于有人品、有才学。

曾国藩不是以功名有无、高低来看待刘蓉，而是以才学的高深来对刘蓉予以评价和肯定，反映了他远大的志向和不俗的境界。就刘蓉本人而言，他对科举应试之事仍然看得很淡薄，但由于在与曾国藩的书信往返中受到启发、激励，他对于学术方面的兴趣比从前更加浓厚。他带着问题深入钻研先王之学，对汉、宋二学的优长劣短作了比较疏理，然后将自己的心得体会写信给曾国藩交换意见。

从这期间刘、曾二人往返信件内容可知，刘蓉侧重对宋学的推崇，而对汉学的不足之处提出了批评；曾国藩则主张对汉、宋二学兼采博收，调和之意比较明显。

被曾挟持再出山

曾公帐下一卧龙
——刘蓉

1851年，刘蓉遵父命参加县试，举为首名，始补县学生员，也就是秀才。此时，刘蓉已经35岁了，而曾国藩考中进士入翰林院时才27岁。两人差得不是一点半点了。

恰在此时，以洪秀全为首的太平天国运动席卷南中国，天下大乱，朝野震动。刘蓉想专心读书是不可能了。

1852年夏秋间，太平军以破竹之势进军两湖，闲居乡间的刘蓉从维持封建统治的本能信念出发，与罗泽南等人在湘乡设立团练局用以自卫。此时，因丁母忧回到家乡的曾国藩正一意守制以尽孝思，尚未投身练团自卫的行列，于是刘蓉数次去信希望他迅速赴局主持一切。对此，曾国藩在给刘蓉的书信中首先说明之所以迟迟未能"赴局陪诸君子之后者"的原因，一是安葬完母亲之后，数月间孝服在身，不便"缟素而入公门"；二是"局中要务，不外训练武艺、催收捐项二端"，而他本人对这两者均不在行，"是以再四踌躇，迟迟未出"。进而，他向刘蓉表示，同心合力"保护桑梓是大义之责，决无袖手旁观之理"，打算"在百日之后亲赴县城，与诸君子商榷，以明同舟共济之义"。

尽管曾国藩当时对于团局章程一无所知，但他建议刘蓉等人切实注意"壮勇贵精而不贵多，设局宜合不宜分"。在城内设一总局，选敢死之士400人即可应付事变，另在湘潭、宁乡两县交界处所多设探报，有事即可随时派兵前往镇压。曾国藩的这些建议，后来多被县令朱孙诒采纳。

1852年12月下旬，太平军相继占领汉阳和汉口，清廷慌了手脚，次年1月8日颁旨命曾国藩帮同办理湖南团练事务。是月21日，曾国藩正式奉到廷寄谕旨，此时武昌已被太平军攻占。接到朝廷旨令之后，曾国藩考虑再三，草疏恳请在家终制，并拟具呈湖南巡抚张亮基代奏。缮就未发，适逢张亮基派专人持函恳请其立即出山视事，好友郭嵩焘亦到湘乡曾家当面力劝"出保桑梓"。

刘蓉则在给曾国藩的一封长信中，希望他以"救治乱"为己任，不应仅"托文采庇身"。该信首先指出，道丧而文敝，能够得到有才能的人"起而振之"，自然是一件很重要的事情。然而，这只不过是"士君子"不得志的时候之所作所为罢了。你曾国藩"既已达而在上矣，则当行道于天下，以宏济艰难为心"，如果仅"托文采以庇身"，那么政纲就会不稳；如果仅"藉诗酒以娱日"，那么吏事就会不修。这样的陋习代代相承，已经不是一天两天的事情，希望你曾国藩不要再蹈袭覆辙，应将圣贤之学落实到行动之中。

曾国藩觉得刘蓉所说很有道理，于是消除顾虑，于1853年1月25日从湘乡启行赴长沙。

在此前后，罗泽南、江忠源、王鑫等曾国藩的好友也率领团勇纷纷开至省城，与之共商大计。然而，在最初半年多的时间里，由于曾国藩系书生出身，手中无直接可资调动的一兵一卒，更因绿营兵将骄横不可一世，根本不把曾国藩看在眼里，处处与之为难。在助手异常缺乏之际，曾国藩自然想到了至交好友刘蓉和郭嵩焘，但此时刘、郭二人均不在自己身边——刘随曾至长沙没有多久即因病回到湘乡老家，郭则随江忠源转战江西三个月后亦回到湘阴去了。曾国藩于是写信给刘蓉，希望他立即出山相助，同时，曾国藩又致信郭嵩焘应约以当重任。

曾国藩话说得很恳切，刘蓉和郭嵩焘无由可辞，便相继来到曾国藩身边，共同筹划有关练兵、集饷等大政方针。但两人与曾国藩约定："服务不辞，惟不乐仕宦，不专任事，不求保举。"曾国藩深知刘蓉与郭嵩焘的脾性，只好答应。

1855年秋，刘蓉独领一军配合罗泽南先后攻下湖北崇阳、通城等重镇，曾国藩据其功想举荐刘，当即遭到刘的反对。曾国藩劝解说："此亦古人之常，且幕客皆叙劳，君何得独不尔邪？"刘蓉却说："士各有志，不可勉强。"意思是我做事不求闻达，您也不要勉强我，改变我的志向。曾国藩只好尊重刘蓉的意见，以后再没有直接举荐过他。曾国藩之所以能统率数十万大军，经过十多年的南征北战，最终将势力遍及大半个中国的太平天国运动镇压下去，其中一个重要原因在于他的身边聚集了诸如刘蓉等一大批军政人才。这些人淡泊名利，讲究道义信守，注重人品学识的修养和

曾公帐下一卧龙
——刘蓉

弘扬。这些品质对于在封建纲常伦理秩序大乱的环境下，维系社会人心风俗的纯净与稳定所起的作用是不可低估的。

刘蓉被曾国藩"挟持"再度出山之后，先是遵曾氏之嘱到达长沙助王鑫整顿湘乡练勇，随后来到衡州与曾国藩、郭嵩焘、罗泽南共商操练湘军水陆各营事宜。1854年2月25日，刘蓉随曾国藩率领1.7万余人的湘军水陆各营同时并进长沙，于3月间一度夺得湘北重镇岳州，4月上旬兵败折回长沙。是月底，曾国藩组织靖港、湘潭战役，湘潭方面虽获胜，靖港方面却输得很惨。随后，刘蓉助曾国藩在长沙着手整顿湘军，凡溃散之勇不再收回，溃散营哨的营官哨长也一律裁去不用，留下精锐5000多人。进而，在调回罗泽南、李续宾部至长沙的同时，又令塔齐布、杨载福、彭玉麟等人大量招募新勇，使湘军很快扩展到一万来人，加上从广东、广西奏调而来的水陆各营共计达2万之众，"规模重整，军容复壮"。经过切实休整之后，曾国藩与刘蓉等人决定以水师为依托，于是年7月下旬向岳州太平军驻地再次发起攻击，最终占领岳州，迫使太平军势力退出湖南省境。随后，遵照清廷指令，湘军准备越境援鄂直捣武昌。

刘蓉因家中有事回湘乡一段时间后，于9月重新回到曾国藩身边。湘军先后攻占武昌、汉阳，10月下旬分三路东进江西、安徽，经过三个多月的激战，于1855年2月上旬兵临九江城下。九江为太平军重点设防之地，湘军因而遭到惨败，曾国藩的座船被太平军俘获，"文案全失"，连咸丰皇帝奖赏给他的黄马褂、白玉四喜搬指、白玉巴图鲁翎管、玉靶小刀、火镰等件，均成为太平军的战利品。曾国藩为此羞愧交加，投水欲寻自尽，被左右救起之后，又想策马赴敌以死，被刘蓉、罗泽南等人力劝乃止。自此之后，湘军势力被迫分割成四个部分：水师分成内湖、外江两支而不能会合，塔齐布、罗泽南部陆师分驻九江和江西腹地。刘蓉随曾国藩大营驻

大清幕僚故事

南康、南昌一带。

此时，曾国藩因军事上的节节失利，心绪极度不佳，幸有刘蓉陪伴左右，"夷险共之"，才减去几丝忧愁。

这年7月，太平军在湖北的军事方案基本实现之后，从湖北东南部回师江西，一举占领义宁（今江西修水县），对坐镇南昌的曾国藩造成紧逼之势。9月中旬，罗泽南亲至南康（今江西于都）会晤曾国藩、刘蓉于座船之上，提出自己的看法：要想攻取安徽、江苏，就必须首先复占武昌；要复占武昌，就必须首先控制上游之势，同时江西方面的压力也有可能得到缓解。他提醒曾国藩，如果被动株守江西，等于束手待毙。进而，他请求曾国藩允许自己率军从义宁出发，进攻崇阳、通城、增援武昌。如果得手，则挥师东下，进击九江，使内湖、外江两支水师声息相通。曾国藩采纳了罗泽南的建议，并从塔齐布旧部中拨普承尧、彭三元率领的宝勇营1500人交罗泽南统制。

此时，太平军方面也组织大批力量援助武汉，前锋以锐不可当之势先后击败李孟群、胡林翼等部清军。于是，罗泽南重新部署援鄂之师。一直待在曾国藩身边的刘蓉也自告奋勇加入远征的行列。部署妥当的这支援鄂湘军分为左中右三支主力：罗泽南领中营、刘蓉领左营、李续宾领右营，另有普承尧、彭三元所领宝勇营，合计5000余人，于是年10月上旬从义宁向西挺进，至11月下旬，先后攻占崇阳、通城、羊楼司等地，随后向蒲圻发起攻击。此战异常激烈，刘蓉的弟弟刘蕃力战身亡。

弟弟的死深深痛透了刘蓉的心。此后他回到湘乡老家，无意复出。尽管此时形势异常危急，正是需人支撑之际，但曾国藩对于刘蓉的归去不仅没有怨言，反而感到无比地惭愧，对刘蓉给予的诸多支持和帮助表示了深深的谢意。

曾公帐下一卧龙
——刘蓉

自1855年冬离开曾国藩大营回到家乡之后，刘蓉因丧弟之痛深深刺激了心灵，甚感行兵打仗是一件凶多吉少的事情，决心蛰居深山，在侍奉高堂、督教子侄的同时，专心做点学问。从而，他对曾国藩、胡林翼等人的多次邀请，始终没有答应，甚至于清廷颁旨转令他父亲刘振宗做他的工作，也未能让他心动。就这样，直至1860年进入骆秉章幕府这前后五年时间里，刘蓉基本上是在湘乡老家过着读书、做学问的日子。

在1857年3月中旬至次年7月这一年多时间里，刘蓉同回籍守制的曾国藩有机会密切交往。两人或是书信往返，切磋学问；或是互至对方家中促膝交谈，共叙友情；或是一同游览名胜古迹，尽情欣赏家乡的秀丽风光。

1858年6月底，湘军全力攻取安徽，前线军情异常紧迫，清廷颁旨促曾国藩立即回到军中主事。原想久住家乡的曾国藩在胡林翼、骆秉章等人的急催之下，不得不再度出山。这一次，他终于说动好友刘蓉与之同行。7月20日，刘蓉随同曾国藩及郭意城、曾纪泽从湘乡县城启行，于22日到达省城长沙。次日，刘、曾二人与骆秉章、左宗棠、郭意城、王人瑞等会商军事，札调萧启江、张运兰、王开化等部湘军，由江西抚州等地拔营进驻铅山县河口镇。曾、刘等人则于29日从长沙由水路东下，途经岳州，至8月3日抵达武昌。在武昌逗留的十来天中，刘蓉除了随曾国藩游览附近的名胜，更多的是与胡林翼等人会商军事。刘蓉此时的心情异常舒畅，对有关用兵方略、粮草筹措等问题，提出了许多深刻的见解，均被胡、曾二人采纳。

非同寻常情义深

11月，刘蓉随曾国藩一行从武昌启程由水路向九江进发。途中，刘、曾二人在众多师友的撮合之下，决定两家联姻。

曾国藩的长子曾纪泽自元配夫人贺氏难产死去，一年来尚未续弦。刘蓉出于对老友曾国藩的情谊，主动将自己的女儿许配给曾纪泽做继室。曾国藩当然感到非常高兴，不顾旅途劳累和军情紧迫，于1858年8月14日特请彭玉麟、唐训方做媒，正式定下这门亲事。一个黄花闺女给人家做继室，这在重名声、讲礼节的封建社会是不多见的，由此足见刘蓉与曾国藩的交情非同寻常。这不仅反映出刘蓉对曾纪泽人品和学识的厚爱，更突出地表现了刘蓉与曾国藩的友谊至深。刘蓉的女儿后来与丈夫曾纪泽及其家人的关系处理得十分融洽，很受曾家人的尊重。她先后生有三个儿子、三个女儿。曾纪泽1890年去世后，她严格督教儿女们行正学好，为儿女们继承曾、刘二家传统家风起了重要作用。

刘、曾二人将儿女亲事定下以后，曾国藩继续东进，于是年8月底重新回到南昌湘军大营。刘蓉则折转返回湘乡老家，一来专心侍奉重病在身的老父亲，二来为女儿与曾纪泽的婚事作准备。关于儿女的婚事，曾国藩拜托其弟曾国潢与刘蓉协商处理。他在给刘蓉的书信中指出："道义之交，不必多拘，仪文以简为妙。"1859年10月22日，曾纪泽夫妇的婚礼在荷叶黄金堂隆重举行。远在南昌的曾国藩得知这个消息后感到非常高兴，

曾公帐下一卧龙
——刘蓉

在12月28日复刘蓉的书信中说："两个月以来，你又娶儿媳，又嫁女儿，'喜事重叠'，希望此事能博得你老父的欢心，同时也能使你多年忧郁的心绪得到些许安慰。"

1860年6月，左宗棠受命以四品京堂襄办曾国藩军务，随即在湖南招募新勇以作赴援江西的准备。曾国藩函嘱左宗棠募练新勇5000人，以一半由左统领，另外一半则请刘蓉统领。于是，曾、左二人同时写信给刘蓉，希望他出山相助，但刘蓉坚决加以拒绝，他自以为不是带兵作战之材，只能为人出出主意，当当参谋。

对此，曾国藩虽不无遗憾，但从友情出发，不便强求，于是盛情邀请刘蓉同郭嵩焘，"来营一叙"，表示"或久或暂，听两君之自为谋，决不相强"。

曾国藩认为，让刘蓉老待在乡间不是个办法，他的才识没有发挥太可惜。然而，如强行让他"为统领恐其不耐劳"；举荐他当地方官，因是"亲家例须回避"，便打算劝胡林翼从中帮忙。正当曾国藩为刘蓉出山之事紧张筹谋之际，传来了清廷命刘蓉入湖南巡抚骆秉章幕府参赞军事的谕旨。这次，刘蓉没有再作推托，欣然应命出山。

军中机宜亲指画

1860年年底，骆秉章受命入川，担任四川总督，全力镇压当地的、李永和、蓝大顺农民起义军。刘蓉随同前往，为其出谋划策，忠心辅佐。骆秉章则对刘信任不疑，有关选将练兵、整饬史治等事均言听计从，使其才识得到了充分发挥。

为了尽快平定四川的农民起义，刘蓉通过分析当时形势，向骆秉章提出了集中兵力镇压李、蓝农民起义军的建议。他认为，"贼股虽多而强悍无过李、蓝二酋，能除此二酋，则余贼不足平"。与此相对应，"用兵次第，又宜先解锦州城围以收聚歼之功，然后鼓行而南，以成破竹之势"。经过三四个月的具体实施，刘蓉的这一用兵方略产生了初步效果，因功授四川布政使职。按清制，布政使专管一省财赋、地方官考绩等事。从而，刘蓉紧紧围绕镇压农民起义这个军事斗争的中心，悉心"筹划军储，遣撤游勇"，体现了突出的从政才能。至1862年春，李永和、蓝大顺农民起义军被基本镇压下去。

然而，就在刘蓉协同骆秉章全力进击李、蓝农民起义军的紧张时刻，石达开部太平军于1861年10月下旬竖起远征四川的旗帜，于次年2月中旬进抵四川境内，队伍得到进一步扩大。刘蓉与骆秉章又面临着严峻的军事形势，不得不加以认真对待。

四川是清王朝的大后方，咸丰皇帝旨令不许农民起义军进入四川境内，一旦进入就要不惜一切代价"聚而歼之"或驱逐出境。骆秉章遵照清廷的这一指令，在奏请邻近各省派兵援助的同时，与刘蓉反复商讨军事大计。刘蓉针对石达开部太平军主力由冕宁出发，走小路经大桥、水扒岩、烂泥坪、铜厂、新场向北推进的进兵方略，"禀商骆秉章驰往雅州一带，自督诸军遏其前面，密调各土司截其后"。

骆秉章采纳了刘蓉的建议，依托大渡河布防：由总兵唐友耕等部驻大渡河北安庆坝至万工汛段；买通松林地土千户王应元扼守松林河，以防太平军取道进攻泸定桥；又买通邛部土司岭承恩，命其带领士兵截断越嵩北上的各大路口，迫使石达开进入山间小道，并命其担负截断石达开退路的

曾公帐下一卧龙
——刘蓉

任务；同时，骆秉章还在化林坪、泸定桥、打箭炉一线部署了机动兵力。石达开部太平军在清军层层设防、前堵后追的用兵方针进逼之下，步步被动，且因缺乏群众基础，在军需给养上得不到及时补充，陷入了全军覆灭的危险境地。

面对湍急的大渡河和清军的层层围堵，石达开决定"舍命以安三军"，向四川总督骆秉章写上一封长信，表示好汉做事好汉当，要以一己性命成全余部的生存之望。经过与前来"诱降"的清廷参将杨应刚的一番谈判，石达开于6月13日带上5岁的幼子石定忠，偕同宰辅曾仕和、恩丞相韦普成、中丞黄再忠等人，与杨应刚同赴清将唐友耕大营。

然而，清军背信弃义，在石达开"舍命以安三军"的举动完成后，于19日夜将太平军余部2000余人残酷杀害于大树堡寺庙之内。几天后，石达开被押解至成都，囚禁在科甲巷臬台衙门的大牢之中。临刑之前，石达开大义凛然，视死如归，令骆秉章、刘蓉不得不对他敬畏三分。刘蓉在给友人的书信或上报清廷的奏折中，多次表示：石达开具有大丈夫气魄，言行不亢不卑，无丝毫贪生怕死之气，临刑之际，"神色怡然"，确属难得。

尽管石达开部太平军全军覆灭于大渡河畔有其深刻的自身原因，如他置太平天国根本大局于不顾，拥兵自重搞分裂，尤其是最终选定民富地险、易守难攻的四川为进兵目标，且在李、蓝农民起义军被镇压后缺乏赖以支助的群众基础，等等。但是，刘蓉在全盘筹划实施围攻石达开部太平军的过程中所起的作用也是不可低估的。正如继骆秉章之后的四川总督吴棠所说："计自楚师至蜀，前后不过二年，滇逆、粤逆大小各股次第荡平，不留余孽，全川肃清，固由骆秉章调度有方，知人善任，而军中机宜，多由刘蓉亲自指画，绩殊伟矣。"应当说，这个评价是基本符合实际的。

优于谋略，短于专将

　　刘蓉在四川前后两年的所作所为，初步显示了独当一面的治事才能，其治国平天下的诸多理论识见，在实践中得到了比较充分的发挥，同时也反映了他固有的个性特征——戒浮务实的处世作风。郭嵩焘在《陕西巡抚刘公墓志铭》一文中指出："公性沉毅，而阔达开朗，倾诚与人，一无隐饰。至其临大敌，决大计，从容淡定，内断之心，人莫测公所为，相顾惊疑。事定，乃大服。""倾诚与人，一无隐饰"的个性，很可能是刘蓉后来遭到小人陷害的主要原因；善于筹谋，遇事从容应付、坚决果断的风格，则是他的政声、官声为时人所推崇的依据所在。特别是他在镇压石达开部太平军的过程中显示出的军谋与才识，更是受到了人们的交口称誉。他的"赛诸葛"的名声因此传遍巴蜀大地，川中士民一直"乐道不置"。

　　1863年7月，湖广总督官文鉴于刘蓉在四川的表现，又因胡林翼的多次举荐，专折上奏清廷，说刘蓉"晓畅戎机，勇于任事"，平定滇、川，功绩卓著，应令其"独当一面，俾资展布"。如蒙恩准，则请令其"督办陕南军务"，与荆州将军多隆阿"各张一帜"，以收朝廷"绥靖边疆"之功。8月，清廷颁旨命刘蓉督办陕南军务，不久授以陕西巡抚重任。曾国藩得知这个消息之后，心中感到非常高兴，但因相距遥远，讯

曾公帐下一卧龙
——刘蓉

息不灵，传闻陕甘敌势正盛，官军出师不利，即致书刘蓉，希望他认真对待，好自为之。

刘蓉奉命巡抚陕西之初，所处形势异常复杂。陕甘一带回民起义军和捻军在太平天国农民革命运动的影响之下，势力非常活跃，转战各地，对西北边陲封建统治秩序造成了危机。加之陕西连年天灾，老百姓饱受兵祸和饥饿的苦难，阶级矛盾十分尖锐、激烈。刘蓉接篆任事之后，在全力部署军事、对回民起义军和捻军进行讨伐的同时，大力整饬吏治，革除弊政，"以凤邢道黄辅展精于史事，使经理回民叛产，设法开治"，触犯了一些不法官吏的利益，从而促使他们对刘蓉恶意中伤，企图把他赶出陕西。

1865年夏，编修蔡寿祺上奏朝廷，指控刘蓉以钱财攀附权贵而获得提拔晋升，清廷即派罗悼衍、瑞常两尚书前往查办。刘蓉淡泊名利，无意做官，自然对蔡寿祺的不实之词表示愤恨不已。他在专折中辩白说："蔡寿祺纯属挟私报复，恶意中伤。因为蔡曾在四川自刻关防，擅自征调乡勇，聚众横行。我刘蓉曾明确宣布对其加以驱逐，所以他怀恨在心，才罗织造词来陷害我。"他还说凡是攀附权贵，拉关系往上爬的人，一定是操守不佳，品质败坏，名利之心异常浓厚。我刘蓉自幼不太用心科举，一向淡泊功名富贵，志安贫贱。应好友曾国藩之邀出而"襄其军事"，又与罗泽南等领兵转战赣、鄂各地，弟刘蕃殒命疆场，且老父多病，于是解甲归田，以耕读为业。咸丰十年年底由胡林翼举荐，奉旨以知府归部铨选，赏三品顶戴，署四川布政使，随后擢补陕西巡抚。而蔡寿祺不顾事实，制造攀附权贵以求升官的谎言，肆意对我加以诋毁，实在可恶可恨。我刘蓉"起自草茅，未趋朝阙，于皇上左右亲贵之臣，未尝有一面之识；政府枢密之地，未尝有一信之达”，这是朝廷大臣乃至皇上、皇太后所一清二楚的，“夤缘之谤，将何自来？”敬乞皇上严加查察，推究根由。如果我刘蓉确有攀附权贵、以求升官的情事，“即请严治臣罪”；反之，如果皇上听信蔡寿祺之言而不对他严加惩治的话，那么就让我刘蓉解甲归田算了。

本来，刘蓉在奏折中申述的理由是符合事实的。但因措辞激烈，愤激之气显露于字里行间，尤其是最后提出解甲归田的要求，使清廷感到不舒服。所以，在刘蓉的奏折递上之后，清廷立即颁旨对他加以批评：“朝廷听言，必期详审。刘蓉既被指参，岂能不加讯问？转致大臣名节，无由共白。今刘蓉折内有请归田等语，词气失平，殊属非是。黜陟进退，朝廷自有权衡，非臣下所能自便。刘蓉所请，著毋庸议。”

对于刘蓉被参一事，曾国藩表示出深深的同情。他了解刘蓉的人品和学识，知道他绝对不是蔡寿祺所毁谤的那样一种小人。至于刘蓉想从此退出官场，曾国藩则有自己的看法。他在《复刘蓉》一信中指出：“功成身退，足见介石之贞。”然而，皇上对你的期望正大，百姓对你的希望正切，恐怕不能被得到批准。你今年尚只50来岁，据说头发、胡须都变白了，可见操心太多，希望注意节劳。当他得知朝廷正派瑞常等人查办此案后，忧虑之情油然而生。他在给曾国荃、曾国潢的家书中无限感慨地说：“闻钦差到山西，实系至陕查办霞仙之事。一波未平，一波复起，宦海真可畏耳。”

曾国藩的担心还真不是多余的。不久，御史陈廷经奏参刘蓉放言高论、狂妄自大，请旨对其严加惩治，以为大臣轻视朝廷者戒。从而，清廷在命骆秉章据实奏复刘蓉所参蔡寿祺在川招摇筹款的同时，给予刘蓉以降

曾公帐下一臣龙
——刘蓉

调的处分。对此，曾国藩不仅大骂陈廷经"颠倒黑白，令人愤悒"；同时，对清廷给予刘蓉的处分表示出不满情绪。

值得庆幸的是，瑞常经过实地调查，对刘蓉给予了公正的评价，加之陕甘总督杨岳斌又代陕民奏留刘蓉，清廷复下谕旨恢复刘蓉陕西巡抚之职。刘蓉本人对此结局尽管稍感欣慰，但对官场已是心灰意冷。

清廷之所以出尔反尔，在很短时间内将刘蓉降调，又开复原职，其中一个很重要的原因在于陕甘回民起义军势力强盛，湘淮军主力正投入镇压捻军的战场，所以不得不用刘蓉为清廷效命。而刘蓉经过这次参案的刺激，一心只想开缺回籍做他的学问去。

尽管刘蓉与陕甘总督杨岳斌全力筹划、部署，终究应付不了秩序已乱的局势，清廷于是命左宗棠为陕甘总督，将乔松年调任陕西巡抚，但仍命刘蓉留陕督办军务。对此，曾国藩不仅不感到惋惜，反而认为这对刘蓉来说是件大好事，在家书中指出"殊为可羡"。

刘蓉本人从内心也感到无比欣慰，但督办军务的担子并不轻松。为了尽快稳定陕甘局势，刘蓉奏调曾国藩手下大将赵春霆部赴陕支援。

曾国藩多次向刘蓉说明赵春霆部湘军无法进兵陕西。此时，刘蓉已受到革职回籍的处分。这是因为，陕西境内回民起义军主力虽转入甘肃省境活动，但张宗禹部西捻军由河南进入陕西。新任陕西巡抚乔松年虽于1866年11月正式到达西安，但刘蓉与他未能取得密切合作，两人在许多问题上产生意见分歧，相互纠缠，弄得朝野皆知。这就为西捻军的长驱入陕提供了条件。刘蓉先是率军死守华阳，受挫之后于12月间为阻止西捻军进逼西安，率军设防西安门户灞桥，同时向曾国藩十万火急请求派赵春霆部湘军赴援。可就在这关键时刻，他没想到曾国藩自身难保，赵春霆又不愿赴援。西捻军见灞桥有重兵防守，遂折走蓝田，迫使刘蓉仓皇东进。接着，西捻军又转而西上进扑西安。刘蓉求战心切，在未作悉心筹划的情况下，率湘军30营孤军回击。1867年1月下旬，在灞桥十里坡遭到西捻军马队的包围，几乎全军覆灭。

《清史稿》对刘蓉的评语是："抱负非常，……优于谋略而短于专将。"这一评价应当说是比较中肯的。从"优于谋略"这一点说，除他给曾国藩、骆秉章出谋划策收到积极效果外，他在去职归里之前，还向左宗棠提出了经营陕甘的六条建议：一是应当尽力解决粮饷运输的困难；二是先在陕境立定脚跟，辟地屯田，然后再出兵西征新疆；三是"办贼当以陕西为根本"；四是用兵须"严阵以待"，不要四面出击；五是进剿甘肃回民，必先"肃清陇东，次捣河狄"；六是"广罗艰贞坚苦、仗义相从之侣，以资襄助"。

应当说这是刘蓉通过对陕甘实际情形进行具体考察之后得出的整体方略，是很有眼光的。所以，左宗棠后来在进军陕甘时，基本上采纳了刘蓉的意见。然而，文人固有的自负和刘蓉本人性格的执拗，使得他往往听不进别人的意见，很难扮演独当一面的角色，只能起副手或幕僚之类的作用。

曾国藩对于刘蓉的去官归乡感到惋惜，并由此联想到："大约凡作大官，处安荣之境，即时时有可危可辱之道，古人所谓富贵常蹈危机也。"但同时又觉得这是件好事，可以省却官场中的许多烦恼。

已经调任直隶总督的曾国藩，得知好友刘蓉超然物外、静心问学、督教子侄、安享天伦之乐的消息后，真是感慨万千，羡慕不已。

1872年，曾国藩病逝于两江总督任上。刘蓉得知后，感到无比地悲

曾公帐下一卧龙
——刘蓉

伤，先后作祭文、挽诗来悼念这位好朋友，尽情倾吐不是兄弟胜似兄弟的深情厚意。也许是对好友曾国藩去世的过度伤感，刘蓉从此一病不起，一年后也长逝于湘乡"遂初园"，终年57岁。

探索富国强兵路

——冯桂芬

冯桂芬（1809—1874年），晚清思想家、散文家。字林一，号景亭，吴县（今江苏苏州）人，曾师从林则徐。道光二十年（1840年）进士，授编修。咸丰初在籍办团练。同治初，入李鸿章幕府。他注重经世致用之学，在上海设广方言馆，培养西学人才，并先后主讲于金陵、上海、苏州诸书院。冯桂芬为改良主义之先驱人物，最早表达了洋务运动"中体西用"的核心思想。著有《校邠庐抗议》等。

出身名门望族，家学渊源

冯桂芬，字林一，号景亭，自称邓尉山人，人称校邠先生，1809年出生于江苏吴县城外山塘北冯家滨一个名门望族家庭。父亲冯智懋，官至翰林院编修；母亲谢氏，对子女要求严格。冯桂芬从小就受到传统的封建教育。

在1826年和1829年，冯家连遭两场大火，从此家道中落。冯桂芬于逆境中更加发愤攻读诗书。他工于文章、书法，博览群书、通晓经史、早负盛名，并1832年中举人。当时林则徐正在苏州任江苏巡抚，经常在紫阳书院和正谊书院讲学，冯桂芬因此与之结识。林则徐对他备加赏识。亲自指导他的学习，冯桂芬因此拜林则徐为师，并帮其校对书稿，从而深受林则徐"经世致用"思想的影响。他后来与姚莹、陈庆镛等人交往，与他们讨论学问、关心时政，眼界大为开阔。

冯桂芬中进士前曾出外任职，"初佐某邑令治钱谷，以事不合拂衣去"，又先后入两江总督陶澍、裕谦幕，"自未仕时已名重大江南北"。冯桂芬1840年中进士，授翰林院编修；1843年任顺天乡试同考官；次年任广西乡试正考官（主考）。1845年，冯桂芬官教习庶吉士，旋即因母丧返乡守制，服满后任南京惜阴书院山长，1848年年底入京。不久咸丰帝即位，下诏求贤，冯桂芬被大学士潘世恩举荐，但随即又因丁父忧再次返籍守制。

入李鸿章幕，襄办军务

1853年，太平军占领南京，清廷下诏各地在籍京官举办团练。冯桂芬与程廷桂等人闻诏而动，参与镇压小刀会起义，因功晋五品衔，1856年擢右春坊右中允，进京任职。后因请江苏巡抚许乃钊行大小户均赋法，遭名公巨卿记恨，借细故奏请开缺，于1859年托病辞官归里。对此，他并不懊丧，曾表示"前者被谤之举，为民为国，开罪于权门势族而不悔"。次年春，冯桂芬于苏州城外赁屋而居，课业授徒，从事教育活动。

冯桂芬"性恬淡，服官仅十年，然家居遇事奋发，不避劳怨"。1860年6月，太平军破清江南大营，攻占苏州。江苏抚藩移驻上海县城，江浙地主官绅纷纷逃往上海，于是"上海洋泾之上，新筑室纵横十余里，地值至亩数千金，居民殆百万，商贾辐辏，厘税日旺"。冯桂芬也于此时携带全家老小辗转逃往上海。

为保住上海重镇，上海地方官绅拼凑起一支千余人的洋枪队，招募了四五万兵勇。然前者仅足守松江而已，而后者"皆市井无赖，或盗窃或通贼"，皆不可恃。于是官绅商议向坐镇安庆的湘军统帅曾国藩乞请援师，嘱冯桂芬执笔修书。书成，列名者有庞钟璐（内阁中书）、潘曾玮（刑部郎中）、顾文彬（湖北盐道）及殷兆镛、杨庆麟、潘馥六人，冯桂芬以"不与公事，不列"。送递办法初拟派员赴皖，因人选难觅，又拟邮寄，冯桂芬力争不可，认为邮寄"是轻其事矣，必不可。且余以为此申包胥勃苏之任，宜重其选"。于是荐太仓主事钱鼎铭，"众以为得人，许之"。

钱鼎铭持援书赴皖，面呈曾国藩，"语次声泪俱下，叩头乞师，情辞哀迫"。冯桂芬所修求援书"陈沪城危状，及用兵机宜，累数千言"。"国藩读之感动"，且念上海是"朝廷膏腴之区"，"人民千万，财货万万，全东南数省不足比其富庶"，遂遣李鸿章招募淮军6000人东下。"既解沪上围，进克苏州，皆辟以为助"。

淮军到上海前，冯桂芬参与筹设了上海中外会防局，以"调和中外杂处者"。李鸿章到上海后，署理江苏巡抚，开设幕府，广延人才，冯桂芬被聘请襄办营务。冯桂芬学识非常全面，疏浚河道、建立学府、筹集粮谷，样样都有见地，各类文书皆出自他手，是李鸿章幕中的学者型人才。

时苏南几经战乱，"一望平芜，荆榛塞路"，民人流离，户口大减。冯桂芬"生长地间，深知重赋之苦"，故把"减赋"作为他的宏誓大愿。他曾将所拟"减赋节略"呈曾国藩，得其首肯。此时又"尝从容为鸿章言吴人粮众之苦，往往因催科破家"，李鸿章即请冯桂芬拟稿，6月与曾国藩联衔奏准，"有诏减苏、松、太米赋三之一，常、镇十一，著为令"。同年，冯桂芬又建议李鸿章"设广言方馆，求博通西学之才，储以济变"。不久，冯桂芬受命主持兴建了苏州试院，复建了紫阳书院，改建了正谊书院，并主书院讲席。1867年，他又主持重修了吴县县学。为表彰冯桂芬襄办军务和讲学著述的功绩，清廷赏其四品卿衔，1870年，赏三品衔。但冯桂芬从未再出仕为官。

著书立说，修成《校邠庐抗议》

冯桂芬"少工骈体文，中年后乃肆力古文辞。于书无所不窥，尤留意天文、地舆、兵刑、盐铁、河漕诸政"。辞官回籍后，他更加留心社会，考察历史，探讨社会兴衰，对各种社会现实问题"靡不极虑专精，务欲推究其本源，洞澈（彻）其微奥，隐然负拨乱澄清之志"。正是由于这种对社会的细致观察，并与西方列强作了对比，使他产生了"以中国之伦常名教为根本，辅以诸国富强之术"的先进思想，并于1861年写出"关系民生国命"的短篇政论42篇，辑为《校邠庐抗议》一书。此书以洋溢于字里行间的爱国热忱、切中时弊的精辟分析、大声疾呼向西方学习的勇敢精神引起了人们的注目。

冯桂芬在书中把中国对外战事的失败称为"有天地开辟以来未有之奇愤，凡有心知血气莫不冲冠发上指者"，深为国家和民族的命运而担忧。他分析了当时中国所面临的险恶局面：不仅海上有强敌伺机蠢动，陆上也有敌人虎视眈眈，"俄人踪迹已及绥芬河一带，距长白、吉林不甚远，更

探索富国强兵路
——冯桂芬

可虑也"，如不振奋精神，发愤图强，"我中华且将为天下万国鱼肉，何以堪之"！"自强之道，不可须臾缓矣"！

　　要改革自强，首先要正视自己。冯桂芬在《校邠庐抗议》一书中尖锐地指出："今天下有三大弊，吏也、例也、利也。任吏挟例以牟利，而天下人乱矣。"作者对比中外，认为中国有"五不如夷"："人无弃才不如夷，地无遗利不如夷，君民不隔不如夷，名实必符不如夷，船坚炮利不如夷。"因此，中国要发愤图强，必须学习外国，熟悉外国，讲求"驭夷之道"，"始则师而法之，继则比而齐之，终则驾而上之"。

　　向西方寻找真理，是近代中国先进分子在两次鸦片战争后，在欧风美雨的冲击下因觉悟发生的呼声。然而这一呼声却被封建顽固势力视为"非圣人之法"的异端。他们攻击学习西方是"以夷变夏"，两次挨打后依然不思振作，继续做"天朝大国"的黄粱美梦。针对顽固势力的陈词滥调，冯桂芬在《校邠庐抗议》中指出："世代变嬗，质趋文，拙趋巧，其势然也。""时宪之历，枪炮之器，皆西法也。居今而据六历以颁朔，修刻漏以稽时，挟矢弩而临戎，曰吾不用夷礼，可乎？"他强调说，如果不合形势之法，虽先古圣人遗留也要抛弃；如果能使国家强盛之法，虽出自"蛮夷"也要学习；"非圣人之法"的论调不过是痴人说梦。

　　针对中国当时的三大时弊、"五不如夷"的现实，冯桂芬提出要"求诸己"，"鉴诸国"。主张汰冗员，易吏胥，公黜陟，省则例。具体措施为：第一，改革科举取士制度，考试内容应以经学、史学、散文为主，取消八股文，并于现有科目之外，"特设一科"，招揽、鼓励西学之才。同时在广东、上海等地创设同文馆，聘西人课以诸国语言文字，学习外国科学技术和外交知识，培养自己的科技人才、外交人才和政治人才。第二，引进西方机器发展生产，垦荒田，浚河道，修水利，兴农桑，开矿藏，发展对外贸易，与西方争夺利权，抵制外国经济侵略。第三，广开言路，沟通上下。具体做法为"复陈诗"之法，令各地举贡生监，以诗文形式反映民间要求，逐级呈递，"候皇上采择施行"。冯桂芬认为"诗者民风升降之龟鉴，政治张弛之本源也"，采用上法则百姓有冤可伸，有苦可诉，以达到上下之情相通。第四，改革吏制、军制，精简机构，裁汰冗员，惩办贪酷，任贤使能，厚其禄养，澄清吏治。同时裁减兵额，俾军政精干廉洁，名实相符。第五，于通商口岸设船炮局，开始不妨聘西人指授，但最终要做到自己"能造、能修、能用"，成为"我之利器"。如此则使中国"雪从前之耻，复本有之强"，"内可以荡平区宇"，"外可以雄长瀛寰，自立于天下"。

冯桂芬的《校邠庐抗议》与改良派人物林则徐、龚自珍、魏源力主改革，"师夷长技以制夷"的思想源起流继、脉络相连，又承前启后，发革新变法之先声，为后来的洋务派思想家和维新派思想家提供了丰富的精神食粮，成为洋务运动和维新运动的嚆矢。1876年，其子遵其生前意愿，删除激切篇目，将《校邠庐抗议》刊刻。1895年，全书得以刊行问世。百日维新期间，大臣孙家鼐将此书进呈御览，光绪帝下旨刻印1000部，发部院

探索富国强兵路
——冯桂芬

卿寺堂司各官签注意见。后人曾评论说，《校邠庐抗议》一书，"言人所难言，实为三十年变法之萌芽"。

聪明才子蹩脚官

——李元度

　　李元度乃一介书生，尤其热衷于著书立说。他在成为曾国藩的幕僚后，不仅出谋划策，还亲自领兵打仗。但文人终究是文人，出谋划策可以，统兵打仗就很难胜任了。他因一而再、再而三地纵容部下致使军纪涣散而遭到曾国藩的参劾，被革职拿问。

　　李元度"下笔千言，条理周密"，恰能胜任文案工作，倘若顺着这条职业道路走下去，虽不敢奢望取得像左宗棠、李鸿章那样的功勋，但如李瀚章、盛宣怀那样幕优则官，混个一二品大员还是很有指望的。可是，天意弄人，李元度的职场生涯终未能如此完满。

罗江布衣

　　李元度，字次青，又字笏庭，自号"天岳山樵"，晚年更号"超然老人"，1821年出生于湖南平江县一个家世悠久却已经衰落的耕读之家。他少年早成，因锐意进取、刻苦攻读，18岁时中秀才，23岁时中举人。尽管后来参加会试未中，但其科途还是比较顺畅的，在当地颇有文名。与此同时，他发愤著书立说，写过许多具有独特见解的学术文章，其学识深受知府张振之的赏识。

　　1850年，李元度以幕僚身份随张振之来到清朝陪都奉天（沈阳）。在这里，他有机会遍览历代皇朝典籍，对历史和现实的许多问题作过深入的思考研究，使自己的学识和才能获得了迅速提高。

　　李元度在这段时间的幕僚生涯中，既利用有利的条件广泛阅览了历代典籍，专心、深入做学问，又有机会接触到社会实际，其胸怀、识见自然比一般人要高远、宽广得多。加之他的家庭出身和特殊的生活经历，又促使他比一般年轻人成熟得早，讲道义、重情谊的品行和气质得到了人们的钦敬和爱戴；同时，其敢想敢说、敢作敢为、不在乎成败得失的我行我素的个性，决定了他将成为一位有争议的人物。

　　1853年1月，曾国藩奉命出山至长沙督办团练。对于曾国藩的学识和才能，李元度早有所闻，尤其是曾国藩在1851年前后的几次上奏，给李元度留下了深刻的印象。于是，他对曾国藩的出山寄予了极大的希望，便趁机化名罗江布衣，上书大谈兵略战守机宜。曾国藩在读过这封洋洋数千言的上书后，对上书人的识见和才学赞赏不已。曾国藩是一位求才若渴的人，立即派人四处寻找这位"罗江布衣"。几经周折，终于找到了李元度，断定上书是其所为。

在召见过程中，曾国藩了解到李元度博通经史，是个难得的人才，"遂留参军事"。可是，李元度还有点犹豫，借口回平江老家安顿家人，别离而去。过了很长一段时间，李元度并未应约入曾幕，甚至于1853年10月路过长沙也未去拜晤曾国藩。

曾国藩于1854年1月5日去信李元度，邀他来鼎力相助。李元度这才下定决心于一个月后带兵勇从郴州火速赶到衡州。从此，李元度正式入曾幕，成为曾国藩身边一位重要的谋士，两人之间患难相依的交情逐渐建立起来。

患难真情

曾国藩本人并不长于打仗，所以凡属他自己临阵的时候，一般都是吃败仗，尤其是率湘军转战湘、鄂、皖、赣的最初几年时间里。一方面，因太平军势力处于兴盛时期；另一方面，湘军水陆各师缺乏实战磨炼，曾国藩的处境一直极其艰难，只是到了1860年以后情况才发生好转。正是在这段极其艰难的日子里，李元度始终追随曾国藩于左右，扶助其渡过了一个

聪明才子蹩脚官
——李元度

又一个难关。

1854年2月下旬，曾国藩在清廷的一再催促之下，率领湘军水陆各师1.7万余人正式出师东征。在与太平军经过几个回合的遭遇战后，一度夺得湘北重镇岳州。然而，因初次出战的湘军水师缺乏临阵经验，加之洞庭湖面北风大作、波涛汹涌，所以在太平军水营的猛攻面前，湘勇顿时慌了手脚，溺死者不计其数，损失战船、辎重船数十艘。紧接着，王宪部湘军大败于临湘羊楼司，太平军乘势于4月初对岳州发起了攻击，曾国藩被迫退师回省会长沙自保。岳州之役后，由石贞祥、林绍璋率领的太平军乘胜进击，夺占距长沙城北仅50里的靖港，4月24日又夺得距长沙城西南仅45千米的湘潭。与此同时，湘东南的衡州、永州、郴州、桂阳及与之毗邻的两广边境会党势力更趋活跃，"闻风响应，从乱如归，东南大局不堪设想"。

此时，湖南地方当局慌了手脚，曾国藩于是召集众将计议用兵方略。会议的中心论点，集中在军锋先指靖港还是湘潭的问题上。曾国藩在同意塔齐布、彭玉麟率湘军水陆主力进攻湘潭的同时，临时改变主意拟率水师大小战船40多艘、陆勇800多人向靖港进发。他的理由是："潭城贼被官军水陆痛剿，专盼靖港之贼救援，亟应乘机攻剿，俾贼逆首尾不能相顾。"他认为，如能夺占靖港，便可沿江北上援鄂，好向朝廷有个交代。

对此，李元度的头脑比较冷静。他力劝曾国藩不要感情用事、轻举妄动："兵之精者已调剿湘潭，早晚捷音必至。此间但宜坚守，勿轻动。"但曾国藩主意已定，任何人的建议也听不进去，就连李元度、章寿麟请求同行，曾国藩起初也不同意，且将写好的一份遗疏托李元度在他死后交由湖南巡抚代陈，一份遗嘱由李元度转交给他的几个弟弟。由此可见，初次出道领军的曾国藩，书生意气仍浓，不顾客观情况的制约，为了取悦于朝廷而作孤注一掷的努力，这当然是无济于事的。

窥透曾国藩心迹的李元度与陈士杰暗地商议，事先安排幕友章寿麟隐藏在曾国藩座船船尾，以便情急之时阻止曾国藩寻短见。结果，曾国藩兵败如山倒，羞愧之际欲投水自尽，随行标兵三人拼命拖拉也无济于事。正当曾国藩水将灭顶之时，章寿麟从座船后舱跳了出来，将他强拉上岸。见曾国藩寻死之意未绝，章寿麟信口编言安其心："湘潭战事已经胜利，特来报捷。"李元度则开导曾国藩，胜败乃兵家常事，不要因一时败绩而失去立功建业的远大抱负。这样，曾国藩才穿着湿衣，蓬头跣足回到长沙城郊的南湖港。

恰好此时，湘军在湘潭方面获胜的消息传来，才使曾国藩破碎的心灵得到稍许慰藉。患难之际见真情，李元度不仅自岳州、靖港兵败以来不离曾国藩左右，而且反复开导他、鼓励他不要悲观丧气：尽管打了败仗，但没有什么值得忧虑的。塔齐布、罗泽南等治陆师，杨载福、彭玉麟等治水师，"足可倚恃"。且曾指着左右诸将对曾国藩说："此一辈人支持天下有馀。"这既使曾国藩增强了重新振作的信心，又使曾国藩不得不佩服李元度的见识远大、习学出众。

不出李元度所料，因湘军在湘潭之役中的胜利，局势很快出现了转机——靖港太平军主动撤退，长沙之围宣告解除。

接下来，曾国藩写奏节，汇报战况，请求降罪。十天后，朝廷颁发谕旨："据曾国藩自请从重治罪，实属咎有应得。姑念湘军全胜，水勇甚为出力，着加恩免其治罪，即行革职，仍赶紧督勇剿贼，带罪自效。"值得注意的是，"即行革职"的处分，表明曾国藩的礼部侍郎职务已经没有了，与此相联系的则是他的专折上奏的权力被剥夺了。这是清廷对曾国藩的最重惩罚，也是曾国藩感到最为伤心的事情。因为，失去专折上奏的权力就意味着亲近清廷的路子被阻断了。

作为曾国藩亲信的李元度，深知失去专折奏事权的严重性，出于为曾国藩也为自己着想的心理，他自作主张拟订了一份为曾国藩力争"专折上奏"的疏章，然后送呈给曾国藩征求意见。曾国藩深知此举事关重大，弄不好将引来杀身之祸，一直犹豫不决。李元度对曾国藩推心置腹地开导说："假如不争得此项权利，他人说三道四，甚或恶意中伤，到时皇上轻信流言，而我们自己又无权加以辩白，后果将不堪设想。"曾国藩则说出自己的苦衷："这个问题的利害所在，我难道不懂得？只是军中情形复杂，不逊于朝中。当此国家多难之时，做正人难，做正人君子更难，要做愤然不欲之官难上加难。"但李元度坚持己见，且以受死赴难担当，曾国藩在感动之余只好同意试试看。

随后，李元度参考曾国藩的意见，将原稿反复斟酌修改，以"单衔专折奏事"为题，突出军情变化万端，"必须随时奏报"的主旨，密封专送清廷。也许是考虑到八旗、绿营兵的无能，曾国藩的湘军是维护封建统治、平定"内乱"的唯一可依赖的对象，清廷不仅没有对此奏折表示恼怒，反而破格予以允准。

通过这件事，曾国藩对李元度的超人胆识和才学更加钦佩，对其的信任程度也越来越深。他与李元度同吃、同住，无话不谈，一般奏疏和信函均委托李预先起草，幕中一般事务由其全权处理。与此同时，李元度由曾国藩保奏为知县并加内阁中书衔，正式步入官员的行列。从而，他对曾国藩的感激、爱戴之情也就日趋深厚。

1854年6月，曾国藩率领水陆湘军开始第二次东征，接连夺占岳州、武昌、田家镇、广济、黄梅等要地，所部水师进驻鄱阳湖内。不料，埋伏在湖岸两侧的太平军将士一齐冲出，在鄱阳湖设垒筑卡，将湘军水师截断为外江与内湖两个部分。十天后，太平军又乘胜对湘军船队发起火攻，焚其战船100余艘，就连曾国藩的座船以及文案均成其战利品。曾国藩在羞愧之余，再次投水欲自尽。李元度在情急之中，拼死力将曾救起抱过了江，送入罗泽南大营，且与幕友一起做曾国藩的思想工作，告诉他"留得青山在，不怕没柴烧"，苦劝他不要再寻短见。于是，曾国藩勉强打起精神，留塔齐布部继续围攻九江，在李元度、罗泽南等人的护卫下移大营于南昌附近的南康。

在南康，曾国藩为了东山再起，开始着手整顿湘军水陆各师。当时，有些幕僚看到曾国藩的窘境，对其事业成功失去了信心，陆续离他而去。能留下来的幕僚，一定是与曾国藩关系不一般的，其中就有李元度。

曾国藩将大家召集到一处，重点分析岳州、靖港、湖口三次失败的原因，以便总结经验教训，尽速扭转被动局面。鉴于与李元度的亲密关系以及李元度的超人才学，曾国藩点明让他首先发言。

李元度经过深思熟虑，敞开胸怀畅谈己见：老师您率师东征，沿途攻城略地，气势旺盛得很。然而，自长沙出兵以来的半年多时间，经历了岳州、靖港、湖口三次大挫折，幸而屡踬复振，不致大局败坏。依我看来，此中原因，不在于老师您不知兵。曾国藩沉住气，恳请李元度就这个问题深入谈谈自己的看法。于是，李元度凭着与曾同藩的特殊关系，大胆陈言：岳州之败，水陆各师尚未集中且遇到大风被阻于洞庭湖，太平军觉察到我军的不利，立即全力加以围攻，这次失败可以说是老天之意，于理于势均注定为此结局。靖港之败就不同了。我军临阵变成谋，夕令朝改，这是策略上的失误。九江湖口之败，情形更为严重。我率三板大船轻易驶入湖心，太平军趁机切断归路，变出不测。以大船攻敌小船，无异于猛虎拔牙，虚戚无用。况且，我军出战之时不为退路考虑，这是行军用兵之大忌。犯了这样的错误，失败的结局也就是必然的了。

李元度对曾国藩这三次用兵失误原因的分析十分中肯。尤其是靖港之败和湖口之败，主要责任在于曾国藩不顾客观实情，听不进他人的意见，一心为了向朝廷报功而导致求胜心切，失败之后又想以自杀来表示对朝廷的忠诚，实际上是对全军将士不负责任的表现。

尽管李元度的话听起来让人感到有点不舒服，但曾国藩不仅没有对李元度的直率表示恼怒，反而当着众人的面夸奖李元度的话句句在理。从此以后，曾国藩用兵更加稳健了。

书生用兵

自1855年8月底塔齐布病逝于军中之后，曾国藩所能依靠的湘军陆师主要是罗泽南等部。水师因被太平军截为内湖与外江两支，能与曾国藩息息相通的只有彭玉麟等部。因此，曾国藩在江西的处境是非常危险的。

身为幕僚的李元度，早在1855年2月间就主动请求"招平江勇自行统率"，一方面用以护卫曾国藩的生命安全，另一方面分散、牵制一部分太平军。起初，曾国藩极力加以劝阻，后见李元度态度坚决，便让其招练千人，"在国藩身边护卫耳"。随后，李元度将其部扩充至3000人，先后转战南康、湖口等地。这支部队虽然只打过几次胜仗，败绩较多，但的确减轻了南昌的压力。

李元度为一纯粹书生，在粮饷极度缺乏的情况下，他率领3000士卒转战赣东北，出生入死于艰难困苦之中，体现出誓与太平军为敌、效忠朝廷、为曾国藩分担忧愁的精神。

尤其让曾国藩不能忘记的是，李元度部所需饷项并未给他带来多少麻烦。因为在"出师东征"后困居南昌之时，朝廷没有固定的军饷供给，曾国藩只得向各地长官强装笑脸化缘。他起初只让李元度招练1000人，其中一个重要原因就是出于军饷困难的考虑。后来，李元度扩招至3000人，曾国藩在无可奈何之际只得明确告诉李元度，军饷问题要自行解决。

李元度深知曾国藩的苦衷，在欠饷20万两的情况下，他想出了增加学额让捐生捐钱以弥补军饷奇缺的办法。曾国藩在1858年7月再次出山后的9月间在写给曾国荃的书信中对李元度的这一绝招作出了充分肯定："次青一军欠饷二十万，断难弥补。次青乃设一绝妙之法，捐十万两请增广平江县文武学额各十名，又捐五万两请增广岳州府文武学额各五名。"原因是，1853年朝廷有新的规定，捐银一万两者，除"各该捐生家给予应得议叙外，其本县准加文武学额各一名"。1857年春天，湖南办理损输加额一案，长沙、善化、湘阴、浏阳、湘潭、醴陵等地各加学额一名，但湘乡加三名，平江加一名。原因是湘乡仅捐三万两，平江仅捐一万两，为数太少。"次青以此项应得之口粮银出捐，加县学十名、府学五名"，真可以在学宫前享受香火，流芳百世了。

兵勇们在得知可以立碑于学宫的消息后，也都很愿意做这件事。因

聪明才子蹩脚官
——李元度

此，我认为这件事如能办成，"诚为美举"。弟弟你的兵营中现在欠饷多少？如果积欠至七八万以上，则可以"与各哨弁勇熟商，令其捐出"。你如能办成此事，亦可在学宫前享受香火，流芳百世。你的军营中如果"不能捐出许多，则或倡损二三万"，我再劝李续宾、李续宜兄弟等人各捐若干万两，"凑成七万之数，亦可办成此事，不让次青专美于平江也"。

其实，曾国藩在信中不仅仅只对李元度的才能进行了肯定，更有一层深意：李元度出于对曾国藩的深厚情谊，在曾处境危难之际，不仅带兵作战，甘受风险磨炼，忠心实意护卫其生命安全，而且想方设法自筹军饷以维系军心，减轻曾的负担，为其渡过困境作出了贡献。更值得一提的是，李元度自入曾幕起就是帮助曾国藩处理公牍信函的一个好帮手。他中间虽曾自领一军转战各地，但在大政方针的策划方面均少不了他的参谋。

曾国藩自1858年7月复出后，李元度又回到曾幕干他的老行当，为体弱多病的曾国藩省去了不少力气。对此，曾国藩在《致沅弟》一信中说我因多年用心过度，又兼肝气郁抑，目光昏花，幸亏近来得到"次青（即李元度）、意城（即许振棉）、仙屏（即郭嵩焘）三人相助为理，凡公牍信缄，我心中所欲达，三人者之笔下皆能达之，稍觉舒畅"。然而，李元度自被我劝入从军多年未及回家看望老母一次，很有"假归之意"，但因军情紧迫，我不得不"强留之"。实际上，李元度的要求并不过分，"五年未归，思母极切，亦至情耳"。所以，希望弟弟你"速归速出"，"以便放次青归去过年"。如果你"目下不克速归，到家后不克速出"，那么就请你来营小住20天，以便"次青得于九月归省亦好"。

从这段文字可见，自幼失去父亲的李元度，并无兄弟姊妹，可以说母子之情是特别深厚的。然而他在"治国、平天下"的人生信念驱使之下，不仅应曾国藩之约"出师东征",而且为鼎力帮助其渡过难关,在五年时间里未及回家探亲一次,真是难能可贵。因此,曾国藩不只一次在家书中对李元度的人品及其与自己的私交表示念念不忘:"其在兄处,尤为肝胆照人,始终可感。"应当说,曾国藩对李元度的这一评价,既符合客观实际,又是出于内心的肺腑之言。

当然,李元度毕竟是一个书生,出谋划策可以,总结别人的经验过失也头头是道,但带兵打仗却并不擅长。

1855年8月中旬,李元度拟率平江勇东渡作战,曾国藩感到极不放心,特意以"数事谆嘱"其千万牢记:一是"扎营宜深沟高垒";二是"哨探严明";三是"禀报翔实";四是"痛除客气"。尤其最后两点,曾国藩诚恳地指出了李元度的缺点。关于禀报军情要做到切实无误的问题,曾国藩是针对李元度"专好说吉祥话,遇有小事不如意,辄讳言之"的毛病而言的,指出事先不切实弄清楚,事后声言也就已经晚了,"以后禀报军情,务须至实至详"。关于"痛除客气"的问题,曾国藩针对李元度对"未经战阵之勇,每好言战"的情况未加体察而言的,希望他以后切实加以"痛戒"。

李元度对于曾国藩的谆谆教诲并未产生反感,在内心也想将其落实到行动上,但由于他在治军方面的才能实在欠缺,所以很难尽速改掉自己的缺点,从而导致部队缺乏纪律、彼此不和等问题愈加突出。

曾国藩为帮助李元度尽快提高治军才能花费了巨大心血,可惜的是,由于李元度实在不是带兵之材,曾国藩对他的许多教诲之言所起作用也就不大,最终因兵败徽州而受到曾国藩的参劾。

1860年5月初,清军江南大营被李秀成一举击溃,至是月底先后有张国梁、和春、徐有壬等地方督抚大员在太平军的强大攻势下兵败自杀。太平军于是乘胜攻占苏州、常州，获得江苏战场上的主动权，同时向浙江发动了大规模的进攻。浙江巡抚王有龄、杭州将军瑞昌于5月31日上奏苏南"军情万分危急"，请求清廷颁旨催曾国藩率师东下"援苏保浙"。自6月7日至18日，清廷连下八道谕旨促曾国藩迅速出兵援助苏、浙，并给予他两江总督的实职，以便节制各路清军。

但曾国藩另有打算，并没有立即执行清廷的命令。他的理由是："苏、常既失，则须通等各路全局，择下手之要着，求立脚之根本。"要想最终收复金陵，"北岸则须先克安庆、和州，南岸则须先克池州、芜湖，庶得以上制下之势"。此时的清廷已无其他可以依赖之兵，只得默认曾国藩的抗旨不救。

当然，江、浙为两江总督辖地，曾国藩自然要将其局势安危纳入通筹事宜的范围之内。经过一番周密策划之后，为"求立脚之根本"，"以固吴会之人心，而壮徽、宁之声援"，曾国藩决定在皖南摆开新的战场，兵分三路而进：第一路由池州进规芜湖，与杨载福、彭玉麟部水师就近联络；第二路由"祁门至旌、太，进图溧阳"，与张芾、周天受等军就近联络；第三路分防广信、玉山，以至衢州，与张玉良、王有龄等军就近联络。这个三路进兵方略，形成了全面救浙的阵势。

由于湘军兵力不足，曾国藩奏请已回到自己幕府的李元度再募平江勇3000人，以巩固江西东部。是年8月28日，曾国藩会同安徽巡抚翁同龢奏请李元度调补皖南道。可见，尽管曾国藩对李元度在用兵治军方面提出过许多批评和建议，但对其勇于任事的精神依然钦佩不已，且对此次全面进军寄予了极大的希望。

9月21日，李元度奉命来到祁门大营会晤曾国藩，两人连日促膝交心，无话不谈。

28日，李元度动身往徽州赴任。行前，曾国藩又谆谆告诫，与他约法五章："曰戒浮，谓不用文人之好言者；曰戒过谦，谓次青好为逾恒之谦，启宠纳侮也；曰戒滥，谓银钱、保举宜有限制也；曰戒反复，调次青好朝令夕改也；日戒私，谓用人当为官择人，不为人择官也。"

然而，李元度并没有牢牢记住曾国藩的告诫之言，由于治军无方、用兵失误，加之太平军李世贤等部势不可当，所以在10月3日两军交战于丛山关之后，李元度贸然分兵防御，结果遭到太平军的痛击，一个星期后，其所率湘军几乎全军覆灭。

让曾国藩感到气愤的是，李元度不仅事中不听"切勿轻易分兵"的嘱咐，而且在兵败之后不及时回祁门大营禀报实情。直至是月19日接到李元度的书信，他心中的一块石头才落了地。

赦免回籍

曾国藩因徽州失守，请求降罪，同时决心参劾李元度。李鸿章的意思是，即使李元度过错严重也应讲点情面，而曾国藩主张严参李元度。理由在于，李元度不仅不听劝告，对部下一味放纵，致使兵勇纪律松弛，指挥不灵，还要夸夸其谈，过头话说得太多，用兵无方却自以为是。所以他要治一治李元度的傲气、锐气、书生气，同时也为自己驻军祁门之误做点掩

聪明才子蹩脚官
——李元度

饰，好向朝廷作个交代。

然而，李元度对曾国藩给予他的警告并没有过分介意，在向湘军粮台索还欠饷后，不经请示即回到老家平江，招募8000人取名为"安越军"，先在湘北、鄂南、赣东北等地抗拒太平军。1861年春，浙江巡抚王有龄、杭州将军瑞昌奏调李元度援浙，廷旨准为所请。是年6月，李元度因率部于义宁等处作战有功，被胡林翼、官文奏请赏还按察使原衔。不久又因攻克奉新、瑞州等地而经江西巡抚毓科奏请赏加布政使衔。10月，李元度领兵入浙，接受奉命节制援浙诸军的左宗棠指挥。此时，太平军李世贤、李秀成都已先后撤离赣东北和鄂南，分兵进入浙江，于是月27日占领萧山，11月1日占领绍兴，5日合围杭州。在杭州岌岌可危之时，江西局势也十分紧张。曾国藩特意嘱咐左宗棠"舍浙保赣"以求根本、再图发展，李元度的"安越军"也就始终游离于浙赣边境未及开赴杭州前线。结果，呼救无援的王有龄兵败自杀，杭州于29日被太平军攻占。可能是因为前次对李元度未能严劾而耿耿于怀，更因李我行我素，没有把曾国藩对他的警告放在心上，转而向浙江巡抚王有龄靠拢，曾国藩于是借杭州失败之机于1862年3月下旬对李元度狠狠地参了一折。

其理由：一是认为李元度本系革职拿问之员，应当老老实实立功赎罪，但他"并不静候审讯，擅自回籍，与候补道邓辅纶往返函商，求巡抚王有龄奏调赴浙"。进而，不经请示允准，"即行募勇赴浙，名曰'安越军'"。二是李元度的"安越军"前在湖北、江西打仗，多系"昌禀邀功"，并无实在胜迹。三是李元度自率新勇于7月到达江西后"节节逗留"，于10月才抵达衢州，任凭王有龄"羽檄飞催，书函哀恳、不一赴杭救援"。四是李元度治军"一味宽纵，多用亲族子弟，平日文理尚优，带勇非其所长"。

从而,他指控李元度"前既负臣,后又负王有龄。法有难宽,情亦难恕",要求朝廷革去李元度在是年春由左宗棠先后奏准所受盐运使兼布政使、按察使职务,且将"安越军"尽数遣散。此折递上三个采月,曾国藩觉得余恨未消,于6月中旬又将李元度与陈由立、郑魁士一起再次加以密参。重申李元度自"徽州获咎以后,王有龄锐意招之赴浙。李元度不候讯结,轻于去就。厥后迁延数月,卒不能救浙江之危"。进而,将李与陈、郑共同的罪过归结为:"私行远扬"、"朝秦暮楚"、"予智自雄,见异思迁",实际上又"背于此并不能忠于彼"、"叛于本国,断难忠于他帮"。这些罪过,等于在政治上把李元度判了死刑。

幸有左宗棠、李鸿章上奏为李元度斡旋,清廷才在谕旨中没有将李元度一棍子打死,只是给了"着即行革职,加恩免其治罪,仍交左宗棠差遣,以观后效"的处分。随后,又因彭玉麟、李续宜、鲍超、沈葆桢等为其担保说情,李元度才得以赦免回籍,正式结束了他长达八年的军幕生涯。

1862年李元度罢职归里后,朋友们均为他受到严参而愤愤不平,但他不为自身荣辱、处境难易所影响,僻居山村潜心做学问,不分白天黑夜、寒暑冷热,执著追求不止。常人因丢官而耿耿于怀,忧郁不乐,但李元度却因做学问有了寄托,且甚感有此难得的机会侍奉老母、督教儿孙,心满意足,不复他求了。

聪明才子蹩脚官——李元度

钟情著述

　　李元度回到家乡，继续做他的学问。这本来就是一个书生该干的事。他如鱼得水，怡然自乐。

　　1884年中法战争爆发后，他应好友彭玉麟之邀赴广东办理防务，次年7月补贵州按察使，虽奏陈筹防筹饷之策，建议改江南漕运为折色，仿洋法修筑炮台；建议福建巡抚专驻台湾，以防日、法等国侵入；将湖北、广东、云南等省与总督同城之巡抚尽撤；在国外华侨寄居之地，设立公使或领事之职等，体现了其杰出的学识和才能，但他一刻也未淡漠做学问的兴趣。据粗略估计，李元度在1887年去世前共著有《国朝先正事略》60卷、《天岳山馆文钞》40卷、《天岳山馆诗集》12卷、《四书广义》64卷、《名贤遗事录》2卷、《南岳志》26卷及主纂同治《平江县志》等。

　　《国朝先正事略》共计110余万字，是李元度在1862—1865年罢官这段日子里写成的。李元度为此书付出了巨大心血。

　　该书的写作目的，据李元度表白："清朝开国二百余年，名卿巨儒、鸿达魁垒之士，应运而起者，不可殚数。其舒主谟政绩，具在国史，类非草野之士所能窥，而其遗闻佚事、嘉言懿行，往往散见于诸家文集中，特未有荟萃成书，以备掌故，而为征文考献之助者耳。"该书共计60卷，分为名臣、名儒、经学、文苑、遗逸、循良、孝义7个大类，为清朝同治以前的1108人立传。

该书体裁的独特之处在于：一是叙述当代事迹，与一般史书体例不同，"即专主扬善"，"所录皆粹然纯诣"；二是对清代名儒"不分门户、渊源所在，各以类从"，不存任何学术偏见；三是每篇文中对传主的著述大都详列其书目、卷数，"以备志艺文者之搜讨"。总之，从学术角度而言，该书取材范围广泛，记叙征引详尽，保存了较多的原始资料，至今仍具研究价值。

在曾国藩的诸多幕僚和湘军将领中，李元度与郭嵩焘、刘蓉的情况差不多。他们均是曾国藩的好友，满腹经纶，善于为他人出谋划策，但具体到从政治军并不在行，很难胜任专事一方的工作，即不是统帅之才、当官之才。他们均对学术研究表现出浓厚的情趣，执著追求，痴心不改。尤其值得注意的是，他们的人生经历均是坎坷多舛，充满着艰难险阻。他们都多次被贬官、罢职，没能在仕途上最终走完人生的历程；但在罢职归乡后，又能忘却一切忧愁烦恼，专心致力于学术研究，取得十分突出的学术成果。

但相对于郭嵩焘、刘蓉而言，李元度的情况又有点特殊。他追随曾国藩的时间最长，充当幕僚的时间最久，从而对曾国藩生平行谊了解最深，受其影响更大。正如郭嵩焘所说："文正公学行武功，震耀一时。君从事最久，受知亦最深，规模气象，仿佛近之，亦惟其文之足自显著以扬于无穷也。"

曾国藩多次说到平生"三耻"，其中一耻即是认为自己因从政做官、带兵打仗占去绝大部分精力，无闲安下心来做学问，临终前没有一部专深的学术著作问世，所以，当他得知李元度的《国朝先正事略》一书写成

聪明才子蹩脚官
——李元度

173

后，欣然提笔为之作序，赞其"发愤著书，鸿篇立就，亦云勇猛矣"，认为该书可以"藏之名山，副上秘闻，允垂无穷"。

曾国藩主要感到李元度不是带兵打仗之人，文人习气颇重，而不是对李的人品厌恶。相反，他无时不为弹劾李元度之事感到深深的内疚，念念不忘李元度在关键时刻相助的真挚情谊，故想方设法予以补救。其补救的具体内容之一即是联结婚姻，以求世世代代友好下去，同时减少一些对李元度的愧疚之情而使内心得到些许安慰。

曾国藩原来打算让李元度与曾国荃结为儿女亲家，但因李元度与曾国荃的儿女年龄相差悬殊，所以最终由曾纪泽的抚子、曾纪鸿的第四个儿子曾广铨与李元度的女儿成为连理。尽管李元度未与曾国藩兄弟辈成为儿女亲家，但曾国藩在世时曾、李两家联姻"以申永好"的梦终于圆了。由此，曾国藩对李元度的愧疚之情终于可以得到缓解了。

何人赤手掣蛟虬

——丁日昌

丁日昌（1823—1882年）字雨生，又作禹生，号持静，广东丰顺县人。洋务运动主要人物之一。20岁中秀才。初任江西万安、庐陵知县。1861年为曾国荃幕僚，1862年5月被派往广东督办厘务和火器。历任江苏巡抚、福州船政大臣、福建巡抚。

丁日昌在对西方世界的了解、在对中西文化的比较和选择等问题上，均走在同时代一般人的前列，所以他与郭嵩焘一样，在生前和死后都成为一位不被人理解、不受人欢迎的悲剧式人物，遭受到不公正的待遇，被顽固守旧势力斥为"用夷变夏"的"丁鬼奴"。

入曾国藩幕

丁日昌，字雨生，又作禹生。道光三年（1823年）出生于广东丰顺县汤坑乡一个小商人的家庭。在他13岁的时候，经营药店的父亲因病去世，"赖母黄氏樵苏纺织，勉维生计"。尽管家道中落，生活较为拮据，但母亲黄氏依然想方设法让儿子读书识字，接受传统私塾教育。起初，丁日昌随设馆授徒的叔兄课读"四书五经"等经史之学。因他聪明灵敏，又刻苦用功，被人誉为"神童"。

1843年，在经过十数年的寒窗苦读之后，丁日昌考中秀才。一年后因成绩优异而补廪贡生，获得较为优厚的生活资助。时任惠潮嘉道的李璋煜是一位爱才、重才的官吏，他见到丁日昌的文章做得好，视之为"不世奇才"，将其聘为幕僚。随后，丁日昌相继被地方官聘为幕僚。他在认真完成本职工作的同时，"于公馀之暇，考察当地山川形势，风土沿革，以及民政得失，用为治事参考"。这几年的幕游生涯，为丁日昌后来从政治事积累了经验。

1854年，潮州一带的会党势力在太平天国农民起义的影响下日趋活跃，并由吴忠恕率领发起了对潮州城的围攻。丁日昌临危不乱，尽心辅助惠潮嘉道实力防堵，"屡出奇计"，最终"生擒匪首"，守住了城池。1857年，丁由廪贡生而任瑷州府学训导。不久，因在潮州所立军功"选授江西万安县知县"。尽管丁日昌担任此一官职也属正途出身，但他既非举人亦非进士，几年间就得到知县实职，可见其才学不是一般读书人所能企及的。

万安系赣南腹地，相对说来比较富庶，但因清军刚刚将其从太平军手中夺回，所以丁日昌履任之际，万安正值战争创伤累累、遍地疮痍、饥民流散之时，地方秩序极不稳定。面对这样一个烂摊子，丁日昌没有灰心、没有失望，也没有退缩，而是首先从清理讼案入手，尽量使得地方吏治清明，社会风气有所恢复。进而，又尽力复兴文教，力图从根本上扭转人心和风俗。当时，曾国藩的得意门生李瀚章担任赣南道台，曾在奏折中对丁日昌的治事才能给予了充分的肯定，认为他是一位难得的牧令官。当地老百姓也感到丁日昌不仅办事公正，而且是一位不多见的清官。随后，因粤中大吏奏调，丁日昌奉旨回籍处理对外交涉事宜一段时间后，于1860年再度担任万安知县，不久调任庐陵知县。

庐陵属于吉安府辖，当时正处于李秀成部太平军进击之区。尽管曾国藩的湘军在江西全境的形势有所好转，但因面临太平军的强大攻势，不得不集中兵力以自保，所以对于地处赣南的庐陵也就鞭长莫及，无法照顾到了。面对李秀成部太平军的大军压境之势，驻防吉安的湘军副将李金畅部一触即溃；丁日昌所募之防勇，也因力量单薄，根本无法与太平军相抗衡。1860年4月19日，太平军自吉水渡过赣江，于20日占领吉安府。幸亏李秀成部太平军的主要进击目标不在赣南而在武汉，所以在攻占吉安府之后随即挥师北上，连占瑞安（今高安）、奉新、新昌、武宁，30日占义宁，6月上旬分兵三路进入湖北境内，才使得丁日昌等于吉安府城失陷两日后重新收复。该情况汇报到朝廷后，谕示失土本应论斩，但念前后不到三天即收复，故将丁日昌从宽革职以示惩儆。

丁日昌为官清廉，别无长物，加之朝廷谕令追赔所失之物，因此丁日

何人赤手掣蛟虬
——丁日昌

昌及其家属连返归故乡的川资也无法筹措。当时，曾国藩正以两江总督及钦差大臣的身份节制江南军务，大营驻扎在东流（今安徽东至县）。穷困潦倒的丁日昌久闻曾国藩注重人才的大名，于是携带预先拟定好的进军方略前往东流拜见曾国藩，果然得到曾的赏识，被其聘为幕僚。为了报答曾国藩的知遇之恩，丁日昌针对当时江西省实情，认为"欲图久远之计，在于整饬吏治，疏通民心风俗"，从而上书曾国藩，提出了"求实用，久职守，禁文饰，厚民风，留有馀，泯畛域，均肥瘠，正根本，清粮额，奋独断等要纲"。进而指出，要转变江西一省吏治，关键在于革除丁漕之弊，杜绝官吏中饱私囊的根源。这些切中利弊的建议，得到了曾国藩的肯定和赏识。后来，根据曾国藩的奏荐，清廷开复丁日昌的原官。

加入曾国藩幕府，成为丁日昌人生的转折点。

主政江苏

同治元年（1862），因湘军钱粮紧缺，丁日昌奉曾国藩之命，前往广东督办厘金。丁日昌在抵达广州后，发挥自己通晓火器制造的专长，在广州市郊燕塘亲自设计、监制成功造得短炸炮36尊、炮弹2000余颗。这些武器受到广东清军的欢迎，丁日昌因此声名远播。1863年，丁日昌被李鸿章调赴上海，创设炸炮局，制造18磅、48磅等多种开花炮弹，同时也铸造少量短炸炮，供淮军攻击太平军之用。这些武器在进攻常州的战斗中发挥了相当的威力。

在这个过程中，丁日昌的思想发生了两个重要的变化。一是他认为太平军已不足为虑，真正对清朝构成威胁的是外国侵略者。1864年8月，他上书李鸿章，指出"现在中外交通，洋人乘我多事之秋，不对恫吓挟制，令人忧愤难忍，必须积极自强以图御侮"。他认为外国的长技在于船坚炮利，洋人恃此以挟制中国，我们也可以取其所长以对付洋人。丁日昌思想的另一个重要变化就是，他从自己的亲身体验中认识到，中国传统的生产工艺和手段无法适应近代枪炮制造的需要。旧式泥炉炼不出能够制造近代枪炮的钢铁，用泥模铸炮也很难使炮膛光滑匀称。因此，丁日昌产生了改革武器生产工艺和手段的强烈愿望。他在上海与外国人频繁接触，已对西方的机器工厂有所了解。王韬所著《火器说略》，更使他对近代枪炮的制造原理、生产工艺，特别是车床等生产工具有了更深的理解。他写信向李鸿章推荐王韬，同时建议设立"夹板火轮船厂"，用机器生产近代轮船和枪炮。

恰在这时，容闳提出了要在中国发展"制器之器"的主张。丁日昌立即深表赞同，他说，制造之理是一脉相通的，"一有制器之器，即可由一器而生众器，如父之生子，子之生孙"。

从手工生产进而追求机器生产，是一个重要的观念变革。这个观念变革对中国19世纪60年代洋务自强运动的兴起具有十分重要的意义。丁日昌以这种新的认识和观念为基础，在上海积极设法，主持收买了美国人设在虹口的旗记铁厂，合并了原来的炸炮局，后又接纳容闳从美国购回的机器，于1865年9月正式成立了江南制造局。江南制造局是清政府设立的第一家近代军工企业，它标志着中国近代军事工业的产生。

1864年6月，在李鸿章的荐举下，清廷任命丁日昌担任苏松太道，也就是苏州、松江、太湖一带的行政长官。7月，丁日昌正式上任治事。此时，太平天国的首都天京虽被攻陷，但清朝的封建统治秩序仍不稳定，上

何人赤手掣蛟虬
——丁日昌

海等地中外交涉事务日趋频繁，紧接而来的有关湘军裁减问题更是显得异常棘手，所以丁日昌在苏松太道一职上的工作，远较一般巡道、守道要艰巨得多。从而，曾国藩在对丁日昌予以祝贺的同时，希望他勇当重任，尤其是在裁减湘军方面竭尽全力。

丁日昌不愧为理财能手，在曾国藩为裁减湘军伤透脑筋之际，他利用各种关系源源不断地解济曾国藩，为其顺利地解决好湘军善后事宜起了十分重要的作用。与此同时，丁日昌竭尽全力协助李鸿章妥善处理有关常胜军遣散的善后工作。

如前所述，丁日昌在对待洋人的常胜军问题上，态度鲜明，坚决支持李鸿章对其控制并最终予以遣散的主张。1864年5月，在对常胜军施行遣散计划时，因巴夏礼和外国侨民的强烈要求，李鸿章曾作出让步，先酌留炮队600名，委派副将罗荣光管带，留用外国军官11名帮同教练；留存枪队300名，由副将李恒嵩管带，留用外国军官1名任教练。此外，巴夏礼还提出增拨营伍的要求，由外国人充当教练以补常胜军之缺。对此，李鸿章采取了拖延应付的办法，即在同意外人教练的同时尽力避免英国人来干预。然而，是年10月，受李鸿章委托担任常胜军教练的戈登即将返国，巴夏礼于是向李鸿章提出派英籍军官哲贝任凤凰山营伍总教习，增募3000人保卫上海等处的强硬要求。丁日昌想方设法断绝了英国在中国土地上继续控制武装的企图。

丁日昌在任苏松太道一年多时间里，其精力主要投入到了对内政事务的整理之上，总体说来表现在以下几个方面。

其一，认真审理讼案。尽管丁日昌担任巡道一职并非直接亲民之官，但他充分利用自己对刑名钱谷的按核之权，首先在清理所积讼案上花了很大气力，以求通过对讼案的秉公处断而使民心吏治有所改观。

其二，为恢复上海地方封建统治秩序作了最大的努力。尽管上海不是太平军长期经营的根据地，但在清咸丰同治年间，是各地难民会聚的处所。同时因它是对外开放的前沿阵地，华洋混处，情形十分复杂。不仅流氓地痞势力很活跃，而且因太平天国失败后湘军被裁，许多散兵游勇和游手好闲的人也来到此地，造成上海的社会秩序的极不稳定。丁日昌自接任苏松太道一职后，对这个问题给予了高度重视，采取了非常严厉的措施，先后捕杀和重惩"不法之徒"达100多人，遣送回籍者8000余人。

其三，为转移人心风俗竭尽全力。由于上海为近代中国最早对外开放的口岸之一，在西方人的生活方式、价值观念等影响之下，传统的人心风俗逐渐发生着变化。为了维护传统的人心风俗，丁日昌禁止官民奢华，提倡"省日用以恤贫苦，亲邻人而怀其惠，循本分而召和平"的社会风气。中国的士大夫都有匡正世风的使命感，他的做法也许过于行政化，但其出发点是好的。

1865年11月，丁日昌调任两淮盐运使。

两淮地区历来为中国最重要的产盐、销盐区域。晚清时期，由于战事频繁，清政府的财政已到了崩溃的边缘，对盐税的依赖日益加重。统率数十万大军镇压太平军、捻军的曾国藩和李鸿章等人，更是依赖两淮盐税对军队的支撑。所以，于"剿捻"军事正进行到关键时刻担任两淮盐运使的丁日昌，不仅要按期上缴国家税款，而且要尽力资助湘、淮军的军饷，可见其责任十分重大。

丁日昌在曾国藩和李鸿章的多方支持、鼓励下，对有关两淮盐务的具体内容，尤其是对于经营盐务的用人规章进行了卓有成效的整顿。他在《两淮甄别章程》中提出了五条办法：一是甄别以一年为期限，分四次考试，每三个月进行一次。重点考试在两淮盐运司署中听差的人员，兼及考试在外卡和海州、通州、泰州等地的人员。二是将考试成绩列为超等、特等、一等及不合格者几个等级。对于超等之人，"察其品行才具，果堪造就，先予酌委；"对于不合格者，三个月后第二次开考再试，如仍不合格，且在第四次考试中不合格者，则不予差委"。三是每次试题"不拘于成格"，可以灵活多样，"准其各抒所长"而有利于发现和培养人才。四是对凡被录取的人员，均按等级增加薪水以示优待。五是对那些在规定应试期三个月之内不到的人员，即行撤除差委。什么事都要由人去干，丁日昌在对两淮盐务的整顿过程中由于首先抓住了用人这一关键性问题，所以盐务大有起色，淮盐销路大增，盐税随之倍加。

1866年2月，清廷根据曾国藩、李鸿章的推举和丁日昌本人的表现，谕令其升任江苏藩司，专管一省的财赋、地方官考绩等事。

丁日昌在江苏藩司任上为了吏治的澄清和财政税收的复苏作出过很多艰苦的努力，先后颁发了有关讼案清结、禁止书吏丁役中饱私囊、考核官吏、减免捐税以及转移人心风俗方面的许多文告、章程等，取得较为显著的成绩，受到曾国藩的肯定和称赞。

1868年年初，丁日昌升任江苏巡抚。

关心海防

海防建设，是近代中国面对西方资本主义列强的挑战而面临的重要课题。两次鸦片战争改变了中国历代边防多在西北的状况，东南沿海疆域成为了近代中国国防要地。原来那种"华洋隔绝之天下"的局势，一变而为

"中外联属之天下"，从而赋予了海防问题以近代的意义和全新的内容。也就是说，对外防御的对象已不再是历史上的周边少数民族以及如明代那样散股的倭寇和海盗，而是日益向外扩展殖民市场、力图按照预定设想称霸全球的西方资本主义列强。与此同时，海防问题已不再是只涉及东南沿海安全的局部问题，而是一个关系到国家独立地位和民族发展前途这一全局性问题了。进而，海防建设也不再是增加旧式"风篷"和"孤矢"，而是中国向西方学习"长技"，实现"自立"、"自强"目标的一个重要组成部分。

近代中国海防建设的一个重要内容就是建立一支近代化的海军舰队和海防基地。近代中国的海防建设虽由曾国藩发其端，由李鸿章实际主持而不断付诸实施，但丁日昌无论是在海防理论的完善上，还是在担任江南制造局总办的具体实践中，均起过不可低估的作用。

如前所述，早在1866年曾国藩就与彭玉麟专折奏请朝廷建立新式水师，以此作为预筹近代中国海军的第一步。因此，当丁日昌于1867年在预筹修约条款中提出建立三洋海军的设想后，立即受到曾氏的赞扬。正是在曾国藩的肯定和鼓励之下，丁日昌于次年拟订出《海洋水师章程》。1868年3月上旬，曾国藩在一封回复丁日昌的信函中特意嘱咐说："至江苏水师，重在外海，昨已与阁下详晰言之，顺有复总理衙门一函，并原信俱抄呈台览。请阁下就近察看询访，详议章程，以凭会奏。"一个月以后，曾国藩又在信函中提醒丁日昌："外海水师极为当务之急。……其外海水师改定章程，亦请阁下于两月内核定见示。"从而，在曾国藩的一再嘱咐之下，丁日昌很快改订出《海洋水师章程》供曾氏上奏朝廷。针对西方资本主义列强侵略中国的客观形势，为适应近代化轮船、海军的需要，丁日昌根据中国沿海海域的条件，将新式海防建设划分为北、东、南三个区域：北洋海军驻天津，辖直隶、盛京、山东海面；东洋海军驻吴淞，辖江苏、浙江海面；南洋海军驻南澳，辖福建、广东海面。总设大兵轮6号，水炮船10号，北、东、南三洋共计48号。每洋各设一提督，三提督半年会哨一次，"北、东、南三洋联为一气"，裁汰旧式师船，"沿海一切艇船可以废弃不用"，以所节省的经费供给这48号轮船之用。这个方案是对曾国藩有关水师建设方案的继承和发展。从而，曾国藩在是年5月下旬的信函中对丁日昌的这一方案给予了充分肯定："外海水师，阁下统筹全局，拟建三阃"，体现了"明靖内奸，暗御外侮，举一事而数善备，实属体大思精"的特点。至于你回复总理衙门函件两封，我读过之后感到"深得要领"。然而，丁日昌的这个方案存在着某些缺陷。如他虽一再强调了三洋海军要相互联络，统一指挥，但并未为此制定出合理可行的制度来加以保证，更因清廷缺乏对海防建设的高度重视和经费的紧绌，所以这个方案在当时未能引起清廷的重视、采纳和实施。

19世纪70年代以后，国内大规模的农民起义虽被镇压下去，但因西方资本主义列强的屡屡挑衅，边疆危机日趋严重。日本"逼于东南"，俄国则"环于西北"，"外警之迭起环生，几乎每年都有"。时势迫使清廷不得不把视线投向对外关系，筹办海防、创建新式海军的问题也就逐渐被提到议事日程上来。

1874年，日本公然出兵侵犯台湾，并轻易向中国勒索到军费50万两。蕞尔岛国竟使"天朝上国"尊严扫地，清廷上下于是议论纷纷，要求加强海防建设。是年11月上旬，总理衙门向光绪和慈禧递上《海防亟宜切筹武备必求实际疏》，强调筹办海防的必要性和紧迫性，并提出"练兵""简器""造船""筹饷""用人""持久"等诸项办法，请交滨江沿海各督抚、将军讨论。

19日，丁日昌将其在江苏巡抚任上先后拟定的《海洋水师章程》和《海防条议》加以上奏。清廷于是将总理衙门和丁日昌的条陈交沿江沿海各督抚大员以及"留心洋务"的陕甘总督左宗棠详细筹议，限在一个月之内复奏。在有关督抚的复奏中，虽然他们原则上承认"海防一事，为今日切不可缓之计"，但因思想认识水平的差异和各人所代表的利益不同，所以在具体主张上存在着较大的分歧。尤其是塞防论者左宗棠，批评丁日昌设立北、东、南三洋海军的建议不妥，即"洋防一水可通，有轮船则闻警可以迎敌。北、东、南三洋只须各驻轮船，经常查巡，自然有安稳无事之势。如果划分三洋，各专责成，则各自畛域攸分而贻误战机"。况且，三洋海军提督互不统属，与沿江沿海各督抚又不通信息，缺乏联络节制之情，所以很难收到实效。李鸿章在《筹议海防折》中，则充分支持丁日昌的主张。在肯定丁日昌提出的建立北、东、南三洋海军意见的同时，他又补充提出各洋海军都必须拥有大铁甲船两艘，做到一处有事、六只船舰相互联络，专为洋面游击之师，而以剩余的船舰依附其间，俾其声势较为壮观。随后，李鸿章写信给丁日昌说：你给我的议复总理衙门六条大稿，披读再三，逐条都有切实办法，大意似与我的奏折相同，而在筹集饷精条陈内推及陆路电报、公司、银行、铁路，在用人条陈内推及农商受害，需停止实职捐输等事，则是我心中想说而未敢尽情吐露的。今天得到你的淋漓大笔写成的折稿，感到发挥尽极周照完备，虽然引起了一些人的咋舌惊异，但稍知洋务的人怎能不击节叹赏呢？

1875年年初，总理衙门在综合各方面意见的基础上，根据当时的形势和各总督的专折上奏，提出了这样几个方面的建议：第一，加强海防，筹建海军。考虑到财力有限，只可量力择要筹议，拟"先就北洋创设水师一军，等财力渐渐充足，就一化为三，择要分等"，并请"简派分段督办海防事务大臣两员，专理其事"。第二，请派左宗棠督办新疆军务，"饬令通盘筹划，力图进取，以固塞防"。第三，将开办海防以筹饷作为第一要事对待。拟请将粤海、潮州等关四成洋税以及江苏、浙江等省厘金，每年约400万两，分解两位督办海防事宜的大臣总收应用。这个专折得到了绝大多数王公大臣的赞同，光绪皇帝于是在是年5月30日发布上谕，正式任命李鸿章、沈葆桢二人分别督办北洋和南洋海防事宜，"所有分洋、分任练军、设局及招致海岛华人诸议，统归该大臣等择要筹议。其如何巡历各海口，随宜布置，以及提拨饷需、整顿各类税收之处，均归其细心经理"。

就这样，有识之士十来年奔走呼吁的海防建设，终于得到了清政府的重视。在这期间，除却曾国藩的开创之功，与李鸿章的鼎力争取，丁日昌在具体规划构建过程中作出的贡献也是不可磨灭的。

中国第一条电报专线

创办近代化电话、电报等通信服务事业，既是洋务自强新政的一项重要内容，也是向西方学习先进科技的关键性的一步。然而，与修建铁路等科技事业一样，在封建顽固势力的阻碍下，它的发展显得步履艰难。

第二次鸦片战争结束后，西方列强为了扩大对华侵略利权，一再提出在中国架设电线、铺设铁道、行驶轮船等要求。但在当时，无论是与外国人接触较少的边远省区督抚，还是同外国人打交道较多的李鸿章、崇厚等人，都众口一词地表示反对架设电线、修造铁路。

1870年，以英国为首的西方列强改换手法，先从沿海入手来攫取中国对外电信权力。是年，丹麦大北电报公司买通日本政府，从海参崴向东，将海底电线延伸到长崎、横滨等地，最终目的就是将电线展伸到中国海岸。随后，它们拼凑了一个"大北中日电报公司"，开始在香港至上海、上海至长崎、长崎至海参崴间架设海底电线。与此同时，英国东方电报公司从英国铺设海底电线到印度之后，另外成立了一个"大东电报公司"，准备从印度南境展延水线，经槟榔屿、新加坡和西贡，直达香港。

两年后，英国驻上海领事阿喳哩向上海道提出从上海到苏州，然后根据具体情况再由南京到北京架设电线的要求，清政府对此持基本拒绝的态度。

中国人主动认识到电信事业的重要性和必要性，则是在边疆危机和对外交涉的逐渐频繁过程中形成的。1874年3月下旬，日本侵略军3000余人侵入中国台湾，清政府谕令福州船政大臣沈葆桢率领兵船前往增援。沈在实践中认识到电信对于传递军情的极端重要性，逐渐由原来的怀疑态度转变到积极主张兴办。他在这年4月底给朝廷的奏折中，陈述了电报对于台湾防务的重要，主张从福州经厦门到台湾架设电线。鉴于台湾及沿海各地防务的需要，清政府于这年6月颁旨允准沈葆桢的请求。因沈不久离开福州前往台湾，电线架设之事则由福州将军文煜和闽浙总督李鹤年主持。

丹麦大北电报公司于1874年6月上旬获得铺设由福州到罗星塔间电线的允许，一个月即告完成。8月，文煜等人又同意大北电报公司铺设由福州至厦门间的电线，具体条件是同柱架设两条电线，一条由该公司经营，另一条由福州官府专用。大北电报公司同意了这个要求，即行开始修建。但因俄公使向清政府交涉，要求履行俄人有在中国首先架设电线的承诺，文煜等人只好遵循总理衙门答复俄使的基本原则，本着此项电线均由中国

何人赤手掣蛟虬
——丁日昌

官府为之经理，一切费用也由中国官府承担，并未允准外国人举办的原则，与大北电报公司交涉，将所有已建电线均收购为己有。经过艰苦的谈判，于1875年8月间由郭嵩焘同大北电报公司议定，福州马尾间电线按照原价卖归中国，福州厦门间电线仍由大北公司承造，竣工后由中国验收管理，由中国付给工料费等。

但是，因李鹤年等人缺乏自营电线的决心，更因顽固守旧势力的反对，此项工作长期处于停顿状态。恰好此时沈葆桢调任两江总督，福建巡抚王凯泰病故，于是清廷让丁日昌于是年9月继任福州船政大臣，12月兼任福建巡抚。这样，由中国人自办电线的重任落到了丁日昌的肩上。

丁日昌上任伊始，即将兴办电线一事作为其政绩中的一项重要内容来对待。当时摆在丁日昌面前是两种选择：一是任其继续延期，但因有合同在先，每年须付给大北电报公司滞纳金7000余元；二是按照合同开工，但因守旧官吏煽动百姓阻挠，有可能误伤外国人而带来诸多麻烦。通过反复权衡，丁日昌决定将大北电报公司电线设备全部购买过来，然后选择聪颖艺童，聘请外国教师教习，将外文全部改为汉字，计划在一年半时间后做到不受洋人限制，全由中国人自办。

这个方案在得到文煜、李鹤年的赞同后，丁日昌开始与大北电报公司进行新的谈判。1876年2月，丹麦大北电报公司新任驻华总办哈伦也抵达福州后，即向丁日昌表示，如果仍不按照合同办理，就要赴京向总理衙门提出严重交涉，态度比较强硬。丁日昌镇定自若，对哈伦也的言辞予以反驳。经过针锋相对的辩论，哈伦也同意让步，即中国可以将电线购回自办，但必须聘请大北电报公司的二位洋匠来教习中国艺童，等到一定时机再由中国人照原定的福州至厦门的线路进行兴办。丁日昌表示洋教习可以聘请，但对于电线是否架设、究竟架设何处的问题，大北电报公司无权过问，只能由中国做主。至此，喊了多年的电线兴办之事终于在丁日昌的力争之下有了一个初步开端，即福州至马尾间的短途电线从外国人手中收回自办。

然而，兴办电报、电话之事毕竟为中国人前所未闻。改原计划兴办的福州至厦门间长达500多里的电线，因保守势力的阻挠和经费紧绌，进展异常缓慢。但丁日昌是位事业心很强的官员，决心冲破阻力艰难迈步向前。正当他于是年年底赴台湾筹办防务之时，还将兴办电线列入台湾建设的规划之中，福建所办之电报学堂则于期开办。尽管在不久以后，丁日昌因病回籍休养，未能将兴办电线之事进行到底，但其开创之功是应当肯定的。

经营台湾

1876年春，丁日昌接任福建巡抚，立即整顿吏治，对放纵兵勇挠害百姓且视公务为儿戏、私自释放要犯的彰化县令朱翰隆奏请革职查办。针对各地税契陋规严重，严饬台湾道府将各厅县税契陋规全行裁革，并以巡抚衙门名义出示晓谕加以禁止。

在丁日昌担任闽抚期间，除了原有的八旗、绿营兵勇已经腐败不堪之外，即使新式地方武装，如湘军等也因日益失去朝气而大部分被裁撤。进驻台湾的营兵不仅数量显得单薄，更因天高皇帝远，管束十分困难，致使台湾岛兵勇纪律松弛、战斗力低下。早在初任闽抚时，丁日昌就曾会同闽浙总督文煜对台湾营兵状况作了详细的分析，计划有所裁撤。当他亲临

台湾了解到军队的实情后，就曾多次奏劾各级营官数十人，其中如参将黄得桂、黄金升，都司何积祖、陈光华，副将郝富有、王盛春，管带朱名登等，或因虚报兵额、多占勇粮，或因听任部属为非作歹、扰害百姓，或因吸食、贩卖鸦片，得到革职、降级、正法等处罚。尽管一些人对丁日昌十分不满甚或恨得咬牙切齿，但谁也不得不对其敬畏三分。结果，驻台军营的积习得到改变，士兵战斗力有所加强。

对于台湾海防建设的问题，丁日昌给予了高度重视。早在担任闽抚之初，他就向清廷提出了购买铁甲舰、练水雷车，建新式炮台、练洋枪队等建议。到达台湾经过实地考察之后，又奏请购置中等铁甲舰二三只以及水雷、大炮、快枪等，打算预练新式军队二三十营；请饬李鸿章拨借格林炮20尊，克鹿卜炮20尊，配备子药之水雷10具；请饬沈葆桢拨借克虏伯、博洪两式40磅至120磅之大小炮各六七尊，以及格林炮20尊。尽管这些要求基本上得到清中央朝廷的允准，但因财力严重不足，大都不能落到实处。后来，他为了解决这个问题，或是上奏朝廷陈述己见，或是利用各种关系与有关地方督抚大员积极磋商，希望能得到实际支持。即使在辞官居乡之后，他仍不忘情于台湾的海防建设。

为了建设台湾，丁日昌还向朝廷建议兴建铁路，开发矿产。他认为台湾铁路建成后，既可活跃经济，有利于台湾的整体开发建设，更重要、更直接的作用还在于文报通达、军队调遣，内可稳定社会秩序，外可抵御外敌入侵。针对顽固守旧势力的有关建造铁路而引发的奇谈怪论，他还逐条进行了驳斥。有人认为，兴建铁路"必致伤人庐墓，百姓怨嗟"。丁日昌指出，这种论调愚昧无知，不知台湾空地较多，修路并不会妨碍到田地和房屋的实情。至于有碍风水之说，一般百姓并不深信；即使有顾虑，只要向他们说明道理，也就不成问题。有人认为，铁路运行后用煤很多，将来煤尽铁路则会成为废物。丁日昌指出这一说法的错误，是不知台北地区盛产煤炭，可以用之不尽，取之不竭的缘故。现在看来，那些反对意见十分可笑。

丁日昌的正确建议，很快得到洋务大员李鸿章、沈葆桢等人的赞同。但最终，丁日昌有关兴办台湾铁路的建议，因守旧势力的阻挠和经费严重缺乏，未能付诸实践。

丁日昌是中国近代史上第一位关注台湾并且在思想和行动上对台湾加以全面开发建设的地方督抚大员。他敏锐的眼光、务实的作风，维护国家统一的爱国精神，都值得人们敬仰。

操劳过度

丁日昌性情本急，加上长期操劳过度，他的身体早就极度虚弱，患有咳血等症，在台湾又因瘴气浸染，旧病复发。1877年8月，他因病离职回籍休养。此后，清廷一再表示希望他再度出任海疆和枢廷要职。1879年下谕赏给他总督衔，令他专驻南洋，节制南洋沿海水师官兵，悉心办理海防事宜。不久，又命他兼任总理各国事务衙门大臣。但他都因病未能出山。

丁日昌虽然身在林泉，但他对国家的防务仍时时予以关注。1879年6月，他上奏清廷，对海防等问题提出16条建议。由于琉球的废灭，他对日本的侵略野心益加警惕，指出日本"三五年不南攻台湾，必将北图高丽（朝鲜）"。他大声疾呼朝野内外一定要齐心协力，急谋自强，否则将国无宁日。他还认识到"民心为海防根本"，只有老百姓的生计有了着落，

何人赤手掣蛟虬——丁日昌

元气得到恢复，才能众志成城，海疆安如磐石。因此，他希望统治者们能够切实关心百姓的痛苦，从根本上使中国强大起来。

1881年，丁日昌获悉法人对越南之经营日趋积极，他便给总理衙门的管事大臣写信，提醒他们予以关注。他说，越南为法人蚕食，萎靡不振，若听其自然，必成为第二个琉球。他建议清廷密派广西巡抚或提督与越南密商自强办法。他自己还曾组织人员翻译法人所绘著的《中越边境地图》和说明，以揭露法国的侵略行径。

1882年2月27日，丁日昌病死在广东揭阳。临终前，他回顾自己这么多年的努力，却并没使中国在军事上强大起来，外患愈来愈严重，不禁悲怆之至。他口授遗折，长叹自己"死有余憾"。

丁日昌生活在一个动乱与变革的时代。纵观他的一生，他所考虑的主要问题就是如何强兵御侮。他为此做出了不懈的努力，真可谓是孜孜不倦、呕心沥血、死而后已。应该说在那个时代，他的许多见解是精辟的，他的许多主张是具有开拓性的，他的不少努力也取得了一定的成果。他对中国海防近代化所作出的贡献是不可磨灭的。

中国留学第一人

——容闳

　　容闳（1828—1912年）字达萌，号纯甫，汉族，广东香山县南屏村（今珠海市南屏镇)人，中国近代史上首位留学美国的学生。1876年，耶鲁大学授予他法学博士学位，他的画像至今仍悬挂在耶鲁校园。1863年，容闳入曾国藩幕府，兴办洋务，参与创办了江南制造总局，是中国近代化的先驱人物。1872年，他奉命率学生30人赴美留学，并担任清政府驻美副使，被誉为"中国留学生之父"。容闳爱自己的国家，努力改变中国的现状，可是他屡屡失败，清政府实在太让他失望了……

漂洋过海，发奋苦读

　　容闳1828年生于广东的南屏镇。那里离澳门不远，是中国最早受到西方传教士文化影响的地区之一。1835年，7岁的容闳跟随父亲前往澳门，并于当年入读当时仍附设于伦敦妇女会女校的马礼逊纪念学校（Morrison School），由独立宣教士郭士立（原属荷兰传道会）的夫人负责教导。马礼逊学校是为纪念传教士马礼逊博士而于1839年11月1日在澳门创建的。1840年鸦片战争后，学校迁到香港。校长勃朗先生是一个美国人，耶鲁大学1832年毕业生。据容闳后来回忆，勃朗先生是一个极为出色的教师。他"性情沉静，处世灵活，彬彬有礼，为人随和，且多少带点乐观主义精神。他热爱自己的学生，因为他了解学生为了掌握知识需要付出多大的努力，而他自己更是不惜花费心血去教育他们。教学上，他别具天赋，释物说理，清楚明了，简洁易懂，从无学究气"。

　　容闳入校学习时，全校已有了五个中国孩子，容闳是第六个学生，也是年纪最小的一个。孩子们在学校上午学习算术、地理和英文，下午学中文。容闳在那里读了六年书。1846年8月的一天，一个决定改变了容闳的一生。那一天，勃朗先生来到班上，告诉全班同学，因为健康缘故，他决定要回美国去了。他说，他想带几个同学跟他一起走，以便他们能在美国完成学业。如果有谁愿意跟他一起走的话，勃朗先生说，请站起来。这时，全班死一般寂静。

容闳第一个站了起来，接着站起来的是一个叫黄胜的孩子，然后，又有一个叫黄宽的孩子也站了起来。晚上，当容闳把自己的决定告诉母亲时，母亲哭了。那时到海外去，很可能意味着生离死别，但母亲最终还是同意了，让自己的孩子由海角远赴天涯。

1847年1月，容闳、黄宽、黄胜跟随勃朗前往美国。经过98天的风浪颠簸，容闳第一次踏上了美国的土地。他们就读的学校是马萨诸塞州的孟松学校，位于美国东北部。容闳在学校苦读拉丁文、希腊文和英国文学。1850年夏天，在美国乔治亚州萨凡那妇女会的资助下，容闳排除万难，终于走进了他向往已久的耶鲁大学校园，这时的他还身穿长袍，拖着长辫子。

耶鲁的繁重功课对准备不足的容闳来说非常困难，因为他在孟松学校的时候仅仅学了15个月拉丁文、12个月希腊文和10个多月的算术。所以，他在耶鲁的课程虽然还没有不及格的，但是学习起来比较吃力，不似旁人游刃有余。为了能够赶上同学，容闳只好利用晚上的时间努力学习，经常读书到深夜，且第一年的时候尤为努力。由于一方面忧虑自己的经济来源，另一方面又要努力补习功课，加上白天没有时间参加体育活动，晚上又读书到很晚，因此容闳的身体越来越羸弱，最后因精力不支，无法继续上课，只得暂时休养。到了第二年，别的课已经轻松一些了，只有微积分让容闳非常头痛，考试常不及格，他甚至担心自己会不会因此留级，整日提心吊胆。好在容闳的英文成绩十分优秀，在第二、第三学期接连获得第一名，所以平均起来分数并不低，才没有因为微积分差而留级。业余时间，他还参加了学校的橄榄球队和划船队，是划船队的主力之一。

中国留学第一人——容闳

在耶鲁大学，从第二学年末开始，容闳的经济开始宽裕起来，因为他有机会勤工俭学了。当时二、三年级的学生有20个人住在一起，需要找一个人专门负责伙食，容闳争取到了这个工作。他开始早晨起来去买菜，晚上负责烧菜、煮饭。于是，他后两年的膳食费用便节省了下来。同时，容闳又应聘为兄弟会的图书管理员。兄弟会是学校中的两个辩驳会之一，有一个小藏书楼。容闳以会员的便利条件，谋得了这个工作。到了第四年时，管理图书的报酬涨到了每年30美元，容闳终于不再像刚进大学时那样贫困潦倒了。当时容闳穿的是萨凡那妇女会寄来的鞋袜，学费来自萨凡那妇女会和阿立芬特兄弟公司的资助。他于是节省下这30美元，托人辗转带回中国，交给母亲。

那时，容闳也开始在报纸上用笔名发表文章，有几篇关于中国问题的评论引起了人们的注意。哈特福德市的一位著名学者找到容闳，向他打听作者是谁。当容闳见到这位学者时，他非常不好意思，"羞赧如处女，手足无所措"，低着头小声承认，他就是那些文章的作者。

虽然容闳在美国的大学生活如鱼得水，但仍时时想起祖国。他说："予当修业期内，中国之腐败情形，时触予怀，迄末年而尤甚。"他亲眼看到了西方的富强，也感到了中国的落后。更使他忧心不已的是，当时中国人对外部世界仍然一无所知，仍认为中国是天下的中心。所以他在大学时就扪心自问：我将用自己的所学去做些什么呢？容闳有时甚至怀疑，是否不受教育更好。既然受了教育，对理想和道德的追求就越来越高。知识越多，痛苦就越多，快乐就越少。但他知道，这是怯弱者卑微的念头——"这样的人，不足以成就伟大的事业，达到高尚的境界！"

在和同班同学卡特勒的几次散步、谈话中，容闳提出了当时正在他头

大清幕僚故事

脑中酝酿着的中国留学计划："我既然远涉重洋，身受文明教育，就要把学到的东西付诸实用。"

1854年容闳毕业，这是当年耶鲁大学毕业典礼上的大事件。许多著名的学者都赶来参加典礼，就是为了看一看容闳这位不寻常的中国人。

耶鲁大学的1854年级共有98名学生。这个年级的同学赠言簿，包括容闳自己的那本，都被耶鲁大学档案馆收藏。容闳用中文赠给同学的留言，是用娟秀的毛笔正楷写成的，其中有："礼之用，和为贵"，"大人者不失赤子之心"，"手拈一管笔，到处不求人"，"有志者事竟成"等。有92名同学给他赠言，那些赠言热情洋溢，如"我将常常深深思念你，你为人民谋求福祉的光荣使命。获悉你的故土从专制统治下和愚昧锁链中解放出来的欢乐"……

容闳是耶鲁的骄傲。1854年，作为第一个毕业于美国著名大学的中国人，他引人瞩目；在后来的日子里，作为中国留学计划的策划者和实施者，他更受尊敬；1876年，耶鲁授予他法学博士学位。他的画像悬挂在耶鲁校园，令许多游人驻足。

入曾国藩幕府，兴办洋务

中国留学第一人
——容闳

容闳学成回国，但从纽约到达香港的航程十分险恶。13000海里，帆船行驶了154天。这像是冥冥中的预言，昭示他日后所要经历的磨难。

这时的中国战云密布，曾国藩的湘军正和太平天国起义军在长江流域拼杀。朝廷昏庸如初，地方政府腐败而又残暴。容闳回国后刚到澳门，就看见"无数华工，以辫相连，结成一串，牵往囚室"；来到广州，他亲眼看到两广总督叶名琛杀人如麻的刑场。"日间所见种种惨状，时时缠绕脑筋"，令他胸中烦闷万状，愤懑之极，几乎想要加入太平军的行列。但是经过深思熟虑，他知道派遣留学生的"大计划"还要"依一定之方针，循序而进"。

容闳希望在谋生的同时，谋一职位，以此结识和影响有权力的达官显贵。但他不到一年就"三迁其业"，这三份工都距理想甚远：给美国代理驻华公使（当时只能驻在广州）当秘书，"事少薪薄"；被朋友介绍到香港审判厅当译员，又遭香港英籍律师群起排斥；去上海海关翻译处任职，虽待遇优厚，不久却发现翻译和船主狼狈为奸、贿赂成风，他不屑同流合污，只能离去。"我对我自己的操守能够自信的，就是廉洁二字，"容闳在自传中写道，"无论到哪里，我必须保全自己的名誉，决不能使之受到玷污！"

一个夜晚，容闳去苏州河边的教堂行祷。在回来的路上，迎面撞上一群醉醺醺的美国水手。他们人手一盏灯笼，边走边唱边喊。当他们看见容闳时，一个人一把夺走了他的灯笼，一个人抬脚向他踢来。近旁的中国人如同遇到虎狼，纷纷逃散。容闳站定不动，他用英文大声说出自己的姓名，又大声喝问抢灯笼的人是谁？！那时他已在一间英国公司工作，在了解了水手们所在船只的船名后，第二天早上就送去一封措辞严厉的抗议信。船主大怒，因为容闳的公司正是他们的货主。抢灯笼的人是大副，读了船主掷给他的信，他脸色立变，急奔登岸，到公司向容闳赔罪。

不久，容闳再次和外国人发生冲突。他的公司在拒议事件发生后的几

大清幕僚故事

个月后停业，只得拍卖物品。当时他在人头攒动的卖场里观看，背后站着一个高大的苏格兰人。容闳觉得有人在玩弄他的发辫，回头一看，那个苏格兰人正恶作剧地把许多棉花球系在他的辫子上。"我开始很平静，只是请他解去，"容闳在自传中写道，"但他双手交叉在胸前，就像没有听见。他那傲慢的态度，令人难堪。"容闳此时仍未动怒，继续说理，突然，苏格兰人一拳击来，打在他的面颊上。他终于忍无可忍，立刻还以颜色，出拳迅疾，苏格兰人"唇鼻立破，流血被面"。他死死抓住容闳的右手，容闳正想用脚猛踢，被公司主人拉开。这时有外国人喊："想打架吗？"

容闳正色回答："不！我是自卫。你朋友先侵犯我，打伤我的脸。他太无赖了！"

容闳因此在租界出了名。因为外国人在租界欺负中国人的事时有耳闻，却从未有人敢于抵抗。容闳派遣留学生的夙愿又一次被勾起，他在日记中写道："我想，有朝一日，中国教育普及，人人都懂得公权和私权的意义，那时无论什么人，谁敢侵害其权利，必有胆力奋起自卫！"

他在苦苦等待机会。1860年，32岁的容闳已经在上海生活了4年，他不仅以他自尊且刚毅的性格，也以他优美的英文文笔闻名于十里洋场。人们都知道，这里有一位毕业于耶鲁大学的不寻常的中国青年。而容闳，则时时会想起他在耶鲁许下的诺言。

1860年冬，容闳决定去南京——当时太平天国的首都天京，探究太平军的内幕。

当时许多西方人都把太平天国起义看成是中国的一场革命。还记得容闳童年的老师郭士立夫人吗？她的丈夫郭士立，是马克思、恩格斯的熟

中国留学第一人
——容闳

人。当郭士立回到欧洲，把太平天国的起义告诉马克思和恩格斯的时候，他们对中国满怀热情的期待，甚至用文学的语言描绘：当欧洲的反动分子逃亡到中国，逃亡到长城脚下的时候，他们会看到长城上写着：中华共和国，自由，平等，博爱……

在南京，容闳和他在香港认识的洪仁玕见面了。洪仁玕当时已是太平天国的"干王"。他对容闳和同行的几位传教士表示了热烈的欢迎。在寒暄数语后，洪仁玕就询问容闳对于太平军的观感如何，是否赞成他们的行动并愿意与之共事。

容闳回答说，他无意投身太平军，但愿意贡献一些建议。他希望太平天国能做七件事：一是依照规范的军事制度，组织一支良好的军队；二是设立武备学校，培养大批有学识的军官；三是建立海军学校；四是建立公民政府，聘用富有经验的人才；五是创立银行制度；六是颁布各级学校教育制度，以《圣经》为课程之一；七是设立各种实业学校。

洪仁玕与容闳详细讨论了这七条建议，然而接着便无音信。等待多日，一天，洪仁玕让人送来一个小包袱，容闳打开看，是一枚官印——他们要授予容闳四等爵位。

容闳很失望，他的治国意见不被采纳，太平天国充满蒙昧，对中国政治决无革新的影响，与他想建立的"中华共和国"相去甚远。

不过，太平天国之旅令他终生难以忘怀，直到垂垂暮年还在思考有关太平天国的问题，并在《回忆录》中专辟一章《对于太平军战争之观感》，提出了几个值得人们注意的观点：他明确指出太平天国起义爆发的根本原因是清政府的腐败；他认为太平天国失败的原因之一是纪律松弛和道德堕落；断言太平天国式的农民革命既不能解决中国社会的根本问题，也不能把中国引向一个光明的未来。尽管这样，容闳并未全盘否定太平天国起义在中国近代史上的积极作用，正如他所言："这次叛乱的唯一良好后果，就是打破了一个伟大民族的死气沉沉的气氛，使他们觉醒，意识到需要有一个新国家。"

容闳在失望和孤独中又度过了三年。在一个多数人都还在昏睡的国度，醒来是痛苦的。容闳此时正从事茶叶贸易，虽然盈利颇丰，却抑郁不欢。在一次贩运茶叶的途中由于遭遇匪徒，他身心受到重创，在上海卧病数月。"我的志向是改造中国，应在大处落墨，"容闳在《回忆录》中回忆当时的心情，"像这样为生意忙碌，我的事业终将是水中捞月！"

就在此时，一条意想不到的路在他面前出现了。

在上海，一些中国的数学家、天文学家和他成了朋友。突然有一天，有人向他转达了曾国藩的邀请。原来是因为那些学者的介绍，引起了曾国藩对容闳的注意。

1863年秋天，曾国藩在安庆大营约见容闳。他的名帖递入不到一分钟，侍从立即引他入见。曾国藩请容闳坐到他旁边，含笑不语，足足打量了容闳几分钟，仿佛要看清容闳的外貌有何异样。

曾国藩说："我看你的相貌，就知道你是良好的将才。你目光威严，一看就是有胆识的人，定能发号施令，驾驭军旅！"

曾国藩的意思并不是让容闳带兵打仗，而是看出他性格坚毅，能担当大任。当时曾国藩已接受学者们的进言，决定设立西式机器厂。约容闳见面，是要与他探讨机器之事。几天后，曾国藩又一次约见容闳，他开宗明义："如果今天要为中国谋最有益、最重要的事业，应当从何处着手呢？"

中国留学第一人
——容闳

容闳内心想说的是兴办教育，改造中国人的思想，培养西式人才。但此时，他顺从曾国藩的期待，还是决定先从器物层面入手，于是提出兴办洋务，建立工厂。曾国藩深以为然。

曾国藩是中国历史上一位不同寻常的人物。他精于理学，崇尚礼教，为剿灭太平天国立下大功。但他也清醒地洞察了中国闭关锁国、远远落后于世界潮流的深重危机。曾国藩认为自己生平有"三耻"，其中之一是"天文算学，毫无所知"。他早在1860年就发表过"驭夷之道，贵识夷情"的意见，对"洋务"格外留意。容闳曾亲眼看见，在曾国藩的总督幕府中，法律、数学、天文、机械等专家上有百人之多。

容闳向曾国藩直言相告，中国目前最需要的，不是创设一个只适于制造来福枪的机器厂，而是要建设一个能适用于制造来福枪、大炮、弹药以及其他各种专用机械的机器厂。曾国藩全权委托他购买"制器之器"、聘请外国工匠，要求他详尽调查何种机器于中国最为适用。于是这年冬天，容闳赴美定购"制器之器"。

1865年春天，定购的机器全部运抵国内。江南制造总局有丁日昌收购的旗记铁厂的全套设备和容闳采购的"制器之器"。两部分较为先进的机器合在一起，"其中各种紧要机器工程，无不全备"，弥补了以前机器不齐全的缺陷。到了19世纪末期，江南制造总局已成为中国乃至东亚最先进、最齐全的机器工厂了。

容闳作为一个纵观全局的中国近代化实践者，认为实业计划和教育改革同样重要。他于1867年6月在上海发起筹建华商轮船公司，并且草拟了《联设新轮船公司章程》。这个章程多达16款，是代表华商提出的第一个民营轮船公司方案。它在集股、管理、分红诸方面仿效了资本主义企业的形式，试图通过发展中国新式轮船航运业，打破外商对这一领域的垄断。

清朝当局对于容闳创设轮船公司的条陈似乎并未看重，直到19世纪70年代初，洋务派才意识到"中国宜组织一合资汽船公司"的重要性。1872年，李鸿章以北洋大臣的名义筹办"轮船招商十九事宜"，并把这个以吸收民族资本创办的民营航运企业定名为"招商局"。筹建"招商局"的朱其昂在拟定该局第一个章程时，把容闳五年前提出的章程作为重要借鉴文件。

域外文明的引进往往遵循"器物—观念—制度"三部曲，购买"制器之器"属于器物文明的引进，但容闳最着力的一直是"以西方之学术，灌输于中国，使中国日趋于文明富强之境"，而向国外派遣留学生则是完成这一历史使命的捷径。

幼童留美，无奈保守派作梗

当时的清廷因缺少外交人才，处境十分狼狈。中国首任全权使节竟然是一个名叫蒲安臣的美国人。清政府让他代表中国政府出使美、英、法、普、俄诸国，进行中国首次近代外交活动。按中国古代的说法，这叫"客卿"。

清廷在对外交往中也深感培养外交人才的必要，这就为容闳派遣留学生的计划提供了前提。

1870年，容闳在协助曾国藩、李鸿章等人处理天津教案时，重提幼童

中国留学第一人——容闳

留学教育之事。经曾国藩、李鸿章专折会奏，奏旨允行。容闳在日记中喜不自禁地写道："予闻此消息，乃喜而开眼如夜鹰，觉此身飘飘然如凌云步虚，忘其为僵卧床笫间"，"此乃予之计划，方成为确有之事实，将于中国二千年历史中特开新纪元矣"。

1872年至1875年间，每年30人，4批共120名幼童陆续赴美，陈兰彬、容闳首任正副监督。为使留学事业不致中辍，容闳还请准李鸿章在哈特福德的克林街建立中国留学生事务所。

在今天，赴美留学是一件令人向往的事，但在当时可不是这么回事，当时招生极其困难。绝大多数人将出国留学视为危途，尤其美国离中国遥远，不少人认为那是个非常野蛮且不开化的地方，甚至会把中国人的皮剥下，"安在狗身上"。特别是将十来岁的儿童送出国，一别就是15年，还要签字画押，"生死各安天命"，让一般家长难以接受。所以，容闳使出浑身解数，就是招不到这30名幼童。于是他不得不返回老家香山县动员说服乡亲们报名，同时在附近县市活动，结果还是没有招满，最后在香港又招了几名，才凑足30名，于1872年8月11日由上海赴美。以后的三批90名学生，虽然招收时遇到的困难稍小一点儿，但同样艰难。不过，由于容闳的执着，120名幼童如期派到了美国，终于打开了中国官派留学生的大门。这120名幼童多数来自广东等东南沿海地区，这和当时中国的开放格局完全吻合。

幼童们怀着寂寞、凄凉、悲哀但又兴奋、好奇、激动的复杂心情来到了万里以外的新大陆。当他们从美国西部乘火车去东部的时候，幼童们欢呼雀跃、高兴不已；当看到印第安人插着羽毛的奇装异服，成群的野牛在山谷中奔跑时，他们更无法抑制心中的快活。到达东部城市哈特福特后，一系列困难就接踵而来，幼童们兴奋的心情顷刻挥之而去。首先是语言问题。由于没有经过英语训练，无法和美国人交流，而且他们是三五八一组分到了美国友人家里，生活上更摸不着门道。他们的女主人出于爱怜，常常见面就抱起来亲他们的脸颊，让这些幼童各个满脸通红，不知所措。

经过两三年的英语补习，多数幼童可进学校学习了，清朝官吏对他们的管制也相对减少了。在美国的小学、中学，幼童们接受的是一种全新的教育。加上小孩子特有的适应能力，他们很快融入了美国社会。而且，中国人聪明好学、刻苦奋斗的天性，使这批幼童各个学习用功，成绩优良。有的因为用功过度，常常病倒，有三位积劳成疾，客死美国。比起在国内的求学生活，这些幼童的负担要重得多。除了繁重的功课外，他们还要接受中文教育。到了1880年，多数幼童已经中学毕业。个别的如詹天佑等人考入了大学，还有一些进入中专或其他职业学校学习，成才在望。但新的政治危机一天天在增加。

清政府派留美幼童的如意算盘是，在政治和思想上保持封建文化传统的前提下，把美国的先进技术学到手，旧瓶装新酒，换汤不换药。事实证明，这是不可能的。幼童们在美国接受的是西方教育，过的是美国式的生活，特别对于十来岁的孩子来讲，非常容易"美国化"。随着时间的推移，这些幼童不愿穿中式服装，经常是一身美式打扮。不少幼童索性把辫子剪掉，见清廷长官时再弄一根假辫子装上。这让清政府保守派十分担忧：这还了得，这不是忘了祖宗吗？

幼童们从小学到中学，用的都是西方的教材，渐渐地对"四书五经"失去兴趣，对自由、民主、人权之类的东西十分迷恋。与美国女孩子约会的事也时有发生。詹天佑等人还组织了棒球队，在赛场上生龙活虎。容闳

中国留学第一人
——容闳

是对留学生持开明态度的，但他只是留学生团队的副监督，正职由清廷官僚把持，遇到许多重大问题还是由监督说了算。

1876年，吴子登出任留美幼童监督，容闳的日子就更难过了。吴支持洋务事业，还有一定的英语水平，但思想开放度不高，行为古怪，官僚习气严重，对留学生常持异议。他一上任，就将幼童们召来，严加训斥，引起多数留学生的不满。他尤其对一些幼童信奉基督教不满，下令开除了两名信教者，并勒令二人回国。这两名幼童知道回国后没有好果子吃，就在美国友人的帮助下，转往异地上学。这两人后来还成了很有成就的名人。吴子登还增加幼童们的中文课程，突击进行封建道德礼仪教育，对剪掉辫子者严惩不贷，甚至杖责。一时间搞得留美幼童人心惶惶、怨声载道，最后在幼童们的心里反而激起了一种逆反心理。他们对吴子登的话就是不听，只服从容闳一个人，这更使吴子登怒不可遏，视容闳为仇敌。容吴二人常常吵翻，很少平心静气地去讨论问题。

吴子登还经常向清廷写奏折，讲容闳的坏话，说他放纵幼童，目空一切，不能尽职。清廷对吴子登的话信以为真，让连曾纪泽这样开明的官员都认为留美幼童难以成材。所以当1881年吴子登请求清廷将幼童们全部撤回的时候，他的这一请求迅速得以批准。于是，吴下令，所有幼童从1881年8月21日起，分三批启程回国。

容闳本来要将留学计划开展百年，为中国源源不断地培养人才，没想到过早夭折，也只能一声叹息。

不过，即便如此，这些学成回国的学子们仍是人才济济、群星闪耀。他们中间出现了被人誉为"中国铁路之父"的詹天佑，中国邮电事业的奠基人朱宝奎、黄开甲、周万鹏、唐元湛，中国第一代矿冶工程师吴仰曾、邝荣光、唐国安,中国第一代海军将领容尚谦、蔡廷干、徐振鹏,中国第一代留学生外交官唐绍仪、梁诚、梁敦彦等杰出人物,唐绍仪还出任过中华民国首任总理。

制度腐败,让他屡屡受挫

留学生计划半途而废了,但容闳对清廷依然忠心耿耿。中日甲午战争爆发后,远在美国的容闳给当时的湖广总督张之洞写信,提出了两条御敌之策:一条是向英国借款1500万元,购买铁甲舰,雇用外国士兵,从太平洋抄袭日本人的后路,让其首尾不能相顾,此后中国军队海陆并进,以抵抗日本;另外一条是由中国政府派人出面将台湾全岛抵押于欧美的任何一个强国,借款4亿美元,作为对日战争的军费。

张之洞选择了第一个方案,并让容闳赴伦敦借款1500万元。然而让容闳万万没有想到的是,就在容闳与英国伦敦的银行财团商定签约的时刻,清政府却拒绝用海关关税抵押给英国作借款的担保,使得借款协议不能落实,最终容闳的提议胎死腹中。当时的伦敦银行财团认为容闳是在欺诈他们,准备到伦敦法院控告他。容闳被弄得窘迫不堪,在朋友的帮助下方才回到了美国。政府的昏庸无能,出尔反尔,让他无语。

1896年,从美国回到上海的容闳向清廷提出了兴办国家银行、促进工商业发展的计划,并得到了政府高层的批准。正当容闳踌躇满志地想大干一场的时候,半路却杀出了个程咬金——当时的上海招商局总办盛宣怀,

中国留学第一人
——容闳

通过政治手腕和金钱贿赂，把兴办国家银行的差事揽到了自己手里，容闳只好靠边站了。

建国家银行不行，建铁路又如何呢？在1896年和1898年，容闳给清政府上了两个兴修全国铁路的条陈。虽然光绪皇帝在1898年2月批准了容闳的第二个条陈，即修筑津镇铁路，但由于铁路的修建将涉及许多集团的利益，最终在一批地方大员的反对下，筑路计划也无果而终。

一次次的打击让容闳似乎明白了，不变革腐朽的政治制度，自己再怎么折腾也是白费力，国家不会有希望。

后来，康有为、梁启超等人酝酿变法，这让已届古稀之年的容闳心头又燃起了希望。容闳后来回忆说"我万没想到我埋头于自己的工作时，前些年在北京常见的康有为及其信徒梁启超正奔走于伟大的维新运动"，它很快发展到高峰，成为1898年的"百日维新"。

康有为、梁启超对这位数十年来"以西方之学术，灌输于中国"的同乡前辈敬佩有加，视其为"智囊"，每遇重大决策问题，纷纷来到他寓居的金顶庙讨教。容闳几乎参与了维新派所有重大活动的策划，并竭力影响这场运动的发展方向。"百日维新"期间，以康有为为首的维新派通过光绪皇帝，颁布了一系列变法诏书，其主要内容竟和容闳40多年的追求和实践大同小异。

戊戌新政要求"变祖宗家法"，借鉴西方和日本先进的政治、经济、文化制度模式，改造中国传统的封建制度，受到了实权在握的顽固守旧势力的强烈抵制和反对，最后，戊戌变法以"六君子"血溅菜市口而告终，容闳关于政治体制改革的设想成了泡影。

变法无门，走上反清道路

　　都说人越老越保守，观念也愈加陈旧，而容闳却是一个特例。他是越老反而更加激进。当他彻底认清旧体制已经无可救药时，他便毅然走上了反清的道路。既然文的不行，那就只能来武的。

　　1900年8月，维新派人士唐才常等人利用义和团于北方给清政府造成的困境，打算在上海策划"自立军"起义，然后扩展至长江流域，试图用武力推翻慈禧统治，让光绪帝复位。容闳从香港来到上海筹划这次起义工作。不过，这场自立军起义还没发动就被张之洞破坏了。

　　作为"匪首"之一的容闳再次成为清政府指名通缉的政治要犯，不得不流亡日本。在去日本的船上，容闳结识了他的同乡孙中山。容闳在他身上又看到了希望，他说："孙逸仙宽广诚明有志，予勖以华盛顿、富兰克林之心志。"

　　从参加兴中会会员谢缵泰等人策划的"大明顺天国起义"到提出"红龙中国"的计划，容闳为反清的革命党人做了大量工作，提出了大量有益的建议，并被孙中山等人吸收、采纳。

　　皇天不负有心人，1911年爆发的辛亥革命最终让腐朽不堪的清王朝倒台，中华民国建立。而此时的容闳已经在美国病入膏肓，奄奄一息。1911年12月25日，孙中山回到上海，着手筹建南京临时政府。容闳得知消

中国留学第一人
——
容闳

息后，感到非常振奋。他致函老朋友谢缵泰，请他寄一份"完整的内阁名单"，并代向孙中山表示他"衷心的祝贺"。他还告诉谢缵泰，他的"健康情况逐渐好转，或许会到中国来参观这个新共和国"。不过天不遂人愿，容闳再也没有踏上祖国的土地。1911年4月21日上午，容闳离开了这个让他充满伤感、无比留恋的世界。

容闳享年84岁。他一生都在苦苦求索中国的富强之路，他的人生正是转型中国的一个缩影。

近代杰出外交家
——伍廷芳

伍廷芳（1842—1922年），清末民初杰出的外交家、法学家。1874年自费留学英国，入伦敦学院攻读法学，获博士学位及律师资格，成为中国近代第一个法学博士。后回香港任律师，成为香港立法局第一位华人议员。洋务运动开始后，伍廷芳于1882年进入李鸿章幕府出任法律顾问，参与了《中法条约》、《马关条约》谈判。1896年，伍廷芳被清政府任命为驻美国、西班牙、秘鲁公使，签订了中国近代史上第一个平等条约《中墨通商条约》。

辛亥革命爆发后，伍廷芳任中华民国军政府外交总长，主持南北议和，达成迫清帝退位的协议。南京临时政府成立后，出任司法总长。后又参加护法运动，历任中华民国外交总长、财政总长、广东省长。1922年，陈炯明叛变时，因惊愤成疾，逝世于广州。伍廷芳在晚清和民国政坛上都可以称得上是叱咤风云的大人物。

精通洋务，入李鸿章幕

伍廷芳，名叙，字文爵，号秩庸，广东新会人。1842年7月20日出生于新加坡，3岁随父亲返回中国，定居广州。

1856年，伍廷芳入香港圣保罗书院就读，后转入皇后大书院学习。在那里，他那聪颖的天资得到了充分的展现。1861年，19岁的伍廷芳被录用为香港高等审判庭译员，自此开始接触并学习西洋法律。1874年，伍廷芳负笈西游，进入英国最负盛名的法律学校——伦敦林肯法学院学习法律，开启了近代中国人自费留学的先河。1877年，他获得博士学位并取得律师资格。这是中国人第一次获此殊荣。

1877年3月，伍廷芳谢绝了中国驻英公使郭嵩焘的挽留，返回香港，在香港法庭从事律师业务，成为第一位在英国殖民地担任律师的中国人。担任"太平绅士"和立法局议员，是伍廷芳在香港任职期间最光彩照人的一笔。"太平绅士"是英文直译，即治安委员的意思，此职在香港政治生活中具有重要地位。自1843年设立以来，所有的太平绅士均由英国人担任。1878年12月，伍廷芳成为获此殊荣的第一位中国人。1880年2月，伍廷芳成为香港政府立法局议员，打破了英国人38年来对香港立法机关的独霸局面。

其实，此时的香港是英国殖民者的天堂。1882年10月底，伍廷芳因不堪忍受英国人的民族歧视政策，愤然离职，北上天津。

也恰在此时，直隶总督、北洋大臣李鸿章正急于寻找一个通晓外语又熟知西洋法律的幕僚，伍廷芳随即进入了他的视野。

李鸿章在给总理衙门的函件中说及自己在与外国人打交道时的遭遇时，提到了伍廷芳，他说："近来各口交涉事件日繁一日……泰西各国欺我不谙西律，遇事狡赖，无理取闹。折之以中国律例，则彼诿为不知，悍然不顾。思有以折服之，非得一熟谙西律之人不可，顾物色数年，无得其人。日昨津海关道黎兆棠带粤人伍廷芳来见，久闻其人熟悉西洋律例，曾在英国学馆考取上等。于其来谒，虚衷询访，俱能指陈核要。虽住香港及外国多年，尚恂恂有儒士风，绝无外洋习气，尤为难得。……此等熟谙西律之人，南北洋须酌用一二人，遇有疑难案件，俾与洋人辩论。……唯闻伍廷芳在香港作大状师，岁可得万余金，若欲留之，亦必厚其薪水。黎道曾微探其意，非每年六千金不可，为数似觉太多。"

但李鸿章决意招揽伍廷芳，向总理衙门提出聘用建议，慨然表示"如承允许，其薪水一切，当会商南洋筹款给发"。李鸿章在当时权势煊赫，这一政治平台足够高，又加上他开出的薪水相当令人满意，这显然打动了伍廷芳。

1877年10月，伍廷芳应聘为李鸿章幕府，担任法律顾问。但不久，其父病故，伍廷芳按清朝律制丁忧，再返香港执业，并于1882年就任首任华人太平绅士和立法局议员，成为大英帝国怀柔华人的一面旗帜。但志向高远的伍廷芳不会挂怀这种"殊荣"，同年11月，他再次北上，投入李鸿章门下，开启了他在晚清外交舞台上的新篇章。

与日交涉，捍卫民族利益

　　加入李鸿章幕府的头几年，伍廷芳只是"办交涉，译法律"，但1886年秋发生的长崎兵捕互斗事件给他提供了第一个展示处理外交事务能力的重要舞台。

　　长崎兵捕互斗事件肇因于洋务运动中海军建设的一个失误。清政府光考虑购买船只，却没有修造船坞，结果导致中国海军有舰队却无法自我修理的恶果，遭到列强的耻笑和蔑视。觊觎中国已久的日本自然对此是大加利用——允许中国军舰到日本进行维修。在船坞修成之前，中国海军军舰不得不到日本进行维修。这次事件的直接诱因是，当中国到日本长崎维修舰船的水兵上街购物时，遭到日本巡捕的挑衅，发生了所谓的兵捕互斗事件。由于日本巡捕人多势众，持刀围砍，互斗的结果是中国士兵死亡8人、伤22人，而日本人死2人、伤27人。本属肆意寻衅的日本人不仅不反省自己，其政府更是火上浇油——日本外相井上竟倒打一耙，恫吓清政府驻日公使，威胁说如果处理不好，将可能导致"两国失和"。腐败软弱的清政府正因连年的战争而内外交困，十分担心日本借机生事，于是力主就事论事，大事化小，小事化了。议和事务由李鸿章主持，由清政府雇用的西洋律师赴日交涉。西洋律师了解案情之后认为日方理亏，这显然不是日本愿意接受的结果，于是，日本借口要中方添加新的证据，意在无限期拖延案件的审结，为日本制造侵华事端保留口实。李鸿章熟悉此种伎俩，急

大清幕僚故事

于结案，于是伍廷芳成为他倚重的参谋。

临危受命的伍廷芳对此局面拟出了颇具层次性的四项方略：一是要求案件由两国派员会审；二是建议由两国外交使节或是政府来审理；三是招请友邦谙悉多国刑事法律的大员调停；四是如果上述方法均遭日本阻挠而告失败，则与日本断交。

公平地说，伍廷芳的办案方针相当高明，他知道日本人不会接受中方聘请的西洋律师得出的结论，于是刻意引入西方列强参与调解。伍廷芳清楚地知道日本人明白曲在日方，但在当时的情势下，一方面中国虽然在国际政治中处于弱势，可日本也尚未有足够的信心立刻与清政府对抗；另一方面，如果有西方列强的卷入，那么日本凶暴野蛮的行径一旦暴露于西方列强面前，日本将在干涉中国事务方面失去和西方列强较量的筹码。伍廷芳的方案合乎国际法律惯例，层次分明，而且能确保清政府在政治上进退有据。因此，该方案得到了李鸿章和清政府主要大员的支持。果然两个月以后，日本政府感到此案久拖不决，会对日本的国际形象造成损害，于是主动邀请德国驻日公使出面调停。

1887年1月28日，该案件审结，具体的处理方式是：不公开谴责日本的暴行，也不做国际交往原则中应做的道歉行为，仅仅在抚恤金上多出3万元钱。这种不公正的处理结果，显然为日本未来肆意侵凌中国壮了胆；但对懦弱昧暗的清政府来说，他们认为这已经顾全了自己的脸面。除开这一后果，单看伍廷芳在此案中的表现，可称顾全大局，处理有理有节、张弛有度，初步显示了作为弱国外交官的独特风采。

1894年，中日甲午战争爆发，在战争实力和准备时间均高于日本的情况下，清政府遭到了耻辱的失败。伍廷芳在战争中参与铁路管理，协调军需物资和兵员的运输事务；但战争结束之后，他又不得不站在了耻辱议和的第一线——李鸿章奉旨派张荫桓、邵友濂带国书赴日求和，伍廷芳以候补道派充头等参赞。

1895年1月29日，中方代表团抵达长崎，日内阁大臣伊藤博文、外相陆奥宗光接洽，但日方以张、邵不是全权代表为由，拒绝谈判。不仅如此，日方还蛮横地拒绝中方代表团用密码发电与国内联系，中国代表团陷入困境。这一期间，伍廷芳得到了两次和伊藤博文私下面谈的机会，终于探听到了日本的真实意图和议和目标——伊藤博文几乎明确地给出了日本索要的价码：他们要求李鸿章作为双方谈判的中方全权代表，并要求割地赔款。伍廷芳终于弄清了日本羞辱中方代表团的主要原因，并把他探听到的情报如实上报给了清政府。最终，清政府特派李鸿章为拥有割地、赔款权力的全权代表，赴日谈判。

虽然对中国人来说，《马关条约》实在是丧权辱国，但在当时的条件下，清政府缺少和日本帝国主义讨价还价的基本条件，签署这一条约几乎不可避免。然而，伍廷芳在李鸿章谈判完成之后，还得痛苦而难堪地以二品顶戴候选道头衔充当换约大臣。在换约结束后，由于日本割占辽东半岛侵害了俄国的利益，引发了三国干预，日本被迫归还中国辽东半岛，但要以多赔3000万两白银作为补偿。

在这次补偿谈判中，日本人又耍了一个阴谋，要求攫取更多的权益和降低日货的关税，意图违反已经议成的《马关条约》。在当时，盛宣怀曾有一个设想，准备中外统一税率，而对华商减税二成。伍廷芳机警地看到了其中的危险，因为西方列强已经在中国取得了领事裁判权和片面最惠国待遇，如果盛宣怀的意见付诸实施，则必然给西方列强以共享的借口。伍廷芳于是提议盛宣怀建议的后一部分以政府补贴的方式实行，尽可能地维护了中国的权益。

晚清政府对日外交过程几乎无称道之处，但伍廷芳作为其中的参与者，平心而论，他的个人表现应该是可圈可点的。尽管他不可能扭转清政府屈辱的外交颓势，但他个人在其职责范围内尽可能地维护了中方的权益。虽然后世学者在对日本开放的秘密档案进行研究后表示，伍廷芳后来为了帮助他的恩主李鸿章进行国内政治斗争，一度试图借助日本势力——这种行为严重有违国格、有失体统，有人认为他的政治大局观大可质疑——但这无损于他作为法学专门人才在外交实务中的敏锐和爱国情操。而这也正是他后来被清政府委派负责处理对美外交事务的主要原因。

出任公使，维护华人尊严

1896年11月，在对日外交舞台上的表现深获清政府认可的伍廷芳受命充任驻美、西、秘国公使。伍廷芳此行任务非常明确，那就是"使命所重，首在保护华工"。

今日以自由人权的守护神自居的美国，当时对华工问题的处理，真可称得上是其人权史上最黑暗的一面。华工成为美国历史的一个问题，还得从华侨迁居美国的历史说起。有据可查的记录显示，华人最早进入美国大约是在18世纪80年代。到了19世纪中期，由于美国加州发现金矿，以及美国内战以后劳动力短缺，需要廉价劳工，大批华人开始进入美国，为美国矿业开发以及修建横贯美国东西海岸的大铁路作出了贡献。起初，由于华工吃苦耐劳、温顺和善，美国人对中国人的印象相当好，但随着欧美各族裔纷纷涌入美国淘金，美国这片新大陆的劳工数量日益饱和，这时，温顺

近代杰出外交家——伍廷芳

217

的华工便开始成为美国白人排斥的主要对象。

　　美国许多州的白人种族主义者以洗劫财物、焚烧房屋，甚至屠戮华人的方式掀起了一波波排华浪潮。由于清政府的软弱无能，华人在美国的悲惨命运更是雪上加霜。我们可以从1870年内华达州州长佛里得崔克的一段涉及白人暴徒殴打华工案件的表态中看出当时在美华人的景况："不能在警察法庭由被选的法官将殴打中国人的暴徒定罪，因为暴徒及其亲友握有选票，而中国人没有，也不能投票。"官方的态度尚且如此，美国迫害、排斥华工的浪潮自然是一波接着一波，而且从规模到伤害程度是愈演愈烈。

　　清政府从19世纪80年代开始关注在美华工的悲惨命运。1880年10月，美国科罗拉多州发生一起1000多名白人围攻、劫掠华人的暴行，并打死一名华人。当时清政府驻美官员陈兰彬下令旧金山领事调查真相，并向美国国务院提出控告。结果直到年底，美国政府方面居然表示，政府从不对地方政府和个人的行动负责。这种赤裸裸地纵容迫害在美华人的政策在1882年达到了顶峰，这一年，美国国会通过了令世界人权史蒙羞的第一部排华法案《1882年限制法案》。该法案以法律的方式禁止华人移民美国，并为美国以国家动员的方式迫害华人大开绿灯。1892年5月，美国国会再次通过基利提出的《禁止华人来美法案》。该法案明确规定："现存任何禁止、限制华人或华裔入境的法律在未来十年继续有效。任何华人或华裔被法律认定其居留美国为非法者，即被认为是非法居留。华人非法居留将被判一年以内的劳役，事后解送出美国国境。拒绝任何没有居留权的华人申请人身保护。"该法案还要求，此法施行后一年内，一切准许居留的华工应向所在区申请居留证，无证华工将被视为非法居留。

　　中国是美国的邦交国，但美国国会居然会通过这种特定的歧视性法案，严重违背了国际公约的精神。清政府不得不进行交涉，然而结果相当不理想。

伍廷芳就是在这种困难的情况下出使美国，继续与美国方面交涉华工保护的问题。伍廷芳刚到美国不久，1897年新泽西州就发生了华人遭白人暴徒凌辱事件，但当地政府照例不予理睬。伍廷芳得知后，当即照会美国外交部。他在照会中指出："地方官有意纵容匪徒殃害华民，殊与条约（指1894年中美双方签订的同意节制中国劳工进入美国的条约，俗称'华工条约'）之旨有悖，即于贵国律例亦不相符。"伍廷芳真正指出了要害——该事件违反了美国自身的法律。在伍廷芳的干预下，这件事最终得到了解决。这类成功的例子实属罕见，但是伍廷芳一直没有放弃，他为了中国人的利益继续努力着。

排华浪潮并没有因任廷芳的努力被遏止。不仅华工的人身安全得不到保障，连清政府的驻美官员都受到白人种族主义者的羞辱，伍廷芳自己就两次遭遇这个问题，但警察并不制止。伍廷芳对此十分气愤。1898年9月，他照会美国外交部，指出纽约作为美国第一大都会，发生这种不文明事情，真是"贻笑大方"，有损"文明之国"之名声。他要求美国不得纵容其公民肆意骚扰华人。美方阳奉阴违，放任美国暴徒羞辱中方官员的事态仍在继续发展。

不仅华工、中方驻美官员遭到暴徒侵犯，就是"华工条约"许可保护的中方学生、商人也一样遭到美方的滋扰和欺凌。美国官方一方面对"学生"一词严加限定；另一方面，在执行过程中，美国移民局官员设置种种障碍，阻止敢于到美国求学的中国人入境或居留。举一个可笑的例子：在1901年，一名叫叶华（音译）的中国学生在旧金山被拒绝入境，理由是他的英语不好（一说是嫌他太年轻）。伍廷芳为此照会美国总统和外交部，

近代杰出外交家
——伍廷芳

但事情拖了三个月，最终没能得到解决，叶华被遣返。就是后来在中国声名显赫的孔祥熙也一度遭到这种对待。1901年9月，孔祥熙在美国教会办的华北大学堂教习迈拿的陪同下抵达旧金山，也被以护照不合格为由，拒绝入境。伍廷芳再次与美国当局反复交涉，最后，直到驻旧金山总领事馆具结担保，中国政府补发所谓"合格护照"后，孔祥熙才最终得以入境。而华商在美国的处境也不比学生好到哪去。华商谭金培、黄信全在墨西哥经商多年。1899年2月他们持美国领事馆签发的护照进入美国，结果被拒绝。理由十分荒唐，竟然是他们的手太粗糙，不像经商的人！不仅如此，美方还将二人拘押监禁直到同年8月才释放，递解出境。

在美国从官方到民间歧视迫害华人的浪潮中，上述荒唐的事情数不胜数。作为中方驻美使节的伍廷芳对此忍无可忍。他认为，作为主权国签订的条约，应该具有庄严的约束力、合法性，双方应对等执行，不得单方面肆意扭曲，乃至公然违反条约规定。1901年12月，他照会美国外交部，指出两国立约通商是照约进行的。官员、学生、商务人员，按条约应该受到切实保护。可是美国方面百般刁难，乃至公然违约，实在是"既背约章，又乖公议，殊非交际之道"。他愤怒地指出："以素号文明之国，而此损碍声名之事，窃为贵国不取！"

伍廷芳的照会义正词严，而事实证明，帝国主义为了自己的利益，实际上并不在乎自己的脸面，既不要道义，也不会讲什么人权，伍廷芳的努力收效甚微。根据中美签订的条约，美国限制华人入境、居留的条款只限于美国本土，而不涉及其属地，但随着美国逐步摆脱孤立主义政策，而迈向帝国主义之时，便开始公然违约。夏威夷从18世纪初开始一直是华人登陆美洲的重要地点，而且华人和土著相处无碍，从来没有什么签证纠纷。1898年夏天，美国吞并了夏威夷，同年7月，美国国会即通过《排华法案》，不允许华人通过夏威夷进入美国。即便早就定居夏威夷的华人也必须在限期之内重新领取证件。而且，这一法令只针对华人，而不针对其他亚洲国家的移民。

这种公然的歧视，极大地伤害了伍廷芳的民族自尊心。他向当时的美国国务卿海约翰发出照会表示抗议："在夏威夷岛只排斥华人，是在全世界人心目中贬低整个中华民族。在并无歧视任何其他亚洲民族的立法的情况下，尤其如此。"但一贯我行我素的美国政府对此不予理睬，海约翰还公然告知伍廷芳，这就是美国的立场！虽然木已成舟，但伍廷芳没有放弃，他又知会美国总统，请求他组织一个委员会调查《排华法案》对中美关系的影响，但美国政府根本不予理睬。

中国人移居包括菲律宾在内的东南亚各国的历史，远比美国自己的历史更悠久。但随着1898年美西战争结束，美国托管了菲律宾后，美军统帅奥蒂斯竟然发布命令不许华人进入菲律宾。且不说美国在菲律宾排华的行为多么可笑，单就奥蒂斯的行为而言，也显然不符合国际惯例。

伍廷芳当然义愤填膺。1899年2月，他知会美国政府表示抗议，但得到的答复居然是"美国政府并不知情"这样的蒙起眼睛哄鼻子的搪塞之词。直到同年8月，中国驻菲律宾总领事向美国政府通报排华法在菲律宾的实施是违法的，美国才勉强承认事实。既然如此，伍廷芳随即于9月12日向美国政府提出强烈抗议。他依据美国政府历史上颁布的法令，指出了美国在托管地实施排华法违反美国法律；而且作为一个军人，奥蒂斯擅自推行违背美国法令的行为是可质疑的。

这一次，伍廷芳以其精湛的法学知识，以子之矛，攻子之盾，驳得美国哑口无言。美政府被迫于12月通知伍廷芳：美国已经指示奥蒂斯，不许违反条约精神；奥蒂斯也注意到了中方的质疑。菲律宾华人的处境由此得到保障，而这显然和伍廷芳的执着与努力有关。1901年年底，美国议员卡恩再次提出新的排华法案，伍廷芳也再次提出抗议进行交涉。他逐一批驳了该法案罗列的排华理由。遗憾的是，1902年4月，美国政府再次通过了该法案。这次交涉的失败，深深地刺激了伍廷芳，他最终知道，依靠法律保护华人将是不可能的，而必须寻求新的办法。今天我们都知道，根本的办法当然是中国能强大起来。

虽然伍廷芳保护华工和华人的努力大多以失败告终，但也并不是全无成果。在充任驻美公使期间，他处理了不计其数的涉华案件，每一件他都"无不抗辞力辩，笔舌并争，其间因驳论而挽回者，殊不乏人，因其口供不符，原船拨回者，亦所恒有"。伍廷芳坚持不懈地抗争，特别是他在媒体上的持续呼吁，打动了不少美国有良知者。美国的排华浪潮逐步遭到正义舆论的压力，这种压力最终传递到了华盛顿，促使中美侨务问题逐步朝好的方向发展。而这在很大程度上和伍廷芳的努力有关系。"正是他像牛虻一样，以抗议叮住不放，"柯立芝评论道，"伍廷芳公使的卓越人格加速了一个新的反排斥运动。中国有些有学问、有价值的人在华盛顿，但是从没有一个能够以他自己的理由硬碰西方的外交官和用他自己的武器打击他们。罗斯福总统和海约翰国务卿首次答应伍廷芳公使进行讨论——为了相互的国际利益，而不是局部的和阶级的激动。"

这一评论再生动不过地显示了伍廷芳在中国孱弱的背景下，在奉行丛林法则的国际外交舞台上展示出了多么独特的魅力。他在很大程度上维护了在美华人的权益，为他们在美地位的逐步提升作出了巨大的贡献！

清廷衰朽，改良愿望破灭

伍廷芳就任驻美公使期间的首要任务是保护华工，但他并没有把自己局限于这一琐碎的事务。在出使美国后，伍廷芳对美国的了解逐步加深，意识到美国和日俄等强权国家有区别。他逐步将美国与英国同等对待，认为中国可以指望得到英美的帮助，从而制衡俄、法、日等国对中国的蚕食。而要达到此一目标，必须把美国更深地拉进中国事务，为此，他开始构思在中国实行"门户开放"的政策。

1898年2月，伍廷芳向清政府呈递了《请变通成法折》，表达了他依据世界大势的发展而提出的主动应变的"门户开放"观。奏折中说，通过和美国、英国互相贸易的办法可以促成均势，有利于中国自身的繁荣。他把美国描述成列强中最恭顺的国家，如果能对其善加利用，完全可能起到远交近攻的外交效果。他在奏折中提议"全国开放，重门洞开，示人以无可欲——欲国一劳永逸之谋，则莫如开诚布公之策"。并为此一方略描绘了美好的图景——"如此，则中国政令一新，方图自强"。伍廷芳的见解一举突破了过去清政府在对外交往中屡屡失败的"师夷长技以制夷"的老方略，无异于为正在为列强即将把中国"瓜分豆剖"而担忧的清政府打了一针强心剂，让晚清政府仿佛看到了挽救自己的曙光，清政府对此提议颇为心动。按照伍廷芳的"门户开放"设想，如果中国要实行门户开放政策，需要做到这样几点：中国要收回治外法权；通商部分要加重关税；门户开放的各方应实行互利互惠的政策。

令人啼笑皆非的是，翌年，美国正式提出了门户开放宣言，并正式要求清政府实施门户开放政策。伍廷芳当然极力赞成，他以为美国将如他所信任的那样，是一个守法守约的国家——毕竟，伍廷芳在与美国的侨务交涉中，并不乏依照美国法律交涉成功的先例。

伍廷芳是历史上最早提出"门户开放"政策的外交家，我们认为他的设想并没有错误，而且称得上是高瞻远瞩。如果说伍廷芳的这一设想有什么问题的话，那是时代的局限。在那个时代，伍廷芳没能认识到帝国主义列强贪婪的本质，也不明白西方主导的国际关系的规则是"强权即是真理"，实行的是丛林法则。换言之，弱国在国际外交舞台上是没有发言权的。要利用列强之间的相互制衡，谋求自己的发展，这种策略即使确实可行，那也需要一个前提，即该国自身也必须具备相当的实力。否则，任何相关的计谋，都一定是与虎谋皮。

1902年12月，伍廷芳回到了阔别七年之久的祖国，随即投入到了"清末新政"中去。在以后的五年中，伍廷芳被任命为修律大臣，按照近代西方法学原理，参与对中华法系进行全面的删改与增设工作，为初步形成具有中国特色的近代法律体系的初步形成作出了贡献。

1907年9月，伍廷芳再次被委派为出使美、墨、秘、古国大臣，直到1910年。其间，其最大的收获是与秘鲁政府签订了旨在保护华侨的《中秘条约》，签署了《中秘废除苛例证明书》。

第二次从美洲归来后，伍廷芳称病请假，寓居上海。他将自己的寓所命名为颇有深意的"观渡庐"，自号"观渡庐主人"，其不问世事、坐看云起云落之态，呼之欲出。

一贯积极入世的伍廷芳，在历史的关键点上，却选择了消极避世，不是没有原因的。他虽然官至二品大员，可谓"受朝廷恩遇不薄"，但是内心的再造文明之梦终究仍不过是梦想而已！初时，他对清廷抱有相当期望，然而时间越久，参与越深，他就只有失望越大罢了。早在甲午战争失败后，他痛感保守分子阻挠改革，就曾悲愤地说过"中国没有革新希望"。主持修订法律时，他对北京官场风气又大为不满，以致对外国记者抱怨："我看中国没有希望！"总之，他"劝导改良，几于唇焦舌敝"，可惜言者谆谆，听者藐藐，最后只能"事事失败，见挫强邻，民心乖离，酿成党祸，令朝纲隳于一旦"。长期服务于清廷的他，不屑于做一个迂腐的遗老，他以七旬高龄，"而今迈步从头越"，重新作出了政治抉择。

代表革命党人，主持南北议和

1911年10月10日，武昌起义一声枪响，各地闻风而起，纷纷宣布"光复"，腐朽的清王朝土崩瓦解。

1911年11月3日，上海革命党人以伍廷芳"伟才硕望，中外咸钦"，故托人劝他出任沪军都督府外交总长。伍一开始以年老体弱相辞，后来勉强接受。到11月4日上海光复，6日都督府宣告成立，伍廷芳就走马上任了。前后相差，不过几日而已。以他的能力与声望，能在这么短的时间里，投身到一个充满艰辛与风险的全新事业——肇建民国当中去，其决心和影响可想而知。

时局的波谲云诡，总是出人意表。虽然武昌起义之后，各省纷纷宣布独立，清廷分崩离析之势不可阻挡；但清廷毕竟是百足之虫，死而不僵，

近代杰出外交家
——伍廷芳

尤其是随着袁世凯复出,他挟北洋六镇之势力,耀武扬威,一时倒也令革命党人无可奈何。此时,南北双方谁要吞掉谁,都有千难万难;而军事上占据优势的袁世凯,又在背后大玩养敌自重的伎俩,所以,最终双方有意无意地维持住了一种均势。此时,独立的各省固然愿意早日和谈,以定大局;袁为着政治野心,想早点坐上袁氏江山的宝座,也唱起议和高调,他还抢先南方一步,选派唐绍仪为北方议和总代表,南下湖北,争得谈判主动权。

唐绍仪,字少川,广东香山唐家湾(今属珠海)人,早年留学美国,后任职朝鲜16年。回国后,他仍然长期且专门从事维护中国主权、增进中国利益的外交活动。其中,尤以赴印与英国谈判,解决西藏问题,及在收回利权运动中处理煤矿与铁路事务的政绩,使他享有盛名,号称为"清廷显官,政学前辈"。由他出任北方总代表,一方面固然是袁世凯的主意,另一方面却也是众望所归。反过来看南方,在能力、资历和声望上能与唐绍仪并肩抗衡的,除伍廷芳等寥寥几人外,找不出更多。

出任南方议和总代表,伍廷芳当然是最佳人选。所以,尽管上海的陈其美与湖北的黎元洪为争夺革命领导权斗得不亦乐乎,但前者一提议伍廷芳,后者则除了把工夫放在争得谈判地点设在武汉外,对于人选问题只得同意。12月5日,代理中央政务的黎元洪正式任命伍廷芳为民军总代表,代表南方主持和谈,以"不辜负十一省推举之望"。

伍廷芳却并不想买陈其美的账。对于出任总代表一职,他先是表现冷淡,继之以推却。陈其美急于求伍廷芳出马,以盖过黎元洪,据说竟至于在伍面前长跪不起,苦求不已。他的诚心总算是把伍廷芳感动了。但北方的唐代表还未到,南方又为议和地点争得不可开交起来。黎元洪力主在汉口谈判,伍廷芳则以事务繁多、各国公意等理由主张将议和地点定在上海。双方电报来来去去，等到唐绍仪已经到了武昌，还没争出个定论。后来南京光复，清廷又夺去汉口，武昌处于大军压境之下，才不得已定为上海。

12月18日下午，海内外万众瞩目的"南北和谈"拉开序幕。伍廷芳、唐绍仪各率领其参赞（南方有汪精卫、王宠惠、王正廷等，北方有杨士琦、章宗祥、严复等），在上海公共租界市政厅展开争论。双方唇枪舌剑，一直谈判到31日，留下会议记录5次，才达成了不少共识。

伍廷芳的卓越才识，在这次和谈中得到了最充分的展现和挥洒。他认为当务之急在于南北停战，"须实行停战，方可议和"，因此，每次会议开始，第一个议题就是落实此事。他提议搁置谁先开战的争论，即行罢战，并归还各自在停战期间违约进占的土地。对这个紧急问题，他的对策始终是避免无谓纠纷，灵活而求实效，予以彻底解决。这与他在商量根本问题——今后政体到底应是共和还是君主立宪时的坚持原则、寸土不让，恰成鲜明对照。他力陈今日中国皇帝已经不能再要，君主立宪是行不通的，只能实行共和立宪。他不但坚持这个原则，甚至还想方设法，动之以情，晓之以理，对对手大搞策反。

同为"海归派"的唐绍仪，对这番道理当然是衷心赞同的。况且，他自认为他来南方的主要使命，并非是为了拯救已经半死不活的清朝，而是运用妥协的手段，务使南方确认袁世凯的地位。所以，皇帝要也罢，不要也罢。他告诉伍廷芳："共和立宪，我等由北京来者无反对之意"，"且我共和思想尚早于君，我在美国留学，素受共和思想故也"。他还表态说今天所议，并非为反对共和宗旨，"但求和平达到之办法而已"。伍廷芳答："承认共和，则一切办法皆可商量"，今日"我等最注意者，宜使中国完全无缺，不为外人瓜分"，至于其他的如皇室待遇、旗人的安置、五族问题，都"自有善法"。唐答应电告袁世凯，"欲和平解决，非共和政

近代杰出外交家
——伍廷芳

体不可"。

这时要袁世凯答应赞同共和，当然还为时过早。表面上支持君主立宪的袁世凯，在内心中却认为君主立宪也好、共和也好，都是表面文章，真正的问题，在于谁的手里握有大权，名至实归。所以他对唐绍仪的回复中，既不说要这个，也不说要那个，而是推说得召集国民会议，再行决定君主或民主问题。

于是南北双方又围绕召开国民会议的开会办法、代表组成，尤其是地点问题，进行了激烈的争论。同时商讨的，还包括日后政治转型之后的各种善后问题，如优待皇室及五族共和、停战期间借洋款及其分成等等。双方虽时有较大的分歧，但对于和谈来说，并不形成关键的障碍，所以也就常常易于达成共识了。即使其中偶有风波，也并不算大。伍廷芳的谈判风格，又回到了在不丧失原则的前提下，以灵活务实和可操作性为准。

1912年1月1日是一个转折点。这一天，南京临时政府成立，孙中山出任临时大总统，中华民族掀开了历史新纪元。这个消息对于觊觎元首之位已久的袁世凯来说，不啻一记耳光。这时，清廷也在不断对他施加压力。名义上还是清朝臣子，而且不得不倚重这一身份的袁世凯，当然不便于完全不顾朝廷的面子。所以，正当上海滩的伍、唐两人达成诸多共识，并留下一系列白纸黑字的文件时，1月2日，恼羞成怒的袁世凯以这些约定未与他商明为由，全部判为违规。唐的议和代表职务亦同时被他免去。接下来的谈判，袁要求转为由他和伍廷芳两人"直接往返电商"。

消息传来，伍廷芳不禁为袁世凯的背信弃义感到愤怒。次日，他在复袁世凯电中一开头就说自己对此"深为诧异"。接下来，他在多封电报中强调，唐绍仪既然携有全权代表文凭，"本代表即认唐使有全权会议"，在其辞职之前，所订之约，一经签字，即有效力，应当遵守，"若以签字定议之条约可任便作为无效，将视同儿戏，代表全权之信用扫地，何以与列国友邦并立于世界？"至于袁要和他电报谈判，伍则始则以兹事体大、电谈不便推脱，继则以既然是袁中间生事，则袁应亲临南方谈判要挟。电报中犀利而又句句在理的文辞，把袁世凯说得哑口无言。针对袁世凯"何以未开国民会议决定政体，南方先组临时政府，又选举孙中山为临时大总统？"的责问，伍廷芳回电说："民军已光复十余省，不能无统一之机关，且于国民会议未议决前成立临时政府，并选举临时大总统，只是民国内部事务，这也是政治通例。"他反诘道："请还问清政府，国民会议未议决以前，何以不即行消灭，何以尚派委大小官员。"而对袁世凯大玩软硬兼施的两面把戏，一边谈判一边纵容部下南犯，伍廷芳则一面在电文中以事实加以斥责；一面又致电各国领事，以求国际舆论支持。他还致电提醒孙中山，让他对此要严阵以待。伍廷芳甚至还利用北洋军阀的内部矛盾，力图从中分化……

逞一时口舌之快可不是伍廷芳的作风，讥刺袁世凯，是为了在道义上抢得上风。一旦到双方商及实务，伍廷芳的作风就很务实了。他在与袁世凯过招时，总要占据有理、有节的气势，以做到对共和事业和国家前途最为有利。这一轮的谈判一直持续到1912年2月12日，双方达成了如下协议：清帝逊位，而孙中山将大总统一职让与袁世凯。协议既成，2月16日，伍廷芳以"全国统一，和谈告竣"，提出辞呈。17日，孙中山即复电同意。南北和谈和它前后所有的文戏、武戏，也就由此缓缓闭幕了。

尽管总的形势最后不可避免地倒向了袁世凯，但伍廷芳代表南方谈判所取得的成就仍然不可磨灭。孙中山在17日电文中对他带领的和谈团体给予了极高评价："公等为民国议和事，鞠躬尽瘁，不避嫌怨，卒能于樽俎之间，使清帝退位，南北统一，不流血而贯彻共和之目的，厥功甚懋！"

近代杰出外交家
——伍廷芳

229

南京临时政府成立，出任司法总长

1912年1月3日，南京临时政府组阁，伍廷芳出任司法总长，而外交总长则由王宠惠出任。

消息一出，舆论哗然。因为无论凭资历、声望，还是工作的连续性，大家都认为外长一职都理应归于伍廷芳（伍之前任中华民国军政府外交总长），而不是从耶鲁大学毕业还没几年的毛头小伙子王宠惠（时年31岁）。就连王宠惠本人，也深知自己根本不能与伍廷芳相提并论，故而表示不敢接任此职。消息传到上海，伍廷芳在沪的广东老乡们不但对孙的安排大加抨击，还扬言要暂不交付本已认定的借款白银40万两。美侨创办的英文报纸《大陆报》的记者也向孙中山提问，表示这个任命"颇滋群疑"。孙中山回答，伍廷芳外交上名头虽大，"惟吾华人以伍君法律胜于外交"，他过去编辑新法的心得经验，现在可以"施行于共和民国"，而且民国建设伊始，"宜首重法律"。外交虽然本为一国最重要的政策，但法律未编定，才能再高，"掌理外交，亦将无用"，所以"本政府派伍博士为法部总长，并非失察"。他的理由虽然听来完美，却并未能说服众人。据说，孙中山做这样的人事安排，是由于他有意于暗中自主外交，这样当然是用年轻人比用长者更便利。否则，要绕开伍廷芳，谈何容易！所以，他力劝王宠惠"勿怯也"，大胆上台。

伍廷芳本人对这次任命反而没有表现出什么不满，他一再表态，说自己视这两个职位"无甚差异，无所好亦无所恶"。他还去信阻挡护己心切的同乡们，以大义相申，劝其"阋墙之争，最所当戒"，以免为人所乘。一场风波虽然因为他出面打圆场而消弭于无形，但这也预示着伍廷芳与革命党人以后的合作必定充满纠葛、分歧。

临时政府的人事任命问题只是一个序幕，南北议和进入最后阶段时，袁世凯授意的一个新提案引起了令双方不快的风波。袁的提案，大致意图就是要求清廷准他先期在天津成立一个临时政府，以应付清廷和南方临时政府同时消失的局面，到时他便可以大权独揽。

孙中山当然知道袁世凯的如意算盘，于是令伍廷芳改变原来与北方达成的共识，即在清廷逊位后南方共和政府即于两日内解散的协定，以反制袁的新提案。但是，伍廷芳却以为，这是一种自食其言的做法。他引唐绍仪的话说清帝退位后，"北京必不即设临时政府，此层可以无虑"；他还以为，孙中山出此下策，是由于他个人有心恋栈。孙中山连忙出来解释、辩诬。所幸的是，后来清帝退位，南北筹商统一政府并没有出现大的波折，所以这场风波也就不了了之了。

真正让伍廷芳疏远革命党人的一场风波，是围绕"姚荣泽案"、"宋汉章案"与沪军都督陈其美展开的"权法之辩"。

姚荣泽是一个武昌起义后，曾经受到革命党人奚落而怀恨的前清县令，于是他借故杀害了两名革命党人；宋汉章则是一个对陈其美的革命事业不予金融支持的银行经理。陈其美先伺机将其拘捕，后历数其侵吞舞弊劣迹，称其为法理难容。两案后来均在上海审理，但是，对于审判官、陪审员的任命及律师聘请、开庭程序，尤其是政府各部门的权限等问题，作为司法总长的伍廷芳，却与陈其美及不少革命党人产生了不可调和的分歧。陈其美的意思大致是他要做一个现代"包公"，只要抱定是为了革命，目的是正义的，而且犯罪事实认定为昭然若揭，那么"包公"就应该包办一切：抓人、查案、判案、量刑，一竿子插到底，至于那些严格而烦琐的法律程序，不但是没有必要的虚文，更会妨害效率，影响正义的伸张。因此，就不应消极地拘束于什么尊重个人自由之类的说辞，而要积极地惩恶扬善。陈其美频频强调："本都督疾恶如仇"，为民做主，惩治民贼，筹措军饷，都是理所应当的事，没有什么输理的地方，至于个人毁誉，又何足道哉，"方冀痛除旧染，力图改革，宁为众矢之的，不愿以道徇人"。

与陈相反，伍廷芳则认为，正是这种老"包公"的思路，妨碍了现代的司法独立和司法公正。为了给民国法制打下良好基础，就一定要抛弃这种"权"大于"法"、以"权"压"法"的旧模式。这样一来，他就无法与陈其美等人为伍了。

革命党人既然不能满足自己的法治理想，袁世凯就更没有希望了。伍廷芳对袁世凯本无好感，数月以来，他与之电报往返无数次，对袁反复、无信的政治品格也责备了无数次。后来，他拒不接受袁世凯向缔造共和有功人员颁发的勋位（此荣誉仅次于孙中山、黎元洪的大勋位），谢绝了袁世凯的入阁邀请，"以年老吃素为辞职"，拒绝赴南京参加"庆祝中华民国成立一周年纪念大会"。他还规劝袁世凯到印度考察佛教，其中隐藏"放下屠刀，立地成佛"之讥义，都可谓是其来有自。

1912年4月，南京临时政府解散，政治中心北移。伍廷芳也已辞去司法总长一职，重新回到"观渡庐"，又做起了看似优哉游哉的"观渡庐"主人。

"头可断，法不可违"

1916年12月2日，袁世凯帝制复辟结束后，伍廷芳应黎元洪大总统邀请，在上海发布通告，宣誓就任中华民国外交总长，后来一度代理国务总理。而正是在此期间，发生了臭名昭著的"张勋复辟"闹剧。1917年6月6日，"辫帅"张勋借调解大总统黎元洪与国务总理段祺瑞的矛盾之机，率领"辫子军"从徐州乘车北上。8日，抵达天津，向黎元洪发出最后通牒，限令他三天之内解散国会、修改约法。黎元洪只得从命，拟好了解散国会的总统令。但在副署问题上，代理国务总理伍廷芳拒不应诺。

伍廷芳的不合作气得张勋在天津高声骂娘，急得黎元洪在北京团团乱转。11日，黎元洪取出印玺派人送到伍府，请其副署，但伍廷芳仍然拒绝。为求得副署，黎元洪提拔伍朝枢（伍廷芳之子，时任外交参事）为外交次长，交换条件就是伍廷芳要在解散国会令上副署。伍廷芳认为这是对其人格的莫大侮辱，拒不接受。

伍廷芳的抗命，气恼了决意复辟的张勋。他派人前去恐吓，声称伍廷芳如果再敢抗拒，将以激烈手段对付。10日夜，伍廷芳对前来劝驾的步兵统领江朝宗说："张勋在津不来，此事我伍廷芳万做不到。即使他来京质问我，姓伍的自有对待方法。别人畏怕兵力，独我75岁之老头子不怕恫吓。头可断，此令不可署，法亦不可违。"江朝宗见说不动他，急得跪下向他磕头苦苦哀求。伍廷芳干脆闭上眼睛不再说话。

近代杰出外交家——伍廷芳

12日，黎元洪万般无奈，只好任命江朝宗为代理国务总理，负责副署解散国会。但伍廷芳拒不交出总理印信。江朝宗率领士兵包围伍府，点起火堆，通宵达旦，高声索要。后来被吵得实在烦心，难以入睡，一气之下，伍廷芳便从楼上扔下总理印信。此时虽已是13日黎明，但填有12日的命令就这样发出了。

当天，伍廷芳上书黎元洪，提出辞职。晚8时，不待黎元洪回信，伍廷芳乘车出京，前往山海关，伍朝枢随父同行。14日上午8时，火车抵达山海关，伍廷芳一行下榻在山海关铁路饭店第六号房间。此时，张勋正率领其"辫子军"浩浩荡荡开进北京城。7月1日，张勋复辟的消息传到山海关，伍廷芳起初还不相信，说道："宣统复辟？肯定是电文译错了。可能是宣统死了吧！"先期回京的伍朝枢的来电证实了消息不虚。

为从外交上孤立复辟政权，确保共和政体不被颠覆，伍廷芳决计携外交总长印信出走。7月2日下午，伍廷芳由山海关赶至天津，与家人会合，当晚乘船前往上海。7日，伍廷芳抵达上海，受到社会各界的热烈欢迎。在码头，伍廷芳向中外记者发表了离京南下的声明，公开了携外交总长印信南下的事实真相。当天，伍廷芳分别致电中国驻英、法、德、俄、美、日等国公使，请其向所在国政府转达："北京现被军阀盘踞，中华民国外交总长已携印信在沪办公，所有交涉请与本总长直接办理。"

7月12日，张勋复辟失败，伍廷芳遂于当天将外交总长印信交江苏交涉署转送天津。沸沸扬扬的"伍廷芳携外交总长印信离京出走公案"至此画上了句号。

在此后的岁月里，伍廷芳怀着对民主共和的虔诚之心，响应孙中山的护法号召，南下广东，参加了反对南北军阀的斗争，并长期担任护法军政府外交部长、财政部长（兼）、广东省长（兼）。1922年3月，孙中山出兵北伐时，伍廷芳留守广州代行大总统职务，全权负责广州军政府的内政外交事务。6月16日，陈炯明炮轰总统府，公开背叛了孙中山。伍廷芳因受惊吓而染病，23日病逝于广州市郊新公医院，享年80岁。

1922年12月17日，伍廷芳追悼大会在上海九亩地新舞台举行，参加追悼大会的有8000多人。孙中山手书"人亡国瘁"四个大字。1924年12月10日，广东革命政府决定重新安葬伍廷芳的灵柩，墓地选在广州市东郊的望冈。

伍廷芳逸事

伍廷芳在任驻美公使期间，有很多趣事。其中，调侃美国总统老罗斯福的事，常常为人们津津乐道。

西奥多·罗斯福是美国历史上有名的政治家，1901—1909年出任美国总统。其在任期间，恰是伍廷芳担任驻美公使之时，因外交上的交往，两人渐成好友。罗斯福曾称赞伍廷芳的外交才干，告诫别人千万不要惹怒伍公使，"一旦让他得手，我们一定都不得好死。就是不死，日子也不会好过"。而伍廷芳对罗斯福展现出的治国才能也是敬佩不已。两人来往很多。

罗斯福喜欢饮酒，但又怕喝烈性酒。深知其嗜好的伍廷芳便托人从国内运来几坛上等花雕，用玻璃瓶装好后送去。罗斯福总统品尝过后，连连称赞道："好酒，好酒！"在此之后，两人每次见面，罗斯福都要对此酒赞颂一番。无奈，好酒毕竟有限，尽管罗斯福每次都只喝几杯，可日子一长，瓶中早已空空如也。起初，罗斯福还能强忍着尽量不去想，但日子一

近代杰出外交家——伍廷芳

长，总统先生便忍受不了花雕的诱惑，于是来到了伍公使的住处。

罗斯福倒也算是个爽快人，进门交谈没几句，便问："还有没有上次送给我的酒？"伍廷芳望着心急火燎的罗斯福总统暗自发笑，想起先前运来的酒还有半坛，就说："有的，有的。"

伍廷芳是不喝酒的，对于剩下的那半坛佳酿自然是不关心的。可他随身带去的仆人却是个"酒耗子"，竟把剩余的酒偷喝得差不多了。当伍廷芳去倒酒时，半坛酒只剩下了半瓶。望着这半瓶酒伍廷芳着实一阵为难，当着客人的面又不便发火，怎么办呢？伍廷芳思考了一会儿，忽然看见桌子上有瓶荔枝罐头，心中一阵高兴，顺手就把那罐头的液汁倒进酒中，恰好满瓶。罗斯福总统喝着"特制"的佳酿美酒竟连声称赞："好酒，好酒。这酒比以前的要醇厚，大概是年代久远了一些吧！"伍廷芳实在不愿扫了总统先生的酒兴，支支吾吾地随声附和。

过足了酒瘾的罗斯福总统高高兴兴地走了。

不久，伍廷芳采办的第二批花雕运抵美国，伍廷芳又给罗斯福总统送去一些。几天过后，罗斯福登门拜访。当谈起送去的酒时，罗斯福总统说："这次的花雕不如上次在你处喝的好。"伍廷芳望着满脸认真的总统先生，实在忍不住，笑声说道："你要再喝也不难，现在就有。"罗斯福反问道："上次你不是说，只剩下最后一瓶了吗？"伍廷芳说："我可以给你配制。"说罢将桌上的荔枝罐头的汁液倒进酒里，端给总统先生。罗斯福呷了一口，恍然大悟。两人相视哈哈大笑起来。

后来，伍廷芳每次见到罗斯福总统都要问一句："还要不要喝那回的好酒？"

伍廷芳担任驻美公使期间，交友甚广。其中美国人朗维勒堪称他永远的朋友。

朗维勒博士是一个在美国社会广有影响的人物。在俱乐部的一次聚会上，伍廷芳与朗维勒邂逅，初次交谈后，彼此都把对方视为知己，久而久之，两人成为亲密的朋友。

朗维勒博士生性乐观、直爽，时常将生活中的事情告诉伍廷芳。在俱乐部的一次聚会上，朗维勒结识了一位叫孟兰的小姐。一支舞曲跳完，朗维勒对她竟有些难舍难分，只因天色已晚，两人才互留地址、电话，依依惜别。从此，两人谈起了恋爱。伍廷芳也曾应邀去过孟兰小姐家几次。有一天，伍廷芳不知什么原因，将一件清式的古老褂袍从箱子底下翻出来，恰巧朗维勒进门看到。朗维勒对褂袍上那精美的绣工赞不绝口，爱不释手。伍廷芳于是说道："你若是喜欢，就送给你吧！"

朗维勒返回家中，找出剪刀，将袍褂上的绣花挖剪下来，送给他心爱的孟兰小姐，让其做帽子上、衣服胸口和袖子上的装饰品。西式服饰佩戴中式绣品，倒也别有一番风韵，竟把孟兰小姐打扮得分外妖娆。朗维勒自然是欣喜万分，格外得意。可伍廷芳的麻烦却接踵而至。

当孟兰小姐身着这一袭中西合璧的服装走进俱乐部时，引来了众小姐、夫人的围观、抚摸，得到她们啧啧的称赞。

恰巧，伍廷芳像往常一样来到俱乐部，众佳丽"呼啦"一下围了上来，争先恐后地央求帮她们采办绣品。伍廷芳自然不好推辞，赶回使馆张罗着收集属下的破旧朝服，满足西洋美女的需求。

上流社会的服饰，转眼间变成了大众效颦的对象。西式服装佩缀中式绣品成为了美国女性着装的时尚。朗维勒的取悦之作，竟引起了美国服装款式的一次革命。精明的美国商人纷纷前往中国购买官袍朝褂。一时之下，清朝袍褂竟变成了抢手货，价钱自然也就暴涨，许多人一夜之间成为了暴发户。身在美国的伍廷芳更是应接不暇，就连罗斯福总统的千金也张

近代杰出外交家
——伍廷芳

口索要。苦不堪言的伍廷芳万万没有料到，这破旧的官服竟会引来如此多的麻烦，怪罪老朋友朗维勒也就顺理成章。他说道："因这没用的东西，搅得满天神佛，都是朗维勒捣的鬼！"

朗维勒却由此博得了孟兰小姐的芳心。两人之间的约会日趋频繁，有时竟把老朋友搁置一边。为此，伍廷芳决定同朗维勒开一个不大不小的玩笑。某一个星期天，朗维勒同孟兰小姐约定，下午2点在她家中见面。朗维勒穿戴整齐，掏出怀表一看，时间为1点20分，正要出门时，走来一位老仆，送上伍廷芳的一封信。朗维勒打开一看，上写："请你等等，一点半我就来了，和你一起去访密司孟兰。送信来的仆人，让他在你家里等我，我还有事情打发他。"听罢朗维勒的话，送信的老仆恭恭敬敬地鞠了一躬，站到门口，垂首侍立。

起初，朗维勒还挺有耐心，端坐在桌前，静心等待。时间到了1点40分，已以伍廷芳的预定时间晚了10分钟。朗维勒有点沉不住气了，起身在室内踱来踱去，一副很不耐烦的样子。又过了10分钟，离与孟兰小姐约会的时间越来越近了，可伍廷芳依旧没来。朗维勒实在是坐卧不宁、如坐针毡，一边看表，一边嘟囔："他遇着什么事了呢？他向来是不失约的。他来时，我倒要好好地责备他。"话音刚落，站在门口一直没吭气的老仆突然哈哈大笑起来，说道："我来了许久，你不理我，还要责备我吗？"朗维勒定眼一看，老仆原是伍廷芳乔装打扮的。两人笑作一团，约会自然延期。

女人的脸，六月的天，说变就变。美丽迷人的孟兰小姐经不住一个阔少的软缠硬磨，移情别恋，没跟朗维勒博士说上一声"再见"，就同阔少奔向巴黎去了，待朗维勒赶来，早已是人去楼空。失恋的朗维勒博士痛苦万分，一连数天闭门谢客，不与人往。伍廷芳闻讯，深为老朋友担忧，派人送去一张美人画，背后写道："你丢了个美人，我再把一张美人送给你。从前的美人虽好，禁不得她跑了。现在的美人虽是纸，可以一辈子守着你。"朗维勒看了后，破颜大笑。

伍廷芳和朗维勒还联手捉弄了一回精明的日本人，赚得了一笔巨额资金。

一次，朗维勒同伍廷芳谈到要创办一所学校，计划已有，可就是缺少资金。说者无意，听者有心。伍廷芳很想助老朋友一臂之力，却也一时无法。天赐良机，有人自动送款上门。原来，1908年8月，纽约一家大报的记者在法国巴黎巧遇香港一家报社的总编，两人一阵神侃，竟侃出了个"中美联盟"的主题。归国后，美国记者便将之刊登在报纸上。消息刊出，舆论大哗，各大小报纸纷纷转载。一时之下，闹得沸沸扬扬。面对记者的穷追猛探，驻美公使伍廷芳又矢口否认，这就更使"中美联盟"显得确有其事。

事实上，中美缔约是真，中美联盟是假。1908年10月8日，中美两国订立《中美公断专约》，作为中国加入荷兰海牙国际和平组织的前提条件。1909年4月6日，伍廷芳、诺士分别代表中美两国政府互换《中美公断专约》文凭。由于条约暂未公布，条约内容便成了列强各国臆测的对象。美国各大报纸关于神秘"中美联盟"的误导，更使新订的中美条约显得神秘莫测，极具诱惑。

当时恰逢日美两国关系紧张。1908年，美国排外运动趋向扩大化，在美国的日本人也难过关——移民事务管理局制定文件、政策，明令阻止日本人自由进入美国。日俄战争结束后，日本独霸中国东北三省的野心昭然若揭，极大地遏制了美国"门户开放"政策在这一地区的实施，损害了美国在中国东北地区的商务利益。一时之下，日美两国矛盾激化、关系紧张。而盛传的"中美联盟"，更是让多疑的日本人忧心忡忡，深恐中美联

近代杰出外交家
——
伍廷芳

手，有害日本。尽管伍廷芳多次郑重声明，美国向来恪守华盛顿总统的训条，主张独立，不与他国联盟，所谓的"中美联盟"纯属杜撰、臆造，绝无此事。但是，日本政府就是不信，且本着"宁可信其有，不可信其无"的原则，密令驻美使馆设法打探，限期复命。

日本驻美公使接此命令，即刻行动，亲往中国驻美使馆探听虚实。伍廷芳均答以"中美和睦自是感情最深，至中国与日本各国均属友邦，并无歧视"，外界盛传的"中美联盟"，纯属谣言，万望贵国不要轻信，以免有碍邦交。可是，日本公使依然不信，还认为是伍廷芳是在玩外交花招。

一天，朗维勒博士突然造访。伍廷芳见是老朋友到来，自然热情接待。待坐好后，朗维勒直述其意。原来，狡猾的日本人得知朗维勒博士与伍廷芳过从甚密，关系非同一般，便请他出面探听"中美联盟"的具体内容，并许诺如果任务完成，可奖给一大笔钱款。听完老朋友的话语，伍廷芳感叹道："日本人做事，真是可怕，简直是无所不用其极。其实，刚刚签订的《中美公断专约》里全都是很平常的事，只不过对其中的三条暂守秘密，将来也会宣布的。"说到这里，伍廷芳突然被什么事情触动了一下，停顿了一会儿，笑眯眯地对朗维勒说道："日本人托你经办此事，倒是你的运气。你去索要他10万美金，我把那三条秘密地抽出，其余的全由你拿去。至于钱嘛，我是分文不取的。"

朗维勒博士愕然地看着老朋友说道："你这是哪里的话？我不过是把情况告诉你，我并不想贪那日本人的钱。"伍廷芳表情幽默地答道："是的，我知道你是不会为那钱财出卖老朋友的，可你仔细想一想，我们用那无关紧要的条约内容，去换取一笔有用的巨款，又是何乐而不为呢？你不是很想创办一所大学吗，将来这笔巨款到手，就算我对你的帮忙了。"听了伍廷芳的话，朗维勒越想越觉得有道理，加之他正被资金缺乏搞得头痛万分，遂接受了老朋友的建议。经过一番缜密考虑，两人决计玩一玩精明的日本人，"诈"他一笔款项。拿着朗维勒送来的"中美条约"，日本驻美公使考订再三，确认是真本，当即复命东京，以示交差。至于对朗维勒的许诺，自然是要兑现的。当朗维勒提着10万美金来见伍廷芳时，两人相互捶打着，开怀大笑起来。

不久，《中美公断专约》全文公布，日本驻美公使大呼"上当"。此刻的日本人真是哑巴吃黄连——有苦难言。朗维勒博士筹建的大学却正凭借着日本人的"捐款"破土动工。联手捉弄日本人，为伍廷芳、朗维勒尔后的谈话平添了新的作料，以致事情过去了很久，两人见面还时常提起这一得意之作。

后来伍廷芳出任北洋政府、护法军政府外交总长时，老朋友朗维勒博士每每在他陷入困境时，都会鼎力相助，帮他渡过难关。

伍廷芳与大发明家爱迪生也有交往。

1909年12月24日，伍廷芳在美国人费林先生的陪同下，拜访了大科学家、发明家爱迪生。谈话是在爱迪生的工作室进行的。

在一阵握手、寒暄过后，伍廷芳开口问道："先生可曾到过中国？"

爱迪生答曰："没有。"

伍廷芳说："我非常欢迎先生来中国一游。到时我会以燕窝汤招待先生。"

爱迪生回答："我接受阁下的邀请。"

伍廷芳又言："请您记住，20年或者30年后，我还会再来拜访您的。如果没有记错的话，您今年是62岁，我长您5岁，因您我都深谙养生之道，必定能长寿。只是不知20年后，您又将发明何种奇器。"

令人遗憾的是，在这次谈话之后的12年后，伍廷芳便病逝，大发明家爱迪生也在22年后离开了人世。两人的见面，成为了历史的回音。

随后，两人就中国工人、商人、学生赴美人数日益增多一事交换了看法。伍廷芳说："华工来美，不会对美国有何消极影响。美国西部地区的开发，能说与华工无关吗？至于中国商人、学生纷纷至美国，就更是一件对美国社会有百利无一害的幸事。中美两国之间的友谊纽带，将会由此系得更紧。"

停顿了一会儿，伍廷芳充满自信地对爱迪生说："刚才您已答应我的邀请，准备在适当的机会访问中国。在此，我要给您提个醒，您如果要看古老中国的话，还望您早日成行。否则的话，眼下中国正刷新吏治、锐意图变，且已在社会的各个领域取得了长足的进步，数年以后中国面貌将会有极大的改观，到时如果您再想观看中国的今日现状，恐怕您会失望的。"

爱迪生连连说道："我一定早日动身，观看世界上现存的最古老的东方文明。"

看到爱迪生工作室摆放的种种精美机器，伍廷芳谈兴愈浓。他说道："中国的政府机关已普遍安装了电报机、电话机，办事效率大大提高了。这个功劳当由您等发明家来领受。前些日子，我曾在华盛顿拜会过电话机的发明者贝尔先生，今天又见到您，想来心中十分高兴。"

爱迪生为伍廷芳的热情、真诚所感动，决定用他的发明成果——留声机记下这段值得留念的历史性会面。于是便有了如下这段遥远的回音：

一千九百零九年十二月二十四号，爱迪生君示我以种种新发明之机器。余闻爱迪生君大名久矣，知为大人物，渴思一见。即爱君亦闻余名，今得相会，试思两人之欣快为何如耶！密司脱爱迪生为大制造家，然今日又入二十世纪中，爱迪生君于二十世纪中，又不知将发明几多事件。爱君尚系青年，余甚乐得而观云。

书生襟抱本无垠

——杨度

　　杨度（1874—1931年），字皙子，别号虎公、虎禅，湖南湘潭人，中国近代史上一个奇特的政治家，先后投身截然对立的政治派别。早年拿过秀才，参与过公车上书，当过清朝四品官。和康有为、梁启超、黄兴是好友，跟汪精卫、蔡锷、齐白石是同学。怂恿袁世凯称帝，赞同孙中山共和；营救过李大钊，是杜月笙的师爷，入过佛门和国民党，晚年又向往共产党，经潘汉年介绍秘密入党。他是一个经历复杂、思想不断转变的人物。他的一生是近代转型中国的缩影。

湘绮门下悟帝道

　　杨度祖先世代务农，直到他的祖父杨礼堂参加了李续宾部湘军，任哨长，获正四品都司衔。大伯杨瑞生随其父参军，父子同在一营。在三河之战中，杨礼堂阵亡，杨瑞生死里逃生。杨瑞生后来因军功升为总兵，驻归德镇、朝阳镇等地。杨度的父亲杨懿生为第四子（次子、三子早夭），在家务农，兼作吹鼓手。杨度是其长子，另有弟杨钧（字重子），妹杨庄（字叔姬）。杨度10岁丧父，过继给伯父。杨钧善诗、文、书、画、印，杨庄亦工诗文。杨瑞生驻归德时招杨度和妹妹到其府中。16岁时，杨度改名为度，字晳子。当杨瑞生迁驻关外朝阳镇后，杨度和妹妹回到了湘潭老家。

　　光绪十八年（1892年），杨度考取秀才。次年（1893年），中顺天府乡试举人；光绪二十年、二十一年，甲午科、乙未科会试均落第。会试期间恰逢公车上书，他亦附和，并认识了梁启超、袁世凯、徐世昌等人。还乡后，师从衡阳东洲、船山书院一代名儒王闿运（字湘绮）。

　　光绪二十年（1894年），杨度21岁，王闿运亲自到杨家招其为学生。师生关系十分亲密，杨度深受王喜爱，并可以随便开玩笑，王闿运在《湘绮楼日记》中常称杨度为"杨贤子"。杨度在王门学了三年，他醉心于王氏帝王之术，这对他以后的人生产生了深远的影响。他曾与友人说："余诚不足为帝王师，然有王者起，必来取法，道或然与？"杨钧、杨庄也学在王门，杨庄后嫁与王家四子。同门还有夏寿田、八指头陀、杨锐、刘光第、刘揆一、齐白石等。

后来因为时局的变化，杨度对新学也开始感兴趣。光绪戊戌年（1898年），湖南新政，谭嗣同、熊希龄、唐才常、梁启超在长沙办时务学堂，蔡锷、刘揆一、杨度同在一起听课、讨论国事。

光绪二十八年（1902年），杨度不顾王闿运的劝阻，瞒着老师自费留学日本，入东京弘文书院师范速成班，与黄兴（黄克强）同学。受留日学生影响，杨度思想日趋激进，和湖南留日同乡杨笃生等人创办了《游学译编》。半年后在结业会上，日本高等师范学校校长嘉纳治五郎发表了贬低中国人的言论，杨度当场和他就国民性和教育问题进行了激烈辩论。不久，该辩论以《支那教育》为题发表在梁启超的《新民丛报》上，由此在中国留日学生中得到支持和赞扬。为了筹办《游学译编》经费，杨度回国，随后奉师命谒见了张之洞，受到张的称赞。

光绪二十九年（1903年），杨度被保荐入京参加新开的经济特科进士考试，初取一等第二名。而一等第一名就是未来的北洋政府财长的梁士诒。金榜题名后，杨度觉得自己就是中国的俾斯麦、日本的伊藤博文，中国从此得救了。然而，命运却跟他开了一个大玩笑：军机大臣瞿鸿矶与张之洞不和，在慈禧太后面前参了张之洞一本，说第一名梁士诒是"梁头（梁启超的梁）康脚（康有为原名祖诒）"，第二名杨度要用君主立宪限制皇家权力。慈禧太后听后大怒，下令撤除皇榜。杨度不得不避祸于上海，他的首度君主立宪梦就此破灭了。

不久，杨度再赴东京，入弘文学院学习。他的弟弟和妹妹作为湖南

书生襟抱本无垠
——杨度

245

省第一期官费留学生早些时候（1903年）也留学日本。这年秋天，杨度与梁启超在横滨相遇。10月，感于"国事伤心不可知"，和梁《少年中国说》，作《湖南少年歌》，发表于梁启超创办的《新民丛报》上，其中有"若道中华国果亡，除非湖南人尽死"句。此时杨、梁"二人相与，天下之至好也"。

次年（1904年），杨度转入日本法政大学速成科，集中研究各国宪政，与汪精卫同学。此时，在日留学生爱国热情高涨，保皇派、排满革命派各自宣传自己的主张。杨度主张宪政，不介入两派论争。他热心国事、友善同学、才华出众，在中国留日学生中颇具声望。蔡锷在留日期间"与杨度最善"，休假日必到杨度家吃饭。光绪三十一年（1905年），杨度被选为留日学生总会干事长，后又被推举为留美、留日学生维护粤汉铁路代表团总代表。他带头请愿，要求废除1900年签订的《中美粤汉铁路借款续约》，主张收回路权自办以维护国家主权，并发表《粤汉铁路议》。他以总代表的身份回国，根据老师王闿运的对策，提出官绅筹款自办。拜见张之洞后，得到张的支持。不久粤汉铁路收回自办，他圆满完成任务，声望大增。

他在东京和孙中山就中国革命问题辩论过数次，"聚议三日夜不歇，满汉中外，靡不备论；革保利弊，畅言无隐。"（章士钊《与黄克强相交始末》）。他不赞成孙的革命思想，但他将黄兴介绍给了孙中山，促成孙、黄的合作。不久中国同盟会成立，孙中山力邀杨度参加，但他拒绝了，表示愿各行其是，他说："吾主君主立宪，吾事成，愿先生助我；先生号召民族革命，先生成，度当尽弃其主张，以助先生。努力国事，斯在今日，勿相妨也。"仍坚持走君主立宪救国道路。

光绪三十一年，日本文部省颁布了《取缔清国留日学生规则》，并称中国人"放纵卑劣"，留日学生遂群起抗议。杨度以干事长的名义向日本政府递交了抗议书。在留日学生分为两派：一派主张自办学校，一派主张妥协。因为湖南人陈天华愤然蹈海，作为总干事长的杨度被一些人指责办事不力。光绪三十二年，清政府派出镇国公载泽、端方、徐世昌等五大臣出洋考察宪政。为了交差，熊希龄赴日请杨度和梁启超捉刀起草报告，杨度写了《中国宪政大纲应吸收东西各国之所长》和《实行宪政程序》（梁写《东西各国宪政之比较》），由此博得大名。

　　当年，清政府根据这个报告下诏预备立宪。

　　光绪三十三年，杨度在东京创立《中国新报》月刊，任总编撰因杨度"不谈革命，只言宪政"，杨、梁分道扬镳。杨度发表了14万字巨论《金铁主义》等许多文章，宣传君主立宪，主张成立政党，召开国会，实行宪政。

　　什么是"金铁主义"呢？杨度认为，"金者黄金，铁者黑铁；金者金钱，铁者铁炮；金者经济，铁者军事。欲以中国为金国，为铁国，变言之，即为经济国、军事国，合为经济战争国"。

　　对内：富民—工商立国—扩张民权—有自由人民—政党。

　　对外：强国—军事立国—巩固国权—有责任政府—国会。

　　杨度提出"金铁主义"时是光绪三十三年，等清统治者终于被迫组成责任内阁时，却已是1911年5月，距其倒台只剩下半年时间了。

书生襟抱本无垠
——杨度

倡言宪政第一人

因悉心研究并奔走宣讲各国宪法及政体，杨度成了"宪政"的权威诠释人，名声远播帝都北京。光绪三十一年岁末（1906年1月21日），奉旨出洋考察各国政治的五大臣中的两位——户部侍郎戴鸿慈、湖南巡抚端方率团经过日本。当年的湖南时务学堂总理熊希龄，此时正以翰林院庶吉士的身份为该团随员。他见到杨度，请其撰写东西洋各国宪政情况的文章，以供五大臣回国后写"考察报告"时作参考。对杨度来说，此番受托代笔，实是一次展示思想锋芒与非凡文采的"殿试"。于是，他奋笔疾书了《中国宪政大纲应吸收东西各国之所长》和《实行宪政程序》两篇文章。当年8月五大臣回京后，杨氏的"答卷"获一致颔首，润色成官样文章上报后，深得慈禧之心。9月1日，清廷即颁旨"预备仿行宪政"。

这一年，为了跻身于体制内实现自己的政治理想，杨度不惜"纳赀"（花钱买官），让自己成了正五品的候选郎中。有清一朝，花钱买官是进入国家官吏体制的一条正当途径，是科举入仕的重要补充，属官方认可的合法行为。

翌年，杨度再接再厉，创办了《中国新报》，自任总编撰。有了自己说了算的报纸，他便把自己的"金铁主义"从从容容地公之于世了。之后，他又创立了政俗调查会，后改名宪政讲习所、宪政公会，以会长和常务委员长的身份力推国内"宪政之实行"。他的中心目标很明确——"设立民选议院"。

1908年秋风起时，杨度返回湖南为伯父杨瑞生奔丧。孝服在身的杨度仍念念不忘宪政大事，他发动成立了湖南宪政公会，以全省市民名义发起入京请愿运动。并起草了《湖南全体人民民选议院请愿书》，请老师王闿运改定后领衔发出。

光绪三十四年三月二十日（1908年4月20日），在接到张之洞和袁世凯联名保荐杨氏"精通宪法，才堪大用"的上奏后，慈禧太后传谕：候选郎中杨度著四品京堂候补，在宪政编查馆行走。显然，慈禧原谅了与"乱党"有染的杨度。

宪政编查馆，是清廷于1906年设立的"政治体制改革领寻小组"，由军机处的大臣领衔。该馆级别虽高，却一直没有得力人手具体办事。把杨度调来"行走"，正是人尽其才。"行走"虽非专任官位，却等同于后来的秘书，官阶不高，位置却很重要。

同样认定中国必须走宪政道路的军机大臣兼外务部尚书袁世凯，在颐和园的外务部公所召集会议期间，请杨度前来回答官僚们的相关质询。杨度不慌不忙地当堂回答质问，越说越勇，至后来，竟胆大包天地宣称：

政府如不允开设民选议院，（本人）则不能为利禄羁縻，仍当出京运动各省，专办要求开设民选议院之事，生死祸福皆所不计，即以此拿交法部，仍当主张到底！

书生襟抱本无垠
——杨度

在皇族内阁做局长

入京出仕的杨度，一跃而为新政中枢的"大秘"，难免得意忘形。按常规，通过科举走上仕途的人，没个十年八年，是很难当上正四品的。

寓身京华，名满天下，杨度虽早有家室，却纵容自己身陷于"八大胡同"。因被一妓女迷得不能自拔，遂以两千元的超高价购回作妾。中国传统社会允许官吏纳妾，却不容其嫖娼，尤其看不上假戏真做娶妓为妾者。况且杨度是一向高喊"伸张民权"的新派人物，怎么能像没文化的暴发户一样，豪掷千金买个妓女回家呢？这简直就是蹂躏人权！如此心口不一之人，何以担当大任？一时间，议论汹汹。

纳妓为妾的丑闻曝光后，杨度吓出一身冷汗，赶忙在一次集会中公开申明，已将此女转赠友人，以示本人从善如流。忍痛割爱后，杨度又回到了吁请立宪的正道上。

在全社会的一片催促声中，宣统三年（1911年）五月，责任内阁终于问世。不过，却是"皇族内阁"。自大清入关以来，便是满汉并重的格局，此"皇族内阁"非但不符立宪规则，更是集权于满人的倒退行径。

令立宪派人士失望的是，八月，杨度竟出任了内阁统计局局长。曾经风骨铮铮的杨氏，此番恋栈，让人看到了中国士人在得到统治者青睐时的另一面。

正是皇族内阁的成立，大清国为自己的坟坑挖完了最后一锹土——两个月后，武昌起义的炮声隐隐传到京城，紫禁城摇晃起来。非常时期，36岁的杨度没坚守工作岗位，却坐火车到了河南，找他所佩服的下台老干部袁世凯去了。

当年，正是袁世凯联手张之洞的保荐，杨度才一跃而为朝廷命官。不料，仅过了一年，风云突变，光绪皇帝与慈禧太后隔天而逝，主持国政的摄政王载沣竟将袁世凯"开缺回籍养疴"。

被逐出京城的袁世凯，仓促带着两房姨太太与仆人惨淡登上南下的火车。没有满月台的"红顶子"来为他送行——官场上下都以为此人将回到故土了却残生，众多军政界故旧门生即使想来道别也因避嫌而不敢。不料，汽笛骤响时，蒸汽弥漫处，却有两位内阁高官不避人耳目赶到月台话别，一位是学部侍郎严修，一位即统计局局长杨度。袁世凯感动得落了泪，慨言："二君厚爱我，良感！顾流言方兴，或且被祸，盍去休！"严修说："聚久别速，岂忍无言？"杨度则回答："别当有说，祸不足惧！"

回到河南老家的袁世凯，自然成了臭狗屎，谁都怕沾上臭味。

在袁世凯的家里，杨度遇到了袁之老友兼旧部阮忠枢。阮忠枢带来了总理大臣奕劻的亲笔信，恳请袁世凯出面挽救危局。

杨度力劝袁世凯不要应命，以观事态发展。袁世凯深思熟虑了一番后，果真复电清廷：惟臣旧患足疾，迄今尚未大愈，去冬又牵及左臂，时作剧痛。

载沣明知袁世凯是在耍花样要权，却一筹莫展，只好把前线指挥权全部交给他。在清军攻克汉口后，又授其内阁总理大臣之职，将其调回京城

书生襟抱本无垠
——杨度

251

主持全局。当然，那会儿，杨度早回京城上班去了。

在袁世凯重组的内阁里，杨度成了学部副大臣，是正二品的高官。

杨度与汪精卫等共同发起成立了"国事共济会"，即为南北双方说和——他主动给黄兴发电报，敦促南北停火，促成清室逊位。12月9日，杨度收到黄兴回电：只要袁世凯促成清廷逊位，即可举袁为民国大总统。

袁世凯闻此言，马上加派杨度为南北议和代表，并鼓足干劲，施尽招数，促成了清廷的垮台。

杨度有功于袁世凯，固自不待言；然更有功于国家，此亦不争之事实。杨度忠心于袁世凯，既有钦敬其"经济"手段高明的原因，更有借袁世凯成就自己"帝师"之夙愿的因素。晚清时期，他能辅佐的人，只能是袁世凯。

复辟失败遭通缉

民国元年（1912年），杨度仰承袁世凯的旨意，著《君宪救国论》一文，竭力鼓吹君主立宪。

民国三年（1914年），袁世凯解散国会后，杨任参政院参政，民国四年（1915年）4月，杨度呈送《君宪救国论》，袁阅后说："姑密之。然所论列，灼见时弊，可寄湖北段芝贵精印数千册，以备参考。"还亲笔写了"旷代逸才"四字，由政事堂制成匾额颁给杨度。

《君宪救国论》分上、中、下三篇，以对话形式阐述"非立宪不足以救中国，非君主不足以成立宪。立宪则有一定法制，君主则有一定之元首，皆所谓定于一也"的观点。杨度称其为"救亡之策，富强之本"，而将民国以来的政局混乱统统归结为共和的弊端。他认为人民的程度还不知道共和为何物，更不知法律、自由、平等是什么，贸然由专制直接进入共和，只能是富国无望、强国无望、立宪无望。中篇着重提出了政治继承权的问题，认为只有君主立宪才能防止出现为争夺元首地位而发生的内战。下篇是讲"假立宪，必成真革命"，详细列举了清朝假立宪寻致灭亡的例子。指出必须真立宪，才能以正当安国，以诚实取信于民，"政府所颁，一字即有一字之效力，乃为宪政实行"。

其实，杨度的君主立宪思想和袁世凯的想法之间的距离十分遥远。这才是杨度一直未得到重用的真正原因。他率先提出"君宪救国论"得到袁的赞许，只不过是起到了为袁称帝造舆论的作用而已！在共和都已出现的中国，杨度的君主立宪思想诚然是历史的逆流，但这个人不像一般政客毫无政见，一切从现实利害、升官发财这一角度考虑问题，其中也确实包含了他的某种理想在内。

不久，杨度、刘师培、严复、孙毓筠、胡瑛、李燮和六人发表《发起筹安会宣言书》，时称"筹安六君子"。此后帝制论甚嚣尘上，短命的洪宪帝制呼之欲出。

这六人中有四人曾是革命党人。孙毓筠和杨度关系密切，在日本加入同盟会，曾潜入南京从事革命活动，被捕下狱。杨度驰书两江总督端方营救过他。辛亥革命后，孙毓筠出任过安徽都督，也是个风云人物。胡瑛与宋教仁是少年朋友，16岁就参加华兴会，萍醴浏起义失败后被捕下狱。他在狱中还指挥革命，豪气干云，是个传奇式人物。武昌起义后他一出狱就

书生襟抱本无垠
——杨度

自立为武昌军政府外交部长，后来还在烟台当过山东都督。李燮和参加过华兴会、同盟会、光复会，是后期光复会主要领导人之一，在上海组织过光复军，对上海独立贡献很大。孙中山曾任命他为光复军北伐总司令。

刘师培是著名学者，精通汉学，参加过同盟会，编过《民报》，鼓吹过无政府主义，也出卖过革命党人。严复学贯中西，以翻译《天演论》等西方著作而闻名于世，是近代著名的启蒙思想家，与袁世凯的大儿子袁克定交情深厚。事后他说自己列名发起人，事先并不知道。只是杨度和他纵论时政时，他曾表达过自己的见解。不久，报上出现筹安会的发起书，他也在其中，他称这"何异拉夫政策"！但人们似乎不太相信他的辩解，对这位中国留学界先觉的失节表示了极大的遗憾。

六人中杨度是个关键人物，他对君主立宪的信念一直没有放弃过。从留学日本到洪宪帝制的破灭，他的政见基本上是一贯的。所以相比之下，臭名昭著的"筹安六君子"中还是他比较可以理解。

杨度在有10811人签名的《筹安会请愿书》中提出国体问题应立即付诸民意机关表决，再以国民会议通过宪法。比起辛亥革命之初主张由国民会议来决定国体有所变化，但力主以民意方式促成帝制则是一贯的。

他踌躇满志地对记者说："君主立宪本为予生平唯一之政见，""与从前国事共济会之宗旨略同。""至于鄙人宗旨，于'君主立宪'四字，一字不可放松。立宪而不君主，必不足以固国本，鄙人所反对也；君主而不立宪，必不足以伸民权，亦鄙人之反对也。"此言表示他始终言行一致，从清末以来就抱定这一宗旨，十几年如一日。只要君主立宪成功，他本人无论在朝、在野，都将为这一目标而努力，"为一生之责任"。

事实上，筹安会出笼后，梁士诒紧接着就策划成立了全国请愿联合会，与之争奇斗妍，劝进之意更加直接，筹安会也就门庭冷落车马稀了。10月，杨度就放弃了筹安会这个牌子，改组为宪政协进会，确定"此后本会方针，应注重立宪问题"。算下来，筹安会一共只存在了两个月。

书生气十足的杨度却自信自己有开创之功，新朝宰辅非他莫属。当袁世凯赶制龙袍时，他也向远隔万里的巴黎定做首相新装。新装还没制成，洪宪帝国已经夭折，这些衣装至今还存放在巴黎。

洪宪帝制一出台，便遭到全国上下的唾骂、声讨。杨度在家乡被骂为汉奸，他先前的好友梁启超称其为"下贱无耻、蠕蠕而动的孽人"。次年6月，袁世凯卒，临死前大呼："杨度误我！"杨度写下挽袁联：

共和误民国，民国误共和；百世而后，再平是狱。

君宪负明公，明公负君宪；九泉之下，三复斯言。

章太炎论洪宪帝制失败之关键，有所谓三个人反对三个人，其中就有梁启超反对杨度。袁世凯死后黎元洪继任总统，发布通缉令，声称要惩办帝制祸首，杨度列在第一名。

袁世凯死后，杨度心灰意冷，遁入空门，在天津、青岛外国租界闭门学佛，在出世、超脱的佛学中重新思考人生、反省过去。以"虎禅师"为名写了不少论佛的杂文和偈语。

民国六年（1917年）张勋复辟，邀请杨度入京参加，被拒绝。他通电张、康"所可痛者，神圣之君宪主义，经此牺牲，永无再见之日。度伤心绝望，更无救国之方。从此披发入山，不愿再闻世事"。他宣布披发入山，学佛参禅。他认为禅的基本精神就是无我，提出"无我主义"的"新

书生襟抱本无垠
——杨度

255

佛教论"。

民国七年（1918年），杨度被特赦返京。

陶菊隐在《北洋军阀统治时期史话》中说袁世凯骂杨度是"蒋干"。蒋干在《三国演义》里是个容易受骗上当的书生。杨度的老师王闿运称他是"书痴"。他在《湘绮楼日记》里说："弟子杨度，书痴自谓不痴，徒挨一顿骂耳！"杨度自己写诗也自称"书生"，有"书生襟抱本无垠"等句。胡汉民说他在日本留学时"读书甚勤"。还有人说他"有口才，一言既出，四座生风"。这些材料都从侧面反映了一个书生气十足的杨度形象。

杨度能文章、有辩才，精通各国宪政，是个难得的人才，但他的身上缺了些英雄气，多了些书生气。在和梁士诒等形形色色、老谋深算的官僚、政客打交道的过程中，我们可以窥见他的某些书生本色，所以在袁世凯当政的民初政坛上，他也从未出任过什么有实权的要职。1913年9月，熊希龄组织"名流内阁"，原拟杨度出任交通总长，但梁士诒从中一作梗就没有成功。让他改任教育总长，他则以"帮忙不帮闲"为由拒绝了。袁世凯也仅仅授予他参政院参政等闲职。所以纵观民国以来的几年，他是颇为失意的。

和梁士诒相比较，二人同时考取清末经济特科，梁是第一名，杨度是第二名；在清朝最后的袁世凯内阁里，梁是邮传部次官，杨度是学部次官。但进入民国以后，梁一直春风得意，手握实权，是袁世凯的得力助手，在民国史上以"财神"著称。他们的仕途之所以完全不同，其原因正在于，梁八面玲珑，善于察言观色、见风使舵；杨则才气纵横、雄辩滔滔，仍然不脱书生气。梁城府很深，从不流露真感情；杨度容易动真感情，对袁世凯他是真心想感恩图报的。

蔡锷与杨度虽然政见不同，却也算得上是知己。他俩同是湖南人，在日本留学时、蔡锷"与杨度最善"，休假日必到杨度家吃饭。蔡锷所抱的军国民主义，必须假手雄才大略的君主，才能有所作为。因而每与坚决主张君主立宪的杨度论政，蔡锷却"如水乳之调融"。

1916年4月10日，洪宪帝制行将落幕，杨度备受各方攻击。他在向袁世凯请求辞去参政院参政一职的辞呈中说：

> 世情翻复，等于瀚海之波；此身分明，总似中天之月。以毕士麦之霸才，治墨西哥之乱国，即令有心救世，终于无力回天。流言恐惧，窃自比于周公；归志浩然，颇同情于孟子。

杨度在文中把自己的心迹比喻为"中天之月"，清澈明亮；又以德国毕士麦（今译俾斯麦）和古代的周公、孟子自况，依然是那么高傲，那么自命不凡。20日他发表通电，表示"君宪有罪，罪在度身"，如果杀他有补于国事，他万死不辞。而且到了这时候他还反对要求"元首退位"。

杨度终生都没有忘记袁世凯当年的知遇之恩。虽然他有自己的政治理想，但他的君宪救国的抱负只有通过袁世凯这样的旧权威才能实现。在袁世凯的身边，他一再劝他容忍革命党，劝他信任蔡锷。他曾极力向袁世凯推荐蔡锷，"力言蔡锷主持建军工作"，希望他来改造北洋军。杨度还劝袁世凯以诚待人，施行真正的宪政。

书生襟抱本无垠
——杨度

人生又开新境界

1922年6月，陈炯明在广州发动叛乱，派兵围攻总统府，孙中山被迫于8月离开广州，前往上海。杨度得知消息后，赶赴上海。他对孙中山说："先生还记得17年前的诺言吗？"

孙中山爽朗地笑道："记得，记得。"他顿了一下，面容转为严肃："可惜，现在我没有取得成功，而且由于陈炯明叛变，使我的革命事业面临严重危机。皙子有没有考虑过，我今天的处境非常困难啊！"

"我正因为先生处境不利才来见先生。"杨度坦率地说出心里话，"我过去走的路是错误的。遭到失败之后，我才认识到先生的革命主张是正确的。如先生认为我还可以有所作为，我愿以劫后余生，为革命奔走，以赎前愆。"

孙中山连声说："好！好！我了解你。你可能误入歧途，但你的心是正直的，决不会卖友求荣、朝秦暮楚。"

在孙中山、李大钊的影响下，杨度的思想发生了很大的变化。后来，他自告奋勇，先后"投靠"大军阀曹锟、张宗昌，暗地里尽自己的最大能力支持、策应孙中山的国民革命运功。

1927年4月，杨度在北京熊希龄女儿的婚宴上，探听到一个秘密：张作霖准备派兵搜查苏联公使馆，逮捕李大钊、路友于等共产党。他立即假托有事，离开饭店，把这个消息通知李大钊等人。可惜李大钊对这个消息未予重视，以致被捕牺牲。

李大钊被捕后，杨度曾多方营救。李大钊殉难后，他变卖了在京的房产，冒着生命危险周济受难者的遗属。不久，杨度移居上海，加入了中国互济会等进步团体，为共产党做了许多有益的工作。这时上海滩的名人杜月笙听说杨度为当代通硕大儒，便向他投门生帖，称之为老师。杨度此时已是一贫如洗，亦乐得每日受些膏火之资。另外，杜月笙还赠给他一栋漂亮房子供其居住。

杨度有个同乡叫王老九，和出生在湖南省湘乡县的陈赓是亲戚。王老九在和陈赓的交往中，对共产党有了一定的认识。杨度听说后，嘱咐王老九介绍他跟陈赓见面。陈赓知道杨度曾经是"帝制余孽"，踌躇未决，特请示周恩来。周恩来经过一番思虑，表示同意。

于是，陈赓成了杨度的座上客。通过与陈赓的接触，杨度更加同情革命。他对陈赓说："外界的人一直对我变卖家产，倾力营救李大钊、接济他的遗属想不通。其实道理很简单，因为我认为你们的思想是可行的。能为李守常先生和他的遗属尽得一点力。我觉得很值，很值！"

1929年秋天的一个傍晚，周恩来在陈赓的陪同下，亲自叩访了自称老朽的杨度。事前，杨度已向陈赓明确表示：愿继承大钊同志的遗志，高举共产主义旗帜，申请加入到中国共产党的行列当中！

用不着寒暄客套，杨度开门见山地吐露了自己的心声："我是一个帝制余孽，现在又做了流氓头子的客卿，你们若不嫌弃，引为同道，我甘愿奉献这把百十斤的老骨头！"

周恩来闻言，不由爽朗大笑，开诚布公地说："古人说'又见过知

书生襟抱本无垠
——杨度

259

仁'。今天，晳子先生毅然摆脱旧营垒，我们举双手欢迎还来不及，怎么会不引为同道、不引为同志呢？"

周恩来那一声尊敬的"晳子先生"，驱走了多年来横压在杨度心头的阴霾。从此，他正式成为中共秘密战线上的一颗"红色谍星"。

杨度秘密入党后，周旋于前清遗老、新军阀、新财阀、上层反动人物这些形形色色的人物之间，为中国共产党搜集了大量的情报。他仪表堂堂，既老练又有气派，言谈是既幽默又有锋芒，他以冷静、随和应付别人的虚伪、傲慢，以超然态度应付尔虞我诈，也以傲然不羁的作风应付某些多疑的人。有的人喜谈佛学，他就和他大谈禅理；有的附庸风雅，他就和他大谈诗词书画；有的人大吹自己的"围剿"功绩，谈到得意忘形时，透露两天内要来个突击搜捕的秘密消息。杨度笑着和旁坐的人谈别的事，似乎根本没注意这边的谈话内容。可是，第二天搜捕开始时，好多可能被捕的人却早已逃出了罗网。要追查谁走漏了消息是枉然的，更何况谁都不会怀疑到"帝制余孽"、"名人老师"杨度身上。

后来，潘汉年接替陈赓担任特科情报科长后，杨度更是老而弥坚，忘我的为党搜集情报，并及时交给潘汉年。潘汉年机智沉着、指挥有度，杨度练达世事、处处谨慎，使这一情报网点从未出过半点差错。

1931年下半年，潘汉年奉周恩来之命，将杨度的组织关系交给夏衍。1982年11月23日，夏衍在《人民日报》上发表的《纪念潘汉年同志》一文中提到了这件事，他写道：大约在这一年（1931年）深秋的一个晚上，他（指潘汉年）要了一辆出租汽车，开到法租界的薛华立路（今建国中路）的一家小洋房里，把我介绍给一位五十出头的绅士。汉年同志一上来就说，"过几天我要出远门了，什么时候回来也难说，所以……"他指着我说，"今后由他和您单线联系，他姓沈（夏衍化名沈端先），是稳当可靠的。"这位老先生和我握了握手。等出了门，潘汉年才告诉我"这是一位知名人物，秘密党员，他能告诉我们许多有用的事情，你绝对不能对他怠慢。"停了一会儿，他又说："这座洋房是杜月笙的，安南巡捕不敢碰，所以你在紧急危险的时候可以到这儿来避难。"……他给我介绍的那位老先生，开头我连他姓什么也不知道。大约来往了半年之后，他才坦然地告诉我："我叫杨皙子，杨度。"

正当杨度在秘密领域大显身手的时候，可恶的病魔却打倒了他。1931年冬，杨度不幸病逝。一代旷世逸才竟然就此告别了人世，年仅57岁。去世前，他留下了一副挽联，对自己的一生作了总结：帝道真如，如今都成过去事；医民救国，继起自有后来人。

由于杨度去世时上海仍处于白色恐怖之中，出于地下斗争的特殊性，他的秘密党员的身份一直不为世人所知，直到新中国成立后人们还是照样骂他。直到秘密被揭开后，人们才知道杨度原来是一个革命者。一个被埋没近半个世纪的冤假错案终于得到昭雪，如果杨度身后有知，也可以含笑九泉了！

书生襟抱本无垠
——杨度